INTELIGENCIA EMOCIONAL

4 libros en 1

Controlar y Comprender las Emociones:
Aumentar Autoestima y Disciplina| Terapia
Cognitivo Conductual TCC| Lenguaje Corporal:
PNL, Psicología Oscura y Manipulación

"Tenemos dos mentes: una que piensa y otra que siente. Estos dos accesos al conocimiento, radicalmente diferentes, interactúan para crear nuestra propia vida mental."

D.G. Master Certified Coach

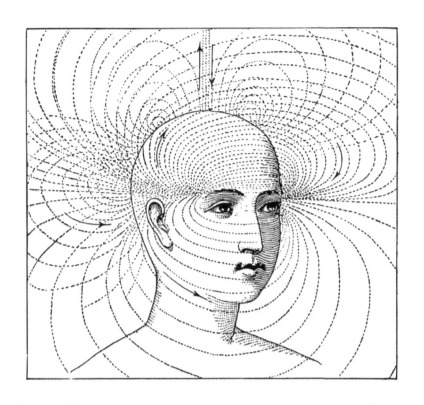

Fortaleza mental

**Invertir en uno mismo desarrollando hábitos saludables, aumentando la confianza, la autoestima y la disciplina.
Gestionar las emociones convirtiendo el pensamiento negativo en positivo**

"No podemos resolver nuestros problemas con el mismo pensamiento que usamos cuando los creamos."

Albert Einstein

FORTALEZA MENTAL

INTRODUCCIÓN 11

CAPÍTULO 1 - ¿QUÉ ES EL "MINDSET"? 13

    AFIRMACIONES POSITIVAS 16

CAPÍTULO 2 - DESARROLLAR UNA MENTALIDAD GANADORA Y POSITIVA 18

    CÓMO DESARROLLAR UNA MENTALIDAD POSITIVA 19

    LA IMPORTANCIA DE UNA MENTALIDAD EMPRESARIAL EXITOSA 21

    - FUNDAMENTOS: 21

    AMA LO QUE HACES 23

CAPÍTULO 3 - PENSAMIENTO CRÍTICO 27

    PENSAMIENTO CRÍTICO 28

    SUGERENCIAS PARA EL DESARROLLO DEL PENSAMIENTO CRÍTICO 31

    5 ESTRATEGIAS PARA MEJORAR EL PENSAMIENTO CRÍTICO 33

    LA IMPORTANCIA DEL PENSAMIENTO POSITIVO Y CÓMO APRENDERLO 34

CAPÍTULO 4 - CÓMO USAR EL PODER DEL PENSAMIENTO POSITIVO 38

    ¿CUÁL ES EL PODER DEL PENSAMIENTO POSITIVO? 38

    ¿CÓMO UTILIZAR ESTE PODER? 39

    LA IMPORTANCIA DEL PENSAMIENTO POSITIVO 39

CAPÍTULO 5 - CÓMO IMPULSAR TU VIDA HACIA EL ÉXITO 42

    LOS PENSAMIENTOS POSITIVOS MARCAN LA DIFERENCIA 42

    PENSAMIENTO POSITIVO 43

CAPÍTULO 6 - EL MÉTODO INFALIBLE PARA ABANDONAR LOS MALOS HÁBITOS 44

    SUBDIVIDE LAS TAREAS EN PARTES MÁS PEQUEÑAS 44

    MODIFICA TU ENTORNO 45

    FIJA TUS PROPIOS PLAZOS 46

    ELIMINA LAS DISTRACCIONES 46

    REÚNETE CON PERSONAS QUE TE INSPIREN 47

    BUSCA UN AMIGO O COMPAÑERO 47

    COMPARTE TU OBJETIVO 48

    HABLA CON ALGUIEN QUE TE INSPIRE 48

    REVISA TUS OBJETIVOS PERIÓDICAMENTE 48

    NO TE COMPLIQUES DEMASIADO 49

    DEJA DE LAMENTARTE 49

    TRANSFORMA LA PROCRASTINACIÓN EN MOTIVACIÓN 50

    CÓMO VENCER LA PROCRASTINACIÓN 50

    EL SECRETO PARA TENER AUTODISCIPLINA 58

    LAS CAUSAS DE LA PROCRASTINACIÓN 64

    LOS TERRIBLES EFECTOS DE LA PROCRASTINACIÓN 67

CAPÍTULO 7 - DEJA DE PROCRASTINAR Y ACTÚA 69

    VACÍA TU MENTE 69

TÓMATE UN DÍA PARA TI 70

PRIORIZA TU TRABAJO 70

DIVIDE EL TIEMPO 70

ELIGE TU ESPACIO O LUGAR DE REFLEXIÓN 71

PRIORIZA TU LISTA DE TAREAS 71

NO TE SOBRECARGUES 71

CREA UN PLAN DE ACCIÓN DIARIO 71

PRIORIZA LOS PROYECTOS DIFÍCILES 72

LA REGLA DE LOS DOS MINUTOS 72

ASIGNA UN ÁREA DE TRABAJO 72

HORAS PUNTA DE TRABAJO 73

ELIMINA LAS DISTRACCIONES 73

SÉ COHERENTE 73

CUIDA TU SALUD 74

PRUEBA DIVERSOS MÉTODOS 74

CONCEPTOS ERRÓNEOS SOBRE LA PROCRASTINACIÓN 74

INTELIGENCIA EMOCIONAL

INTRODUCCIÓN 79

CAPÍTULO 1- QUÉ ES LA INTELIGENCIA EMOCIONAL Y POR QUÉ ES IMPORTANTE 81

CAPÍTULO 2 – CÓMO ERA LA INTELIGENCIA EMOCIONAL EN EL PASADO 84

CAPÍTULO 3 - POR QUÉ LA INTELIGENCIA EMOCIONAL PUEDE SER MÁS IMPORTANTE QUE EL COEFICIENTE INTELECTUAL 87

CAPÍTULO 4 - QUÉ ES LA TERAPIA COGNITIVO-CONDUCTUAL 90

CAPÍTULO 5 – TÉCNICAS A UTILIZAR 94

    AUTODISCIPLINA 98
    PENSAMIENTO POSITIVO 100

CAPÍTULO 6 - LA DIFERENCIA ENTRE LAS PERSONAS QUE TIENEN ÉXITO Y LAS QUE NO SON LOS HÁBITOS Y LA DISCIPLINA...102

    ALGUNAS CARACTERÍSTICAS DE LAS PERSONAS QUE NO SON EXITOSAS 102
    CARACTERÍSTICAS DE LAS PERSONAS EXITOSAS 103

CAPÍTULO 7 - LA DISCIPLINA Y EL PODER DE LOS HÁBITOS...105

    LA FUERZA DE VOLUNTAD 105

CAPÍTULO 8 - MÉTODOS PARA MANEJAR LA AUTODISCIPLINA.....................................109

CAPÍTULO 9 - LA DIFERENCIA ENTRE COEFICIENTE INTELECTUAL Y COEFICIENTE EMOCIONAL...112

CAPÍTULO 10 - DESCUBRIMIENTO DEL COEFICIENTE EMOCIONAL POR DANIEL GOLEMAN 114

CAPÍTULO 11 – 9 MÉTODOS PARA ESTIMULAR TU CE..116

CAPÍTULO 12 – OTROS DATOS SOBRE LA INTELIGENCIA EMOCIONAL 118

CONCLUSIÓN...125

TERAPIA COGNITIVO-CONDUCTUAL (TCC)

INTRODUCCIÓN **129**

CAPÍTULO 1 - ¿QUÉ ES LA TERAPIA COGNITIVO-CONDUCTUAL?.........................**130**

LA HISTORIA DE LA TCC 130

¿CÓMO FUNCIONA LA TCC? 131

INFORMACIÓN SOBRE LOS PENSAMIENTOS AUTOMÁTICOS...................... 132

TIPOS DE DISTORSIONES COGNITIVAS 134

CÓMO FUNCIONA LA TCC: ETAPAS 136

¿QUÉ OCURRE CUANDO HAY PROBLEMAS EN EL PROCESO DE TCC? 138

LOS DIFERENTES TIPOS DE TCC 139

CAPÍTULO 2 – APOYO DE LA TCC **142**

TRASTORNOS DEL SUEÑO 142

RESOLUCIÓN DE CONFLICTOS 147

MEDITACIÓN CON MANTRAS 148

TERAPIA DE LA NATURALEZA... 149

ARTE Y MÚSICA 150

CAPÍTULO 3 – LA FACETA CONDUCTUAL DE LA TCC **151**

ACTIVACIÓN CONDUCTUAL 151

EXPOSICIÓN GRADUAL... 151

CÓMO USAR LAS ESTRATEGIAS DE AFRONTAMIENTO DISFUNCIONALES 152

CAPÍTULO 4 - IDENTIFICAR LOS OBSTÁCULOS **158**

CAPÍTULO 5 - DEFINIR LOS OBJETIVOS **160**

ENCUENTRA TU PUNTO DE VISTA 160

CÓMO FIJAR TUS OBJETIVOS 161

EN LA LÍNEA DE SALIDA 164

CAPÍTULO 6 - AFRONTAR LOS PENSAMIENTOS AUTOMÁTICOS E INTRUSIVOS **165**

OTROS ESQUEMAS DE PENSAMIENTO NOCIVOS.................................. 165

AFRONTAR LOS PENSAMIENTOS AUTOMÁTICOS MÁS FRECUENTES 166

CÓMO LIBERARSE DE LOS PENSAMIENTOS INTRUSIVOS 169

¿CÓMO PUEDE AYUDAR LA TCC? 170

¿CÓMO SE DEFINE UN PENSAMIENTO NEGATIVO? 173

PROBLEMAS CAUSADOS POR PENSAMIENTOS NEGATIVOS 173

ESQUEMAS DE PENSAMIENTO NEGATIVOS 174

CAPÍTULO 7 - AUTOCONOCIMIENTO EMOCIONAL **176**

ELABORAR AFIRMACIONES NUEVAS 177

CÓMO UTILIZAR LAS AFIRMACIONES POSITIVAS 178

CONCIENCIA PLENA 178

HABILIDADES SOCIALES 180

CONCLUSIÓN **183**

PSICOLOGÍA OSCURA Y MANIPULACIÓN

INTRODUCCIÓN **186**

CAPÍTULO 1: LOS FUNDAMENTOS DE LA PSICOLOGÍA OSCURA....................**188**

CAPÍTULO 2: ANTECEDENTES HISTÓRICOS DE LA PSICOLOGÍA OSCURA **194**

CAPÍTULO 3: LA PSICOLOGÍA OSCURA Y EL COMPORTAMIENTO HUMANO **201**

    LA TEORÍA PROSPECTIVA 206
    EL PSICOANÁLISIS DE SIGMUND FREUD 206

CAPÍTULO 4: LA "TRÍADA OSCURA" **213**

    LA ESCALA "DIRTY DOZEN"..213
    NARCISISMO 215
    MAQUIAVELISMO 218
    PSICOPATÍA 222

CAPÍTULO 5: PROGRAMACIÓN NEUROLINGÜÍSTICA (PNL) **227**

    TÉCNICAS DE PNL 230

CAPÍTULO 6: CONTROL MENTAL..**236**

    RECONOCER LAS TÉCNICAS DE LAVADO DE CEREBRO 243
    IDENTIFICAR SI ALGUIEN HA SUFRIDO UN LAVADO DE CEREBRO..............244
    DESPROGRAMACIÓN Y CURACIÓN...245

CAPÍTULO 7: PERSUASIÓN VS. MANIPULACIÓN **246**

    PERSUASIÓN..246
    MANIPULACIÓN 251
    LAS DIFERENCIAS ENTRE PERSUASIÓN Y MANIPULACIÓN 253

CAPÍTULO 8: PREGUNTAS FRECUENTES..**257**

CONCLUSIÓN...**261**

Introducción

La fortaleza mental es una característica muy particular y compleja de definir: a menudo se aconseja tenerla, como si fuera tan sencillo de lograr, como cambiarse de ropa o de zapatillas. Pero no hay que dejarse engañar.

Hay quienes asocian el concepto de fortaleza mental con el de violencia, agresividad o ira. Al contrario, es la capacidad de mantener los pensamientos positivos y llevar adelante la firme decisión de emprender acciones constructivas. Se trata de comprometerse a hacer lo correcto, con la conciencia de que esto mejorará la calidad de vida. Las batallas más reales y despiadadas son las que libra la mayoría de la gente en su mente. Existen numerosos estudios sobre cómo las personas pueden crecer y fortalecerse mentalmente modificando su forma de pensar, sentir y comportarse. Sin embargo, también hay artículos sobre estos temas que no son en absoluto fiables. Desgraciadamente, después de años de investigación científica, aún persisten grandes ideas erróneas sobre el asunto.
A continuación, podrás encontrar cinco verdades sobre la fortaleza mental.

1. Las personas mentalmente fuertes son capaces de admitir que no saben hacer algo. Tener fortaleza mental no significa tener superpoderes. Hay muchísimas actividades que esta categoría de personas no puede hacer, y no hay que tener ningún problema en decirlo. Se trata de individuos que se enorgullecen de reconocer sus puntos débiles. Cuando hay que trabajar en ellos, lo hacen. Por desgracia, circulan muchos artículos que intentan convencerte de que "no puedo" y "no sé hacerlo" son frases desafortunadas.

2. Desarrollar la fortaleza mental no significa que no puedas rendirte. Muchos artículos afirman que las personas mentalmente fuertes nunca se rinden. En realidad, como todo el mundo, también pueden cambiar sus metas: cuando el costo de trabajar para conseguir algo empieza a superar el beneficio que trae, se abandona la tarea. Son personas lo suficientemente determinadas como para reconocer la situación y no perder el tiempo resolviendo un problema que no tiene solución. No son tan orgullosos y obstinados como para seguir adelante sin importar la pérdida de tiempo y de energía. Por eso son mentalmente fuertes: actúan y se desenvuelven con eficacia.

3. No existe una receta para lograr la fortaleza mental. Hay muchísimas recomendaciones sobre lo que debes hacer para adquirirla, pero cada uno tiene su

propia receta porque es diferente a la de los demás. Hay quienes beben café, otros son vegetarianos, algunos desayunan cereales, otros proteínas. Aunque existe una clara conexión entre el mantenimiento de un cuerpo sano y una mente sana, hay más de una forma de hacerlo. El desayuno de las personas mentalmente fuertes es mucho menos importante que sus hábitos cotidianos: así como hay muchas dietas diferentes que ayudan a desarrollar la masa muscular, existen diferentes estrategias para entrenar el músculo mental.

4. Al contrario de lo que afirman ciertos artículos, ser fuerte mentalmente no significa ser positivo todo el tiempo. Normalmente las personas mentalmente fuertes optan por buscar lo positivo, pero no una positividad "irreal". De hecho, el exceso de confianza o de optimismo puede hacer que no estés preparado para enfrentar la realidad. Desarrollar fortaleza mental implica aprender a controlar los pensamientos para que no sean ni excesivamente negativos ni excesivamente positivos. Hay que tener una visión clara de la vida, incluso cuando es difícil de afrontar.

5. Cualquiera puede adquirir fortaleza mental, y muchos han logrado excelentes resultados. Desconfía de quien piensa que hay que ser multimillonario o un deportista de élite para alcanzar ciertos objetivos. La fortaleza mental implica vivir de acuerdo con tus propios valores: para algunos significa valorar el tiempo con la familia además de ganar dinero. Tienes que ser el mejor en lo que haces, ya sea crear un negocio o ser un buen padre.

Capítulo 1 - ¿Qué es el "mindset"?

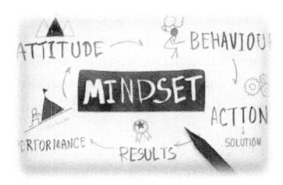

El secreto del pensamiento positivo es asumir una mentalidad ganadora y aplicarla no sólo a las situaciones futuras, sino también al pasado y al presente. Puedes experimentar muchas cosas buenas y seguro conseguirás lo que deseas.

A menudo nuestra tendencia es mirar sólo las cosas complicadas.
Cuando adoptas esta actitud negativa, empieza a considerar las cosas que tienes. Valora las bondades que te ha dado la vida y agradécelas; seguro que te sentirás mejor. Esa es sólo una de mis recetas para la felicidad.
Veamos un ejemplo. Supongamos que has pasado por una situación financiera difícil. ¿Estás sumido en este problema o eres capaz de pensar "Gracias a Dios, tengo una familia que me quiere y me apoya"?
Y si no tienes este privilegio, ¿qué otros tienes? ¿Un trabajo, un hijo, salud? Considera esto y siéntete bendecido. Seguro que en algún lugar del mundo hay alguien a quien le gustaría tener lo que tú tienes.

Pero, ¿cómo se piensa en positivo?
Aquí puedes encontrar algunos consejos.

1. Visualízate logrando los objetivos que te propones

Enfócate en el triunfo en lugar de poner el foco en lo que puede llevarte a la derrota.

2. Sustituye los pensamientos negativos por aquellos positivos.

Los pensamientos negativos son algo natural, van y vienen, pero cuanto menos los dejes estar, mejor.

Cuando surja un pensamiento negativo, reflexiona acerca de él. Ser consciente es el primer paso. Ahora cambia al pensamiento positivo, y si no tienes idea de cuál elegir puedes hacer una lista de todas las cosas placenteras en las que te gustaría enfocarte. También puedes empezar a repetir frases positivas.

Cuando te asalte un pensamiento negativo, lee tu lista y concéntrate en las cosas que has anotado o repite esas afirmaciones para ti mismo. Se trata de disciplinar tu mente. De este modo, serás consciente de la cantidad de pensamientos negativos que tienes.

Presta atención a los "No puedo" o "Nunca puedo". Intenta cambiarlos a "Puedo" y "Lo haré". Michael Jordan, considerado el mejor jugador de baloncesto de todos los tiempos, fue rechazado por el equipo de su colegio antes de comenzar su carrera profesional porque pensaban que no era lo suficientemente bueno. Incluso ante las dificultades, la fuerza positiva de su mente le mantuvo en el camino para llegar a donde llegó.

3. Convierte tus problemas en un proceso de aprendizaje.

En lugar de quejarte de las dificultades de tu vida, puedes verlas como una oportunidad para aprender y crecer a nivel personal. Como la famosa frase: "Lo que no te mata, te hace más fuerte".

Pregúntate: ¿qué lección puedo aprender aquí? Este es un hábito muy positivo que hay que adquirir. He tenido la oportunidad de aplicarlo recientemente a un asunto concreto que estoy afrontando en mi vida bastante serio: puedo decir con certeza que me ha ayudado a lidiar con la situación mucho mejor que en un primer momento, cuando sólo veía el aspecto negativo de lo que estaba ocurriendo.

4. Protégete de las energías negativas.

No todos los pensamientos negativos provienen de nuestra mente: muchos son externos. Si ves las noticias, por ejemplo, te darás cuenta de que algunas noticias sobre violencia se te quedan grabadas y pueden deprimirte. Por lo tanto, trata de rodearte de gente positiva. Estar cerca de alguien que se queja constantemente de su existencia o de la tuya es una fuente de negatividad. Se sabe que nuestro comportamiento está muy influenciado en promedio por las cinco personas con las que pasamos más tiempo.

5. Nutre tu mente con contenido positivo.

Libros, películas, personas, artículos, etc. pueden ayudarte.

6. Enfócate en lo que va bien, no en lo que va mal

Mira la mitad llena del vaso: pensar "tengo muchas virtudes" en lugar de "tengo muchos defectos", "puedo tener buenos amigos" en lugar de "no tengo amigos". Aunque ambas visiones sean correctas, la cuestión es en cuál pondrás el foco.

Ahora, con una actitud y un enfoque positivos, ¡empecemos el viaje hacia una mentalidad positiva!

El ser humano se queja demasiado, de todo y de todos. Esta actitud, perpetrada en todo momento, sólo atraerá negatividad y descontento, y esto es dañino.
Quejarse forma parte de la naturaleza humana, el problema es cuando una persona vive quejándose de todo: significa que está pensando y comportándose negativamente.

Como todo en el Universo se rige por la Ley de Atracción, tú también atraerás y materializarás lo que piensas, haces y dices. Quien emite un pensamiento negativo generará más energía negativa, que se materializará en situaciones desagradables. Por lo tanto, tu mente debe percibir, sentir y producir pensamientos positivos. De este modo, atraerás buena energía, vivirás en mejores ambientes y tendrás oportunidades para alcanzar tus objetivos. El pensamiento positivo no es más que utilizar la Ley de Atracción para traer a tu vida lo que deseas: amor, prosperidad, viajes, salud, alegría, éxito.
Lo más interesante de todo es que la energía que extraemos del Universo para generar positividad o negatividad es la misma. Lo que hace que la energía sea buena o mala es el pensamiento que le acompaña, por lo que el resultado dependerá de tu actitud.

Masaharu Tanuguchui, el fundador de Seicho-No-Ie, describe el poder de la mente positiva de la siguiente manera: "El ser humano tiene el poder de trazar y ser el dueño de su propio futuro. Por lo tanto, nadie puede impedirte que atraigas tu destino con el poder del pensamiento. Tu futuro y tu situación evolucionan de forma coherente con lo que piensas".

El pensamiento positivo es el primer paso de un largo viaje hacia la felicidad. No hay milagros, pero se necesitan cambios de hábitos y de mente para empezar una nueva vida.

Cambia tu mentalidad negativa o estancada y empieza a pensar en positivo: notarás que empezarás a atraer a tu vida nuevas oportunidades y personas optimistas. Como dice el escritor estadounidense Robert Collier (1885-1950), "El éxito es la suma de pequeños esfuerzos repetidos día tras día".

Convierte tu esencia y tus pensamientos hacia la positividad: puedes quejarte, pero siempre intenta ver el vaso medio lleno.

"Puedes tener lo que quieres si sabes crear el molde en tus pensamientos. No hay ningún sueño que no pueda realizarse si aprendes a utilizar la Fuerza Creativa que fluye a través de ti. Los métodos que funcionan para uno funcionarán para todos. La clave del éxito es utilizar lo que tienes, libremente, completamente, y luego abrir tus canales para que fluya más Fuerza Creativa a través de ti", escribió Robert Collier.

Recita afirmaciones y oraciones positivas durante 21 días para cambiar tu actitud. ¿Quieres probarlo? En las siguientes páginas encontrarás todo el material útil.

Afirmaciones positivas

1. Tengo abundancia ilimitada siempre disponible.

2. Soy el creador de mi propia realidad.

3. Me amo y me acepto como soy.

4. Soy amado y apoyado por el universo. Como alguien hecho a imagen y semejanza de Dios, soy amado incondicionalmente.

5. Soy un poderoso ser espiritual.

6. Atraigo exactamente lo que quiero y me hace falta.

7. Tengo la capacidad de crear y conquistar lo que deseo.

8. Soy un ser espiritual que vive una experiencia física.

9. Estoy en paz con el mundo que me rodea y el mundo está en paz conmigo.

Capítulo 2 - Desarrollar una mentalidad ganadora y positiva

Imagina que estás jugando un partido de fútbol y pateas un penalti. El árbitro hace sonar el silbato, tú has practicado y estás listo. Y de repente, piensas: "No vayas a echar el balón fuera. "

¿Qué ocurre cada vez que surge este pensamiento en una situación así? ¡El balón sale inevitablemente fuera!

La razón es que la mente no es un indicador de la realidad: no distingue intrínsecamente entre el bien y el mal, sólo puede distinguir en función de nuestras creencias. El mero hecho de pensar que estamos haciendo algo, hace que ese algo se convierta en el centro de nuestra atención y de nuestras acciones.

De ahí la importancia de construir una mentalidad positiva, que Napoleón Hill define así: "Un mecanismo que conduce a la materialización de una intención mental totalmente positiva. El mecanismo es el conjunto de factores de una secuencia que conduce a un resultado predeterminado. Materializar significa realizarlo, hacerlo realidad. La intención es la voluntad, el deseo. "

A partir de esto podemos entender que una mentalidad positiva es un conjunto de acciones que conducen a la realización de un objetivo a través de determinados pensamientos. Sin embargo, para la materialización de nuestros sueños, estos pensamientos deben ser 100% positivos. Un solo pensamiento negativo, aunque sea simple y breve, bastará para arruinar todo el proceso.

A menudo, decirse a uno mismo, incluso mentalmente, que no haga algo, es como programar el hecho de hacerlo.

En lugar de pensar "no lances el balón fuera", tenemos que disciplinar nuestra mente a marcar el gol siempre en caso de penalti, hasta el momento en que estemos delante del balón. Este proceso nos llevará a cumplir el objetivo.

Este es sólo un ejemplo ilustrativo para explicar la importancia del pensamiento positivo. Vale la pena recordar que la positividad se aplica a cualquier situación que vivamos: nos llevará a donde queramos ir.

La influencia de una mentalidad positiva es la diferencia entre el éxito y el fracaso. Y se aplica a todos los aspectos de la vida.

Cómo desarrollar una mentalidad positiva

Uno de los mayores secretos de las personas exitosas es mantener una mentalidad positiva incluso ante los retos. Para quienes tienen su propio negocio o buscan una mayor realización profesional, este comportamiento es fundamental porque es una de las claves de la perseverancia, uno de los pilares del éxito.

El experto en emprendedurismo digital Alan Pakes admite, sin embargo, que no es fácil tener una actitud positiva cuando nos encontramos con situaciones conflictivas. "Yo mismo solía ser así: dejaba que las dificultades me quitaran la calma, el sueño y la capacidad de pensar racionalmente".

Fundador del primer congreso online en Brasil, CONAED, Pakes señala que lo más complejo cuando nos desesperamos es la incapacidad de pensar con claridad y no ver ninguna solución. "Este tipo de trampas pueden destruir, en unos segundos, un negocio de años. La gente debería huir de este pensamiento".

Para ayudarte a mantenerte optimista y positivo, pon en marcha estas 5 prácticas:

1 - Buscar la sonrisa interior

Todos tenemos algo que nos mantiene activos, que nos anima, nos da fuerza y sirve de energía motriz para nuestras acciones. Puede ser la familia, el amor, el éxito, la fe, las aficiones, los viajes, etc. Disfruta de aquello que te hace sentirte así, cultívalo en tu interior a diario y aférrate a lo que te hace seguir adelante.

Pon un recordatorio o un símbolo que haga referencia a lo que te hace feliz en un lugar que puedas ver todos los días, para no olvidarlo y mantenerte siempre inspirado.

2 - Gestionar el estrés

La forma de afrontar el estrés puede salvarte o hundirte. De cada 10 trabajadores, 3 sufren de burnout. Incluso en niveles bajos, el estrés puede causar problemas físicos y psicológicos, como: dolores de cabeza, fatiga, hipertensión, dificultades gastrointestinales y depresión.

Cada persona tiene diferentes formas de aliviar la presión, así que encuentra aquellas que te funcionen. Cantar, pintar, bailar, escribir, hacer deporte, escuchar música y meditar son algunas ideas populares y eficaces para combatir la falta de motivación. Reserva siempre un momento en tu agenda para alguna actividad que te genere placer.

3 - Mantener la motivación

A menudo, cuando estamos atravesando un proceso largo, como montar nuestro propio negocio, olvidamos las razones por las que lo estamos haciendo. Piensa periódicamente en lo que te motivó al comienzo, lo que ya has alcanzado, lo que aún te falta conseguir y cuál será tu premio.
Mantente centrado. El éxito requiere tiempo, perseverancia y fe. Hay quienes lo intentaron muchísimas veces antes de tener éxito. Recuerda: aunque ya lo hayas intentado, ¡la próxima vez puede ser la que triunfes!

4 - Estar preparado para todo, incluso para lo bueno

No podemos predecir lo que va a ocurrir, así que hay que estar siempre preparado. Pueden ocurrir cosas malas y buenas, y hay que estar preparado para aprovecharlas. En el camino encontrarás alegrías, satisfacciones y muchas situaciones maravillosas.

Asegúrate también de aprovechar las oportunidades, de vivir tus sueños y de sacar lo mejor de ellos.

Mantén la mente abierta y no dejes que los acontecimientos negativos te dominen. Y si lo hacen, ¡vuelve a levantarte! Encontrarás obstáculos y cometerás errores, así que acéptalos y aprende de ellos.

5 - Construir una red positiva de contactos

Jim Rohn, empresario, autor y orador motivacional estadounidense, dice que, en promedio, las 5 personas con las que pasamos más tiempo son las que nos definen.

Tendemos a acercarnos a personas con opiniones y actitudes similares a las nuestras, y esto puede ser tanto una ventaja como una desventaja. Si ves el mundo de forma negativa, acabarás rodeándote de personas afines que, incluso sin quererlo, te impedirán salir adelante porque ni siquiera pueden encontrar una solución a tus problemas.

En cambio, si te rodeas de gente optimista y confiada, recibirás ayuda para encontrar soluciones a tus problemas.

Esto no significa que tienes que eliminar a las personas negativas de tu vida, pero debes crear una red de contactos en los que puedas confiar y que te motiven.

"Hay varias claves para el éxito, pero he aprendido por experiencia que mantener una mentalidad positiva es, con mucho, la más importante. A través de ella es mucho más fácil alcanzar todas las demás claves", dice Pakes.

La importancia de una mentalidad empresarial exitosa

- Fundamentos:

Tener claros los principios es algo crucial ya que, cuando tienes conciencia de ellos, puedes elegir y aplicar cualquier método, así como modificar las distintas técnicas para adaptarlas a lo que quieres conseguir.

Lo contrario no siempre es cierto: aquellos que intentan desesperadamente modificar las estrategias sin comprender sus fundamentos tendrán finalmente problemas.

Es necesario entender los conceptos básicos para desarrollar una base sólida que te guíe de forma natural a lo largo del proceso.

Esto te ayudará cuando tengas que cambiar de dirección a mitad del recorrido: sin una buena base, cuando algo va mal tienes que volver a empezar.

Personalmente, prefiero la filosofía de enseñar a pescar y no dar el pescado.

Tendrás en consideración dos aspectos diferentes: en primer lugar, aprenderás a "pescar", por lo que conocerás los fundamentos, la filosofía y algunos de los fundamentos. Además, procederás de forma lógica, analizando las diferentes técnicas paso a paso, es decir, el "pescado".

Con fundamentos y una mentalidad emprendedora, desarrollarás un estilo de "pesca" único: no se quedará obsoleto a medida que aparezcan nuevas tecnologías.

Conociendo los principios, puedes adaptarte a un futuro en el que Twitter, Facebook y otras herramientas digitales de hoy podrían dejar de existir. Lo que realmente marca la diferencia no son sólo las técnicas, sino sobre todo el aspecto psicológico.

Veremos cuáles son los principios positivos, qué tipo de mentalidad es negativa y debe ser evitada, y transformaremos tu forma de pensar y de afrontar las situaciones, en la que tus emociones juegan un papel decisivo.

Entender la psicología que hay detrás del espíritu empresarial significa tener una mejor comprensión acerca de cómo crear tu modelo de negocio, tu estrategia de marketing e incluso la gestión de tu empresa. La psicología es el estudio del comportamiento de nuestros procesos mentales al examinar el sistema emocional y el funcionamiento de nuestro estado mental.

Esto a menudo se revela como una incoherencia entre el plano racional y el emocional, y muchas personas acaban haciendo cosas sin sentido. ¿Te has dado cuenta de que cuando alguien se queja de que no es capaz de hacer nada, en realidad se está alejando de su objetivo?

Para que tus objetivos racionales sean compatibles, debes alinear tus emociones a ellos. Esto significa comprender mejor lo que te ocurre y echar un vistazo a los principios que revelan una mentalidad ideal para el emprendedurismo.

Todo esto es esencial para traducir el aprendizaje teórico en acciones concretas: todo resulta más fácil cuando se empieza con los fundamentos y la mentalidad adecuada, aunque haya que resistir la tentación de querer pasar directamente a la práctica.

En este libro encontrarás técnicas de optimización paso a paso, pero éstas no te servirán de nada si no tienes la mentalidad adecuada, con fundamentos sólidos que te guíen para realizar la tarea. Conocer es actuar.

Si tienes el carnet, te parecerá fácil conducir, pero cuando eres principiante y estás aprendiendo, te resultará más difícil. Se trata de incorporar un simple bloque de información, pero la primera vez que conduzcas tendrás que procesar varios bloques a la vez. Al principio tendrás que estudiar, pero con el tiempo la información se automatizará en tu subconsciente.

Del mismo modo, los fundamentos de la mentalidad empresarial también guiarán tus rutinas. Esto es muy importante ya que los trabajadores *freelance* no tienen un supervisor que releve su trabajo, ni tienen horarios específicos. Sería muy tentador echarse una siesta por la tarde y despertarse 90 minutos después, pero esto desregularía totalmente tu rutina diaria, por lo que sería un mal hábito que deberías evitar.

Por otro lado hay hábitos positivos que puedes y debes incentivar en la actividad empresarial, por ejemplo, controlar tu "rutina". Si a menudo te ves obligado a trabajar de noche, significa que no te has organizado bien.

Personalmente, tengo muchos otros hábitos positivos: trabajar con personas influyentes en el mercado, tratar a los proveedores con respeto, seguir estrictamente la legislación fiscal contable y tratar bien a los clientes.

Todo resulta mucho más fácil cuando se desarrolla una buena mentalidad empresarial.

Ama lo que haces

El concepto "Haz lo que amas" es muy relativo y, en mi opinión, bastante mal entendido.

Imagina que mi pasión es jugar a los videojuegos todo el día y comer palomitas: ¿qué consigo? Incluso la persona con más talento en esta actividad puede experimentar una frustración que probablemente también sientan otras personas apasionadas por lo mismo.

Estas personas son clientes potenciales, lo que lleva a desarrollar una solución y crear un producto para vender. Así que el primer paso es encontrar un nicho de mercado con potencial para explotar y capitalizar.

Después de comprobar la viabilidad económica, hay que crear un espacio ideal en el que la gente pueda enamorarse de un producto, movida por la misma pasión que tú. Sin esto, sería difícil mostrar algo extraordinario, diferente e innovador.

En el mercado, la pasión marca la diferencia. Es un elemento indispensable, sin el cual no se puede ser lo suficientemente perseverante y creativo para desarrollar una solución en respuesta a un problema.

Pero no todas las cosas que te gustan te darán beneficios. Primero hay que identificar lo que realmente tiene potencial de rentabilidad.

Después de leer este libro, intenta idear algo innovador y diferente para asegurarte de que ofrece valor a los demás. Los emprendedores, de hecho, son retribuidos en proporción al valor que crean para las otras personas: este es el concepto fundamental del espíritu empresarial.

Las estrategias inteligentes comienzan cuando una persona ofrece un producto o servicio valioso que satisface una necesidad de su público. Y el objetivo es encontrar el mayor número posible de personas interesadas en tus artículos como solución a sus propios problemas.

Si quieres fidelizar a sus clientes, la calidad de lo que vendes es importante. Cuando se tiene un negocio propio, no sólo se ofrecen bienes o servicios, sino una manera de afrontar un problema.

Como ya se ha dicho, las personas emprendedoras lo son proporcionalmente al valor que aportan. Si esto falta, significa que están trabajando como empleados, recibiendo salarios y no beneficios, y no generando valor concreto para el cliente.

Los empresarios están dispuestos a pagar para entrar en la mente del consumidor, porque tienen que aportar una solución a los clientes. Esto es responsabilidad del jefe de la empresa, mientras que el empleado sólo tiene que hacer las tareas para cumplir con sus superiores. Una vez que entiendas lo que quieren los clientes, debes esforzarte por ofrecer lo mejor para convencerlos de que compren.

Supongamos que tienes sed en medio del desierto. ¿Qué necesitas? Obviamente, agua. Cuando se identifica la pregunta correcta, todo resulta más fácil.

El segundo principio es dejar de pensar, actuar y trabajar como un empleado, porque es una actitud que envenena tu negocio.

Cuando se contrata a un subordinado dentro de una estructura, esta ya está definida. Sin embargo, construirla es diferente: hay otro nivel de responsabilidad. La actitud del empleado se resume en: "Llego, hago bien mis tareas y a tiempo, y al final cobro mi sueldo". No tiene que preocuparse por si la economía es inestable, si el cliente está satisfecho o no y si me trae nuevos clientes: hay un encapsulamiento de las cuestiones de la empresa. Especialmente en una gran empresa, el trabajo se vuelve aún más sectorial: se realiza una tarea y nada más.

Hay empresas que sancionan a los empleados indisciplinados o que perjudican a los departamentos y al personal. Sin embargo, son estas mismas empresas las que no se preocupan por respetar al consumidor o tienen un área de servicio técnico inexistente. El cliente espera horas o semanas para recibir asistencia.

Una problemática actual en todas las empresas es que el empleado a menudo no se preocupa por el funcionamiento general: sólo se preocupa por su área específica, y si lo hace todo bien, sabe que recibe su salario cada mes.

Ser empresario es diferente: hay que fijarse objetivos. Ya no estás en el lugar de "sólo haré mi parte", la meta ahora es crear valor y obtener un beneficio.

En una empresa, los empleados están especialmente preocupados por recibir su salario a fin de mes. Piensan: ¿me subirán el sueldo? Trabajan, llegan a tiempo y realizan sus tareas, y si demuestran ser capaces, pueden ser promovidos por sus esfuerzos. En cambio, en la actividad empresarial hay un propósito diferente: buscar constantemente la gratitud y la satisfacción del cliente.

El camino a seguir es experimentar satisfacción al enfrentarse a nuevos retos e interactuar con personas diferentes. Es el proceso en sí mismo el que ofrece valor, y éste es el secreto más importante para cambiar esta mentalidad de subordinación que obstaculiza nuestro crecimiento.

No estoy generalizando: sé que hay grandes empleados que realmente se ponen la camiseta de la empresa, y tú podrías ser uno de ellos. Sin embargo, con el debido respeto, eres una minoría. Puedes ser una excepción con talento, pero por desgracia no abunda en el mercado.

En el mundo empresarial, cada minuto es precioso, es una oportunidad de crecimiento.

Una planificación adecuada es importante para generar rentabilidad. Por eso es fundamental invertir en conocimiento, herramientas de automatización, consistencia y otras estrategias. Tu tiempo debe ser calculado objetivamente para generar ingresos en tu actividad.

A lo largo de este libro, comprenderemos los esquemas de mentalidad que suelen adoptar los empleados.

El sistema educativo y la cultura general de nuestra sociedad tienden a apuntar a formas estandarizadas que no contribuyen al desarrollo de nuestra faceta emprendedora.

Aprenderás a adoptar una mentalidad empresarial que promueva la transformación de tu visión y actitud, y permita a tu negocio progresar.

Aprenderás también cómo poner la atención en ofrecer más valor a los clientes: el beneficio será la consecuencia de buenas decisiones.

Aplicarás las estrategias para que no se queden en meras teorías. Darás los primeros pasos necesarios para iniciar un camino de éxito y descubrirás métodos eficaces para ganar clientes.

Capítulo 3 - Pensamiento crítico

El pensamiento crítico implica un juicio deliberado, en el sentido de que se reflexiona sobre lo que se debería creer o de qué manera reaccionar ante una vivencia, una expresión oral o textual, e incluso ante las declaraciones de otros. También está relacionado con la definición del contenido y el valor del objeto en cuestión.

Además evalúa si existe un motivo suficiente para aceptar las tesis como auténticas. Fisher y Scriven sostienen que se trata de una comprensión competente y rica en observaciones, exposiciones, conocimientos y debates.

Hoy en día, el término "crítico" suele tener un significado negativo y reprobatorio, pero esto no siempre se corresponde con la realidad cuando se trata del "pensamiento crítico". De hecho, puede interpretarse de forma positiva.

Es una forma de pensar que no se sustenta en métodos veloces e intransigentes. Sus fundamentos no son sólo la lógica, tanto formal como informal, sino también nociones mentales más amplias, como la transparencia, la fiabilidad, el rigor, la relevancia, el valor expresivo.

Se basa en el estudio pormenorizado y la valoración sustancial de los argumentos, en particular los que el grupo social considera auténticos en el escenario cotidiano. Esta opinión se genera principalmente a través de la reflexión, la experiencia, la argumentación o la metodología adoptada por la ciencia.

El pensamiento crítico requiere transparencia, rigor, equidad y lucidez, ya que pretende evitar las opiniones subjetivas. Considerado así, puede decirse que está vinculado a la duda constante y a la percepción de las proyecciones. Mediante esta práctica, el sujeto invoca los elementos cognitivos y el intelecto para elaborar una opinión aceptable y comprensible sobre una determinada proposición.

Los expertos afirman que es necesario asumir el papel de un pensador crítico, es decir, identificar y evitar la discriminación derivada del dogma, reconocer y destacar las particularidades de los fundamentos, considerar la fiabilidad de las fuentes y analizar los argumentos.

Cabe destacar que el pensamiento crítico no pretende transmitir una visión pesimista del contexto, ni promover una tendencia a encontrar imperfecciones y errores. Tampoco pretende cambiar la mentalidad de las personas ni ocupar el lugar reservado al afecto y los sentimientos.

Su objetivo es evitar que las tensiones sociales provoquen estandarización y pasividad. Las personas que adoptan esta forma de pensar intentan identificar y mejorar, o incluso prevenir, las desilusiones y malentendidos a los que se ven sujetos en la vida cotidiana. Por eso dudan del origen de las noticias, que a menudo aparecen en el telediario: casi siempre distorsionan la realidad. El principio último es cuestionar lo que lees o escuchas y tratar de interiorizarte lo más posible acerca de la información objetiva con el mayor grado de precisión.

Pensamiento crítico

El pensamiento crítico tuvo sus inicios con los filósofos griegos de la antigüedad clásica. Personalidades como Sócrates, Platón y Aristóteles tenían la certeza de que era posible utilizar el razonamiento aceptando ciertos principios racionales o lógicos para llegar a la verdad, o al menos para evitar caer en pensamientos erróneos.

Esta forma de razonar se basa en el estudio de las afirmaciones que la sociedad considera ciertas en la vida cotidiana. Este análisis puede realizarse mediante la observación, la experiencia, la reflexión o el método científico.

Se necesita claridad, precisión, equidad y evidencias, ya que hay que evitar las impresiones específicas. En este sentido, es una actitud relacionada con el escepticismo y la develación del engaño.

Nuestra visión del mundo está influenciada por un complejo sistema de creencias, muchas de ellas derivadas de los razonamientos erróneos de otros individuos. Para ello, el pensamiento crítico pretende ser una práctica que nos permita analizar, crear y evaluar estas creencias.

Apela al conocimiento y a la inteligencia para llegar a una posición justa sobre un tema concreto. Los pasos incluyen: identificar los prejuicios mentales, definir los argumentos, analizar las fuentes y evaluar las hipótesis.

Es importante destacar que el pensamiento crítico no provoca una mentalidad negativa ni una predisposición a encontrar defectos y faltas. Se trata, más bien, de cambiar la forma en que las personas piensan o comparten emociones y sentimientos. El objetivo es tratar de evitar las presiones sociales que conducen a la estandarización y el conformismo, así como definir la naturaleza de las creencias y cómo controlar aquellas a las que estamos expuestos.

Desarrollar el pensamiento crítico

Para desarrollar el pensamiento crítico es importante adquirir tres características fundamentales: curiosidad, entendimiento y lógica. Además, es esencial una práctica frecuente para lograr el perfeccionamiento.

- Curiosidad: hacer preguntas, no conformarse con soluciones fáciles y ampliar los conocimientos;

- Entendimiento: comprender el escenario de un conflicto. Si sólo te fijas en un detalle, posiblemente no puedas evaluar la situación en su totalidad;

- Lógica: puede estimularse mediante el uso de ejercicios como el sudoku, los crucigramas y los desafíos de ingenio.

Si estos tres rasgos se incentivan, es muy probable que el pensamiento crítico mejore rápidamente. Pensar de manera crítica requiere tiempo, dedicación y compromiso: deja de lado tus creencias y analiza las situaciones de la mejor manera posible.

La importancia del pensamiento crítico

Cuando nos vemos expuestos a las vicisitudes del mundo, las influencias externas en nuestro aprendizaje resultan muy importantes, ya que la experiencia personal es acotada y la implementación del razonamiento a priori se limita a los fenómenos que son conocidos.

En la sociedad actual, conocida como la "sociedad de la información", las personas están expuestas diariamente a una enorme cantidad de noticias procedentes de diversas fuentes con diferentes calidades y credibilidad. Si bien esto permite el avance cultural, también puede conducir a la ignorancia. Esto parece una contradicción, pero se entiende debido a la presencia de anuncios, ya sean reales o falsos.

El pensamiento crítico aborda este problema ayudándonos a identificar la calidad de la información a la que tenemos acceso y a averiguar cuáles son las autoridades externas genuinas. Su aplicación sigue siendo limitada, debido a la facilidad con la que se propagan las *fake news* en la sociedad.

La Escuela de Frankfurt

La Escuela de Frankfurt fue fundada en la primera mitad del siglo XX por un grupo de académicos con el objetivo de elaborar una teoría crítica.
También conocidos como el *Institute for Social Research*, formularon una crítica basada en la sociedad, cuestionando los esquemas generativos de lo que sucede en la civilización actual, mientras se vivía un período de inestabilidad social, política y económica.
El grupo estaba dirigido por el teórico Theodor Adorno, que estimuló la participación de muchos otros como Walter Benjamin, Marcuse, Otto Apel, Max Horkheimer, Jürgen Habermas y Leo Lowenthal.

La causa principal de la creación de la Escuela de Frankfurt fue la frustración ante la revolución bolchevique: esto llevó al grupo a ampliar su campo de estudio y, luego de trabajar de forma nómada, llegar hasta Estados Unidos para basarse en la cultura americana.

La Escuela de Frankfurt presenta las siguientes características:

- rechazo del revolucionarismo material junto con acciones culturales;

- reinterpretación del marxismo y del mundo a través de la teoría marxista;

- crítica a la alienación y al imperialismo de la cultura occidental;

- desarrollo de un sentido crítico y medidas para promover la ruptura de los valores sociales.

Como todo el mundo, es probable que te bombardeen con una cantidad enorme de información a diario. Muchos de estos contenidos circulan por las redes sociales, y la fuente de las noticias no siempre es fiable. Para no creer en las *fake news,* ni caer en juicios precipitados, hay que desarrollar el pensamiento crítico.

Marca la diferencia en el mercado laboral, en la vida académica y personal, y es la clave para no caer en opiniones apresuradas.

Los que tienen una postura crítica ante el mundo son capaces de analizar las situaciones con mayor claridad. De este modo, tendrás la posibilidad de tomar una mejor decisión.

Sugerencias para el desarrollo del pensamiento crítico

He aquí cómo entrenar esta importante habilidad mental.

Abre tu mente

En primer lugar, abandona los prejuicios e intenta comprender las opiniones que difieren de las tuyas. Aunque no estés de acuerdo, escucha antes de responder. Intenta analizar por qué el otro piensa así: ¿en qué contexto vive? ¿Cuál es el enfoque de su razonamiento ? ¿Cuáles son los puntos fuertes de su personalidad?

No te preocupes si no encuentras soluciones al problema o respuestas a la pregunta. Lo importante en esta fase es cambiar tu punto de vista y ponerte en el lugar de la otra persona.

Sospecha

Nunca aceptes las verdades como si fueran definitivas. Si una historia parece absurda, investígala. ¿Has leído una "noticia" en WhatsApp? Desconfía. Verifica en portales de noticias fiables y lee fuentes oficiales. Asegúrate de que no es un rumor.

La inmediatez de las redes sociales nos lleva a compartir muchas tonterías sin pensar. Respira profundamente, analiza la noticia con calma y confirma la publicación.

No es necesario opinar sobre todo, más aún utilizando referencias dudosas. No creas siempre lo que lees o escuchas: es importante confirmar primero la veracidad.

Serenidad

Otro punto relevante para ejercitar el pensamiento crítico es la serenidad: en lugar de ser presa de tus emociones, adopta un enfoque racional de los asuntos cotidianos. Si estás muy agitado o molesto, prueba las técnicas de meditación. Intenta analizar el problema en frío y, si no puedes hacerlo tú mismo, pide ayuda a una persona de confianza.

Analiza las consecuencias

Recuerda que para cada acción hay una reacción: los comentarios pueden ser malinterpretados y algunas actitudes pueden perjudicar en lugar de beneficiar.

Cuando se toma una decisión compleja, es necesario evaluar todos los escenarios. Imagina las posibles consecuencias y comprueba cuál de ellas te llevará a un resultado beneficioso. Tómate todo el tiempo que necesites.

Un consejo es desarrollar el ingenio, resolviendo crucigramas, sudokus o tests de inteligencia. Estos ejercicios permiten visualizar la causa y el efecto.

Amplía el horizonte

Ve películas y lee las noticias. Cuando te encuentres con un tema controversial, reflexiona sobre tu postura en esa situación. Discute el tema con tus amigos, familia y colegas. El intercambio de ideas, especialmente con personas que tienen puntos de vista opuestos, amplía nuestra visión del mundo.

Pero respeta a tus interlocutores, no pelees sólo para desarmar a tu oponente: aborda la conversación como una suma, no como una división en grupos opuestos. La construcción del pensamiento crítico la hace la sociedad dentro de ella misma. Cuantas más contribuciones, mejor.

Estrategias para entrenar el pensamiento crítico

El pensamiento crítico es esencial para formar ciudadanos con conciencia social, capacidad para tomar decisiones y resolver problemas, la habilidad de anticiparse a los acontecimientos y de ser tolerantes con las distintas opiniones.

Requiere que uno examine los hechos y el entorno con objetividad, evitando los impulsos y las acciones irracionales. También obliga a buscar un equilibrio acerca de las motivaciones y a analizar si los fundamentos se basan en la racionalidad.

Es importante saber reconocer la falta de objetividad de un argumento y ser capaz de cambiarlo. ¿Puedes detectar las ideas principales de un texto? La capacidad de interpretación es fundamental.

Cuando tenemos que tomar una decisión, el pensamiento crítico puede ayudarnos a aumentar el número de elecciones positivas que hacemos. Hay que examinar todas las opciones disponibles y someterlas al escepticismo.

5 estrategias para mejorar el pensamiento crítico

1) Formular un problema

El primer paso es la formulación clara y precisa de los problemas y situaciones. La reflexión sobre un determinado tema social, político, personal o de otro tipo es la base del pensamiento crítico. En este punto comienza el proceso de búsqueda de soluciones.

2) Recoger información

Para tener un enfoque crítico de un tema, es importante conocer la causa. Para ello hay que recopilar información a través de libros, investigaciones en Internet o entrevistas con expertos.

Si tienes que tomar una decisión, el pensamiento crítico te ayudará a elegir el mejor camino: cuanto más informado estés sobre las diferentes opciones, mejor. Acumula y evalúa toda la información disponible e interprétala activamente. Llega a las conclusiones y soluciones a través de criterios oportunos.

3) Aplicar la información para tomar la mejor decisión

Puedes poner en práctica esta estrategia haciéndote preguntas. Por ejemplo, ante una decisión puedes preguntarte: ¿qué factores están en juego? ¿Cuáles son los supuestos? ¿Es lógica mi interpretación?

4) Considerar las implicaciones

A esta altura, es necesario tener en cuenta todas las implicaciones, incluso las más imprevisibles. Tener la mente abierta, reconocer y evaluar los supuestos y las consecuencias de cualquier tipo de razonamiento o accionar.

5) Explorar otros puntos de vista

Conocer otros puntos de vista te permite considerar nuevas alternativas y evaluar sus opciones, ayudándote a pensar de manera más objetiva. En el transcurso de un día dedicas mucho tiempo a procesar información y a tomar decisiones, aunque la mayoría del tiempo se trata de un proceso mecánico. No hay nada mejor que ser consciente de si estás utilizando la lógica correctamente o no.

El pensamiento crítico es una de las *soft skills* que las empresas están valorando hoy en día, y está ligado a la comunicación: no basta con saber expresar las ideas con facilidad, sino que es necesario que sean coherentes y sean capaces de ofrecer soluciones.

La importancia del pensamiento positivo y cómo aprenderlo

El pensamiento positivo, considerado uno de los pilares del bienestar psicológico, es una práctica diaria útil para superar cualquier dificultad.
Pero, ¿qué significa ser positivo?
"Tener fe en la vida", resume Maria Teresa Guimarães, life coaching.
Sin embargo, hay una gran diferencia entre el individuo idealista y el positivo: este último, al fin y al cabo, es realista.
"Un pensamiento positivo saludable genera razonamientos y conductas que se reflejan en la vida. Por ejemplo, para aprobar el examen de ingreso, la persona está motivada a estudiar", dice el terapeuta e instructor de yoga Fabio Mocci Camargos.

A continuación encontrarás algunas sugerencias que puedes poner en práctica a diario para convertirte en una persona positiva.

1. Ser positivo es una elección y depende de la práctica.
Por lo tanto, la iniciativa debe partir de ti. "Las personas positivas son más racionales", dice el instructor André Lado Cruz.

2. Una actitud positiva se puede entrenar.

Una buena forma de practicar es meditar todos los días, aunque sea un breve tiempo. La meditación consiste en observar los propios pensamientos. "Si surge un pensamiento que no quieres, finge que es una nube y déjalo pasar", dice Teresa Guimarães.

3. Las personas positivas no son imprudentes.
Al contrario, son capaces de analizar una situación y mirar hacia adelante, pensando en el largo plazo.
El futuro se produce en el presente y lo que es negativo ahora, puede mejorar en el futuro, si se piensa positivamente. "Tener una meta hace soportable el viaje", añade André Lado Cruz.

4. Mirar fotos de perros y gatos y otras cosas agradables puede tener un impacto más beneficioso de lo que crees.
Un estudio realizado en 2012 por la Universidad de Leicester demostró que mirar fotos de cachorros aumenta la concentración, mejorando el rendimiento en las tareas cotidianas. Una mayor concentración facilita la búsqueda de soluciones racionales y lógicas a los problemas que surgen.

5. La música aporta muchas ventajas.
Entre ellas, la capacidad de aliviar el estrés y permitir expresarse. ¿Qué tal si empiezas a tararear tu canción favorita?

6. ¡Sonríe!
Pensar en positivo es una cuestión de práctica, así que intenta siempre irradiar positividad. Si resulta difícil, la instructora Teresa Guimarães sugiere una técnica: "Cuando te sientas agotado, cierra los ojos y sonríe. O bien, ríete frente al espejo. ¿Has notado que algo dentro de ti se vuelve más ligero?".

7. Evalúa todos los aspectos de una situación.
¿Has roto con tu pareja o te has peleado con un amigo? Quizá sea el momento de revisar las necesidades de los demás. "La persona positiva tiene una actitud racional ante la vida. Básicamente, como cree que todo puede llegar a ser algo bueno, busca las oportunidades de la vida", dice Teresa.

8. Cultiva relaciones constructivas con personas edificantes.

No tengas miedo de distanciarte de quienes afectan negativamente tu vida. "Estamos recibiendo y transmitiendo emociones. Hay individuos que destilan felicidad y deseamos su compañía, otros con los que apenas te relacionas y ya quieres evitarlos. Cultivar relaciones con quienes tienen un enfoque positivo es necesario para la salud mental", explica el instructor André Lado Cruz.

9. Desconéctate durante un tiempo de los problemas.
Apaga el ordenador o la televisión y da un paseo por el barrio, disfrutando de los sonidos placenteros. "Es difícil ser positivo en un mundo en el que estamos bombardeados con información negativa", comenta la coach Teresa Guimarães.

10. Presta atención al entorno que creas, tanto para tus amigos como para tu familia. De hecho, según el terapeuta Fabio Mocci, afecta al enfoque de la vida y, en particular, cambia el modo de crear. "El contexto familiar en el que te desenvuelves importa mucho. Si tienes padres opresivos, puedes volverte pesimista. Así que registra si tu pesimismo es "heredado" y deshazte de él. Intenta siempre crear condiciones de armonía a tu alrededor."

11. Acepta las nuevas oportunidades y estate abierto a las situaciones inesperadas. Muchas cosas buenas pueden venir de lugares que no esperas, y sumergirte en lo desconocido amplía tu visión del mundo.

12. No tomes decisiones en momentos de extrema emoción, ya sea de ira o de felicidad. En la euforia a menudo decimos cosas de las que podríamos arrepentirnos después, lo que crea una situación incómoda para todos. Una persona positiva es, sobre todo, racional y consciente de sus actos. Cuando tengas dudas, despeja tu mente, respira profundamente y cuenta hasta 10.

13. Presta atención no sólo a lo que dices, sino también a cómo lo dices.
Una técnica interesante es preguntarse a quién benefician los juicios que se emiten. "Hay que imponerse ser positivo incluso cuando hablas mal de los demás", dice André Lado Cruz.

14. Emplea tu tiempo no sólo con recursos, sino con experiencias.
El aprendizaje que se desprende de ellas es significativo para tu vida. "Uno de los beneficios es sentirse bien. Cada pensamiento y acción produce una descarga

bioquímica que hace que las personas sientan sensaciones diferentes con cada nueva aventura", dice Teresa Guimarães.

15. Realizar una "limpieza interna": no guardar rencores y perdonar los fracasos propios son formas de iniciar este proceso.
"Esta 'ecología interna' permite reciclar los malos pensamientos, transformándolos y reutilizándolos de forma diferente, para renacer en un entorno más eficiente, agradable y acorde con nuestra identidad", afirma André Lado Cruz.

Capítulo 4 - Cómo usar el poder del pensamiento positivo

El pensamiento positivo no es ver arcoiris, mariposas y unicornios. Si lo fuera, estarías ignorando parte de la realidad, que no siempre es linda y justa. La consecuencia inevitable sería desarrollar en uno mismo una aversión a este tipo de pensamiento porque, a pesar de los esfuerzos, las cosas seguirán saliendo mal.

Esto nos vuelve escépticos y nos genera una resistencia para aceptar las cosas como son, o para ver el "vaso medio lleno". Nos fijamos solamente en el problema, nos quejamos y vemos lo que está mal. Esta actitud es el punto crítico que te impide comprender el verdadero significado del pensamiento positivo. De hecho, tiene más que ver con encontrar la solución en cada caso, incluso en medio del caos.

Cuando te centras demasiado en un problema, te vuelves una víctima del mismo y eres incapaz de resolverlo con eficacia. El problema sigue estando, pero sólo te preocupa martirizarte porque no cesa.

Si cambias tu mentalidad de negativa a positiva, te centrarás en cómo tratar de solucionarlo y llegar al fondo del asunto.

Por lo tanto, debes ver el pensamiento positivo como algo crucial, porque te permite avanzar, sin quedarte estancado culpando a los demás o al contexto.

¿Cuál es el poder del pensamiento positivo?

La actitud positiva se basa en estar siempre dispuesto a resolver un conflicto: esto te da un poder extraordinario para prepararte para cualquier situación en la vida, ya sea personal o profesional.

Piensa en cuánto tiempo y energía ahorrarías si te enfocaras en resolver el conflicto, en lugar de sentir autocompasión, quejarte, buscar culpables, frustrarte, tener miedo, indignarte, o cualquier otro sentimiento que intenta justificar un hecho.

El pensamiento positivo da más energía para concentrarse en lo que realmente importa en la vida.

¿Cómo utilizar este poder?

En Pandora Training hay una herramienta llamada "self-challenges". Básicamente tienes que desafiarte a hacer una serie de pequeños cambios en tu rutina, para modificar lo que te hace sentir como víctima y empezar a enfocarte en mejorar tu vida en varios aspectos.

A continuación, te proponemos algunos autodesafíos para que empieces a pensar en positivo. Elige uno a la vez y llévalo a cabo durante un período de al menos 7 días:

- no abusar
- evitar los cotilleos
- no juzgar a los demás ni ciertas situaciones
- cada vez que te sorprendas criticando, piensa en 3 cumplidos
- cambia la percepción de lo que "parece ser" por lo que "realmente es"
- sustituye tus opiniones por propuestas

La importancia del pensamiento positivo

Hablamos mucho del pensamiento positivo, pero ¿qué poder tiene?

El ser humano se compone de un plano físico y otro psicológico, y su influencia e interacción mutuas son innegables. Sin embargo, aunque estas interacciones son obvias hoy en día, no siempre fue así en el pasado.

René Descartes, filósofo, matemático y físico francés del siglo XVII, creía que la mente y el cuerpo eran elementos diferentes e independientes, pero se equivocaba, ya que hay pruebas irrefutables y claras de que son interdependientes e inseparables.

Psicológicamente, estamos formados por razonamientos, actitudes, comportamientos, personalidad, etc. Estos aspectos están compuestos en su mayoría por el componente básico: el pensamiento. Afirmar que el pensamiento no influye en el cuerpo es ignorar siglos de sabiduría.

Cada pensamiento produce sustancias en el cuerpo: cuando tenemos miedo, por ejemplo, se liberan ciertas hormonas, cuando sentimos placer, otras. Si el miedo llega a ser muy intenso, puede cundir el pánico, y si éste dura mucho tiempo, puede causar estrés. Estos sentimientos tienen un efecto notorio en nuestra salud y nuestra apariencia.

El sistema inmunitario es el responsable de los mecanismos de defensa del cuerpo contra los agentes externos, como bacterias, virus, hongos, sustancias tóxicas, etc. Evita que se desarrollen las enfermedades y combate las que ya están presentes, con el objetivo de curarnos física y mentalmente.

Hay pruebas concretas de que los pensamientos influyen en el sistema inmunitario: los positivos nos fortalecen, los negativos nos debilitan. No es difícil darse cuenta: si observas a las personas pesimistas, te darás cuenta de que son más propensas a las enfermedades y a los dolores que aquellas optimistas. Estas últimas tienden a curarse más rápidamente.

¿Significa que el pensamiento positivo hace bien al cuerpo y el negativo no? No es tan sencillo.

El poder de la mente sobre el cuerpo es innegable. Ambos son factores opuestos de una ecuación matemática: cualquier cambio en un lado se reflejará necesariamente en el otro.

Pero en mi opinión, el pensamiento positivo no produce resultados exitosos automáticamente. Sólo si actúas de forma consecuente con lo que piensas podrás alcanzar tus objetivos, así que hay que pasar de la teoría a la práctica.

Puedes observar que las personas tienden a atraer a individuos similares: si uno tiene buena predisposición, se rodeará de otros con las mismas características. Las personas con éxito irán con aquellos que se sienten realizadas, en el trabajo y en lo personal, mientras que los pesimistas atraerán a otros como ellos.

El acto de pensar positivamente a menudo puede parecer sin sentido. La cantidad de noticias negativas que leemos y escuchamos cada día y el estrés de una vida agitada, minan nuestra energía y esperanza.

Sin embargo, si prestamos especial atención al poder de los pensamientos positivos, probablemente veamos con otra perspectiva la vida. Aquellos que utilizan su energía de forma positiva cosechan los beneficios. En cambio, aquellos que se centran en la negatividad, difícilmente vean la luz al final del túnel y se convertirán en personas amargadas.

Mirar el lado positivo de la vida no significa barrer los problemas bajo la alfombra, sino percibirlos como situaciones a resolver. Esta forma de vida más ligera tiende a aumentar nuestra energía y nuestra sensación de bienestar. La positividad es una cuestión de práctica, una especie de cambio de hábito.

A continuación se detallan algunas de sus ventajas.

Resiliencia

Es poco probable que las personas que piensan de forma positiva se desesperen ante un problema que deba resolverse en su vida o en su trabajo. Si se mantiene el autocontrol y se contempla el problema desde distintos ángulos, las soluciones llegarán más fácil y rápidamente. Sé resiliente.

Si tienes baja autoestima, los pensamientos positivos serán tus mejores aliados. Cuando empieces a valorar tus cualidades más que tus defectos, empezarás a buscar mejores actividades para ti y para la gente que te aprecia. La motivación y la energía tendrán más espacio para brillar en todos los ámbitos de tu vida.

Perseverancia

Objetivos como perder peso, dejar una adicción o conseguir el trabajo soñado no siempre son fáciles. No sólo te obligan a salir de tu zona de confort, sino que te someten a la presión de los demás, que intentan desanimarte y pueden obstaculizar tu progreso.
Sin embargo, aquellos que piensan en positivo intentan no rendirse ante las dificultades y apelan a su autoestima y concentración para conseguir los resultados deseados.

Menos estrés

La irritación, la presión arterial alta, el bajo estado de ánimo y las palpitaciones son síntomas de estrés que también pueden asolar la vida de quienes intentan tener una mentalidad positiva. Sin embargo, dado que no quieren perder el tiempo perpetuando malos hábitos, son síntomas fáciles de controlar para estas personas. Prueba a resolver el problema rápidamente para recuperar el equilibrio.

Sociabilidad

La energía positiva es tan contagiosa como la negativa. Alguien que tiene una mentalidad positiva es probable que tenga más éxito en la vida y acabe siendo más sociable y apreciada, tanto personal como profesionalmente. En muchos casos, una personalidad extrovertida también acaba inspirando a quienes le rodean.

Habilidades de liderazgo

Una de las tareas de un líder es motivar constantemente a su equipo. Y si no piensa en positivo, ¿cómo va a animar a sus empleados? Además, tiene que servir de ejemplo a los demás.

Capítulo 5 - Cómo impulsar tu vida hacia el éxito

El sol no brilla todos los días, la alegría no dura para siempre, pero todo pasa en algún momento. El camino hacia el éxito es pensar en positivo y comprometerse con ello.

El modo en que decidimos afrontar las situaciones de nuestra vida depende enteramente de nosotros. Algunas personas, cuando se encuentran con un conflicto, son extremadamente negativas y piensan que todo irá de mal en peor. Otros, en la misma situación, pasan de largo, pensando que es sólo un obstáculo para algo mejor que está por venir.

Con este razonamiento en mente, a continuación encontrarás algunos pensamientos positivos que te animarán a ver los acontecimientos de tu vida con optimismo, ya que nada ocurre por casualidad y las mejores cosas nos esperan tras superar las dificultades.

Los pensamientos positivos marcan la diferencia

Para ayudarte a mantener tu mente fuerte y motivada, lee y relee los siguientes puntos positivos.

Pensamiento 1
Está prohibido renunciar a tus sueños: no importa cuántas veces te caigas, levántate.

Pensamiento 2
Cuando todo parece ir mal, siempre pasan cosas buenas, que no habrían ocurrido si todo hubiera salido bien desde el principio.

Pensamiento - 3
No tengas miedo al cambio: hay que soltar ciertas cosas para darle espacio a algo mejor.

Pensamiento - 4
Los sueños son hermosos, pero es aún mejor despertar y luchar para convertirlos en realidad.

Pensamiento - 5
El destino no es una cuestión de suerte, sino de elección. No hay que esperar que algo ocurra, hay que trabajar por ello.

Un poco de pensamiento positivo por la mañana puede cambiar todo el día.

La mejor manera de ganar confianza en uno mismo es enfrentar aquello que te da miedo.

Termina siempre el día con un pensamiento positivo. No importa lo difícil que haya sido el día de hoy, mañana es una nueva oportunidad para hacerlo mejor.

Arriesgarse, cometer errores. Así es como se crece, *no pain no gain*. Hay que poner en práctica la valentía.

Tu mente es poderosa: cuando te enfoques en tus pensamientos positivos, tu vida empezará a cambiar.

Pensamiento positivo

El pensamiento positivo consiste básicamente en ver lo bueno de las cosas, hacia el pasado y en el presente, y al mismo tiempo tener confianza y optimismo hacia el futuro.

Piensa en este escenario: hay dos candidatos para una vacante.

El primero, al acercarse a la entrevista, piensa: "Nunca me contratarán, no tengo las habilidades ni los conocimientos para este trabajo. Seguro que hay otras personas mucho más adecuadas que compiten conmigo". Llega a la entrevista ansioso e inseguro, y no transmite confianza al entrevistador.

El segundo candidato, en cambio, empieza a prepararse una semana antes. Practica su presentación y piensa: "Lo conseguiré, este es mi sitio. Estoy listo".

Durante la entrevista tiene una actitud positiva, habla bien, es capaz de mostrar sus puntos fuertes e impresiona al entrevistador.

¿Quién crees que se queda con el puesto entre los dos?

El pensamiento negativo del primer candidato ya le ha condenado al fracaso, mientras que el segundo se ha preparado y "mentalizado" para la victoria. Su mentalidad le ha "predispuesto" para el éxito.

Por todo esto es que el pensamiento positivo afecta todos los aspectos de tu vida.

Capítulo 6 - El método infalible para abandonar los malos hábitos

La procrastinación suele ser la causa de numerosos retrasos en la realización de tus tareas, debido a la pereza y a la tendencia a posponer las cosas. Si quieres superar este problema es importante que aprendas cómo abandonar los hábitos que ponen trabas a tu productividad.

No es algo que ocurrirá en un par de días, porque requiere esfuerzo, tiempo y determinación.

Puedes hacer muchas cosas para obtener mejores resultados en la misma cantidad de tiempo: desde estrategias personalizadas hasta la comprensión de la importancia de aprovechar al máximo tu tiempo, en lugar de desperdiciarlo preguntándote si serás capaz de hacerlo antes del *deadline*.

Subdivide las tareas en partes más pequeñas

Uno de los principales motivos que lleva a procrastinar es la sensación de que la actividad es demasiado larga o complicada para terminarla. Mientras que algunas tareas son sencillas, otras pueden llevar más tiempo, y el miedo a abordar un proyecto complicado es lo que puede llevar a la procrastinación. Para afrontarlo con calma, lo más lógico es dividir la tarea en partes más pequeñas.

Tomemos por ejemplo el hecho de escribir un libro y desglosémoslo en etapas que faciliten la tarea:

- búsqueda de información
- área de estudio

- creación de una estructura
- redacción del contenido
- escritura de los capítulos
- corrección de bocetos
- añadir retoques finales

Cuando se subdivide el trabajo en partes más sencillas resulta más manejable. Solamente asegúrate de que lo terminas todo antes de la fecha límite: date un plazo realista para que no te pille a último momento.

Este método te ayudará a concentrarte y a trabajar más eficazmente, logrando que te sientas orgulloso del resultado.

Modifica tu entorno

Aunque te resulte extraño, diferentes entornos tienen distintos impactos en tu productividad. Si te sientes desmotivado en tu espacio de trabajo habitual o cuando estás en casa, intenta recordar lugares que te motivan. También puedes probar nuevos.

Cuando te limitas a un único entorno, no te permites funcionar al máximo y eso te lleva a la procrastinación. Si pasas demasiado tiempo en casa, la sensación de pereza empezará a invadirte y cada vez que mires tu cama querrás echarte una siesta rápida. Esto puede evitarse experimentando con nuevos entornos en los que trabajar con mayor eficacia. ¿Te gusta sentarte en la biblioteca? Intenta pasar varias horas allí, es uno de los mejores lugares para concentrarse debido al silencio.

Para algunos escritores, las cafeterías pueden ser ideales para encontrar ideas inspiradoras. Se podría pensar que un lugar así ofrece muchas distracciones, pero en realidad te ayuda a relajarte y ser más creativo. Si estás habituado a ir a una cafetería en particular, puede ser otra razón para ir: los lugares conocidos ayudan a trabajar mejor.

Si aún no has descubierto el espacio adecuado, tienes que explorar nuevas opciones, no te pases el día yendo de una cafetería a otra. Cuando sientas que no es un entorno para ti, prueba con otro tipo de ambientes.

Fija tus propios plazos

Como ya hemos dicho, es importante dedicar el tiempo necesario a cada tarea y fijar un plazo realista. Cuando tienes mucho que hacer pero todavía faltan muchos días para la fecha de entrega, trabajas más lentamente porque psicológicamente no sientes la presión. Sin embargo, esta actitud es la que crea dificultades para cumplir con el *deadline* y genera mucho estrés. Para evitarlo, recuerda siempre dividir las tareas en partes más pequeñas y establecer plazos razonables para cada una de ellas.

Por ejemplo, si para un encargo tienes entre 15 y 20 días, date al menos dos días de descanso durante los cuales asegurarte de relajarte para poder volver motivado al trabajo. Prométete que te darás un día libre sólo cuando hayas completado una determinada cantidad de tareas de tu lista, para saber que estás cumpliendo con tu programa.

Termina al menos 24 horas antes de la fecha real de entrega, siempre es prudente darse un poco de tiempo extra. Así, seguirás cumpliendo con el *deadline* original incluso si algo va mal o sucede algún imprevisto. Si todo va bien, puedes tomarte un descanso antes de empezar un nuevo proyecto y así mantener la calidad del trabajo.

Elimina las distracciones

Así como algunas personas tienden a procrastinar sólo cuando están estresadas, otras lo hacen más frecuentemente. Si notas que se está convirtiendo en un hábito y no eres capaz de concentrarte en una tarea incluso después de subdividirla y organizar un calendario, entonces tienes que disciplinarte y eliminar las distracciones.

No revisar las redes sociales, utilizar un filtro para bloquear sitios y silenciar el móvil: estas medidas drásticas te ayudarán a concentrarte y a volver a la normalidad.

En lugar de desactivar tus redes sociales, puedes pedirle a un amigo de confianza que cambie tus contraseñas y que sólo te las revele cuando hayas completado una determinada tarea. Esto te motivará a terminar rápidamente, y sin interrupciones te resultará mucho más fácil concentrarte.

Eliminar las distracciones no es complicado, pero lo difícil es dar el primer paso porque nos hemos vuelto adictos a Internet. Una vez que estés absorto en tu trabajo, no tendrás la necesidad de echar un vistazo a las redes, y podrás centrarte en lo que es importante, canalizando tu energía donde más lo necesitas.

Reúnete con personas que te inspiren

Intenta alejarte de las malas influencias. Cuando pasas tiempo con personas que te influyen de forma negativa, tu tendencia a procrastinar aumenta.

En cambio, cuando estás con quienes tienen un impacto positivo en tu vida, empezarás a ser más disciplinado porque te sientes motivado para hacerlo bien.

Si observas a las personas exitosas y lo que han conseguido en sus vidas, te das cuenta de que no es fácil. Han invertido tiempo, dinero y energía. Si quieres llegar a serlo, debes seguir sus pasos y hacer cosas que te hagan más productivo, en lugar de dejarte llevar por la procrastinación.

Como ya hemos visto, una mentalidad positiva trae un impacto significativo en tu vida y te ayudará a sentirte más realizado. Siempre encontrarás personas negativas a tu alrededor, que te invitan a hacer cosas que no te benefician en absoluto, pero si quieres tener éxito, tienes que esforzarte y eliminar las distracciones, incluidas las malas influencias.

Es asombroso lo mucho que puede influir la gente, y no se trata sólo de las grandes decisiones: puede tratarse de algo pequeño, como hacer que abandones tu tarea para salir a fumar un cigarrillo o a cotillear.

Aunque es importante socializar, hay que saber con quién establecer relaciones y cuánto tiempo hay que dedicarles. Rodéate de personas que te inspiren, en lugar de aquellas que te generan rechazo. Es mejor discutir acerca de ideas que de personas.

"Las grandes mentes hablan de ideas, las mentes medianas hablan de hechos, las mentes pequeñas hablan de personas" - Eleanor Roosevelt, activista social y ex Primera Dama

Busca un amigo o compañero

Hay algo que te motivará para trabajar con eficacia y disfrutar de lo que haces: tener un amigo o compañero que comparta los mismos intereses y sueños que tú. Cuando tienes a alguien que te anima no sólo alcanzas los objetivos mucho más rápido, sino que eres capaz de seguir un plan con mayor concentración.

Al pasar tiempo con alguien que trabaja contigo, los niveles de energía son más altos, y esto hace que surja lo mejor de ambos. Además aprenderás a delegar tareas y a encontrar las soluciones más eficaces para lograr el resultado deseado en equipo. Cuando tengas un compañero afín, tu tiempo de ocio será mayor y empezarás a disfrutar de lo que haces. Esto ayuda a mantener el ánimo arriba y a ser más disciplinado. También podéis ayudaros mutuamente en los momentos conflictivos.

Comparte tu objetivo

Es importante compartir lo que estás haciendo y lo orgulloso que estás de ello. Tanto si se trata de tu familia, amigos, compañeros de trabajo o incluso conocidos, asegúrate de hacerles saber el proyecto que has emprendido y lo motivado que estás. No hace falta que alardees de ello, sino que les hagas saber tu determinación: esto te hará sentirte orgulloso y, en consecuencia, más motivado.

Tomar conciencia de lo que se está haciendo ayuda a evitar la procrastinación: para superar la ansiedad o las tendencias a la procrastinación, hay que tener confianza en las propias capacidades.

Cuando hables de tus objetivos futuros, no te preocupes por lo que digan los demás, céntrate en comunicar lo que vas a hacer. A veces la gente tiende a desanimarte, si registras que alguien transmite negatividad, entonces deja de conversar con él.

Habla con alguien que te inspire

Si quieres aprovechar al máximo tu vida, necesitas tener un modelo que te inspire y te guíe en la dirección correcta. Esto no significa necesariamente que deba ser millonario, sino más bien alguien que está contento con su vida y con lo que ha conseguido.

Debes recordar que el éxito no se mide en dinero, sino en realización. Debes inspirarte en una persona que haya conseguido lo que tú deseas. Comunícate con ella para recavar información sobre cómo planificar tus objetivos: pídele consejo y trucos.

Revisa tus objetivos periódicamente

Si en el último tiempo no has procrastinado y crees que has sido más productivo, entonces comprueba tu progreso.

Si sientes que te está resultando demasiado fácil completar las tareas y tienes mucho tiempo libre, piensa en cómo quieres utilizarlo para conseguir un rendimiento aún mayor. Al fin y al cabo, se trata de alcanzar tus sueños.

Cuanto más tiempo dediques a seguir estrategias para dejar de procrastinar, mejores resultados obtendrás: esto significa desafiarte un poco más cada vez para evolucionar y progresar.

Fíjate objetivos a largo plazo y comprueba luego de algunos meses si los estás consiguiendo. Cuando alcances una determinada cantidad de objetivos, regálate unos días libres, unas vacaciones o cómprate algo que quieras. Es importante recompensarse por el buen trabajo haces, así se mantiene la motivación para seguir adelante.

No te compliques demasiado

Uno de los peores hábitos de aquellos que procrastinan es que complican demasiado las cosas mientras intentan perfeccionarlas obsesivamente. Hay que entender que no siempre se puede alcanzar la perfección: basta con que el trabajo sea de calidad y se haga con eficacia. La procrastinación puede ser una consecuencia de la búsqueda continua de un trabajo absolutamente perfecto, en lugar de una laboriosidad activa. La clave para ser feliz es llevar una vida sencilla: cuanto más se complican las cosas, más problemas se crean. Hay que aceptar que a veces no se puede resolver todo al 100%. Si eres capaz de algo, hazlo sin quejarte.

Deja de lamentarte

La procrastinación está relacionada con el hábito de quejarse: en el momento en que abandones esta actitud, te convertirás en una mejor persona.

Tienes que darte cuenta de que no ser todo a tu manera: habrá momentos de insatisfacción que te llevarán a quejarte pero tienes que aprender cuándo frenar y decirte a ti mismo que no es tan importante.

En lugar de preocuparte tiene más sentido buscar soluciones para resolver el conflicto. A veces puedes controlar ciertas situaciones pero hay otras que debes ignorar para poder avanzar.

Si no puedes abandonar todas las conductas de procrastinación a la vez, subdivide las tareas y enfrenta las actividades una a una. No te obligues a hacer demasiadas cosas y limita tu tiempo de trabajo para evitar el agotamiento. Ten en cuenta que puedes, y debes, hacer descansos entre actividades.

No te subestimes. Ésta es una de las razones por las que podrías empezar a posponer tus compromisos. Recuerda siempre que lo harás mejor cada vez y al final conseguirás lo que quieres, mientras te mantengas centrado y positivo.

Transforma la procrastinación en motivación

Cuando tienes demasiadas cosas que gestionar y no has empezado porque crees que nunca vas a conseguir hacer nada, ¡respira!

Llevamos un estilo de vida muy agitado y tenemos muy poco tiempo para uno mismo. Mientras que antes se trabajaba en turnos de 8 horas, hoy en día la gente pasa entre 12 a 15 horas en el trabajo, lo que resulta mental y físicamente agotador.

Si no has terminado una tarea que tiene una fecha límite cercana, es importante saber cómo convertir positivamente la procrastinación en motivación, y usarla a tu favor. A nadie le gusta trabajar horas extras, porque disminuye tu tiempo libre, pero puedes usar esto para mantenerte motivado y reducir las distracciones, y así trabajar más rápido.

Cómo vencer la procrastinación

Enfocarse y desconectarse

Para concentrarte en la tarea que estás haciendo, debes desconectarte y eliminar todas las distracciones innecesarias, especialmente el móvil. Guárdalo en un cajón y no lo abras hasta que hayas terminado una determinada cantidad de trabajo que te hayas fijado. Si es indispensable utilizar el teléfono porque tienes que ponerte en contacto con gente, limítalo a unos pocos minutos durante tus descansos. Asegúrate de no acceder a las redes sociales ni a los chats: si quieres escribirle a alguien, envíale un mensaje de texto.

Mantén ordenado tu lugar de trabajo

Es importante despejar el desorden de tu ambiente. En un área de trabajo limpia, es menos probable que te distraigas.

Lo más habitual es personalizar tu escritorio y volverlo estéticamente agradable, pero aunque puedes tener a la vista una fotografía o tu taza favorita, debes limitar las cosas que puedan distraerte. En lugar de cargar excesivamente tu espacio, puedes escribir afirmaciones motivadoras que te recuerden continuamente la disciplina y la determinación.

Anota tus distracciones

Cuanto más te distraiga algo, más difícil será sacarlo de tu cabeza, así que lo mejor es anotarlo. Te ayudará a restringir los elementos que te molestan o incluso a deshacerte de ellos. Si estás leyendo o escuchando algo negativo o violento, deshazte de ello: te hará sentir inconscientemente deprimido y, en consecuencia, te hará procrastinar. En cambio, cuando te rodeas de cosas positivas, es más probable que te concentres.

Practica la lectura

Es importante ejercitar el cerebro si se quiere dejar de procrastinar: cuanto más activo esté, menos probable será que caiga en una fase depresiva. La lectura es la mejor manera de ejercitarla. La ventaja de leer en papel sobre la lectura digital es que te aleja de la tecnología y te relaja. También es una buena forma de conciliar el sueño y asegurarse de que se descansa adecuadamente.

Da un paseo

Si estás inmerso en tus pensamientos y no consigues calmar tu mente o tus nervios antes de empezar a trabajar, prueba a dar un paseo. Caminar ayuda a liberarse del estrés y de la energía negativa. Verás que tu cuerpo se sentirá más descansado y motivado. No hace falta que camines durante horas: incluso 10 minutos haciendo ejercicios de respiración profunda pueden cambiar tu estado de ánimo. También puedes escuchar algo de música, esto te ayudará a tener pensamientos positivos.

Manténte saludable

Somos lo que comemos, así que cuando nos damos un atracón nuestro cuerpo se resiente: tienden a deprimirse más estas personas, que aquellos que comen regularmente comidas caseras y saludables. Es importante llevar una dieta equilibrada y hacer ejercicio físico para obtener la energía mental que se necesita para trabajar.

Del mismo modo, es importante dormir al menos ocho horas diarias: si no descansas bien, no podrás rendir al máximo al día siguiente. A veces, las personas que procrastinan, tienen dificultades para conciliar el sueño debido a la cantidad de pensamientos negativos que se acumulan en su cabeza. Si quieres deshacerte de ellos y descansar bien por la noche, puedes probar con la meditación. Es muy recomendable practicarlo regularmente antes de acostarse.

Ponte cómodo

Si tu oficina o espacio de trabajo es demasiado frío o demasiado cálido, puede afectar tu productividad. Si notas que te distraes, prueba oler un limón: se dice que su aroma ayuda a la concentración.
Sentarse cerca de una ventana también ayuda a mantener la atención.

¡Viva el verde!

Una de las mejores maneras de impulsar la creatividad es rodearse de plantas. Te harán sentir positivo y motivado y te ayudarán a mantenerte concentrado.

Utiliza auriculares

Para concentrarte en el trabajo, puedes escuchar música relajante con auriculares. Cuando estás en la oficina, no se pueden usar altavoces: no sólo molestarías a los demás, sino que tampoco son adecuados para desconectarte del resto del mundo. Los auriculares, en cambio, cancelan el ruido externo.

Medita

La meditación ayuda a relajarse, abandonar los pensamientos negativos, favorece la concentración y reduce el riesgo de pensamientos perjudiciales. Empieza a meditar para motivarte y convertir la procrastinación en acción.

Observa cosas bellas y agradables

Contempla bellas ilustraciones y fotografías de personas felices o que te remitan a recuerdos agradables. Este tipo de imágenes transmite positividad.

Ahorra tiempo

Organizar demasiadas reuniones es perjudicial: no siempre son necesarias y planificarlas requiere un tiempo que podría utilizarse de forma más productiva. Ten en cuenta estos consejos si ya estás en una posición de liderazgo.

En el caso de no poder evitar una reunión, fija un horario razonable y una comunicación clara.

Delega actividades cuando sea posible

Aunque es importante trabajar duro, lo es también poder tomar decisiones racionales. Si tienes a tu cargo personas con talento que puedan ayudarte, delega en ellas algunas de tus responsabilidades para que el trabajo se realice de forma más eficiente.

Siempre es bueno tener cerca a alguien que te ayude a alcanzar tu objetivo más rápido.

Limpia tu bandeja de entrada

Ahorrarás mucho tiempo buscando los correos que necesitas. La organización es tan importante como una mente clara. El correo electrónico es la principal forma de comunicación en cualquier entorno laboral digital.

Lleva un control del tiempo

Asegúrate de llevar un registro de las horas que trabajas durante el día y de los descansos que haces. Revisarlo regularmente te ayudará a reducir la cantidad de tiempo que pierdes. Lo ideal es intentar hacer una pausa de no más de 10 minutos cada hora, y una más larga después de al menos tres horas de trabajo. Esto contribuirá de manera pequeña pero significativa a obtener mejores resultados en el mismo plazo.

Automatiza

Vivimos en un mundo tecnológico gracias al que puedes automatizar muchas tareas para reducir tus esfuerzos. Un feed RSS te permite tener una plantilla de correo electrónico preparada para enviar automáticamente, por lo que no tienes que empezar de cero a escribir todo el texto. Si sabes que tendrás que decir lo mismo a 10 personas, es muy práctico tener una plantilla.

Actividades similares

Realizar tareas similares simultáneamente te ayudará a cambiar de una a otra de forma más eficiente, ya que estarás enfocado en algo del estilo. Esto te permitirá ahorrar tiempo que si tuvieras que empezar de nuevo cada una. Al principio del día, asegúrate de revisar tu lista de tareas e identificar las que son similares, para poder agruparlas y abordarlas al mismo tiempo.

Limita el texto

No importa lo rápido que puedas escribir: hablar es más rápido. Por eso recomiendo utilizar un software de dictado.

Es una suerte vivir en una época en la que la tecnología está tan avanzada: aprovéchala y utiliza las herramientas que te permiten optimizar tu tiempo.

Elabora una lista de 'stop-doing'

Tener una lista de pendientes es importante, pero lo es también tener una lista de cosas por dejar de hacer que te recuerden que debes abandonar ciertos hábitos que te hacen perder el tiempo.

Cada vez que la revises, verás qué es lo que mayormente te distrae y cómo evitar esa situación. Esta es una manera de evitar la procrastinación y transformarla en motivación.

Reduce el multitasking

Es esencial establecer prioridades entre tus tareas para poder realizarlas una a la vez. En contra de lo que mucha gente cree, el multitasking no ayuda a la productividad, sino que drena tu energía y reduce tu concentración. No sólo acabas siendo ineficiente en todas las tareas, sino que además te mareas y nunca puedes poner toda tu atención en ninguna de ellas.

Prioridades

Prueba el método "debo, debería, quiero".

Te permitirá identificar los compromisos urgentes y tus objetivos inmediatos y a largo plazo. Hazlo a diario y esfuérzate por alcanzar los tres objetivos, priorizándolos según su importancia. "Debo" corresponde a las tareas más urgentes, "debería" a las menos, y "quiero" se refiere a todo aquello que te acerca a tus objetivos a largo plazo, aunque los pondrás en último lugar.

Evita consultar las notificaciones de camino al trabajo

Revisar el correo electrónico es una tarea prioritaria, pero no es algo que debas hacer en tu trayecto al trabajo. De hecho, una vez que llegues a la oficina, es probable que acabes revisándolos de nuevo para responder, aprovechando la comodidad de tu ordenador en lugar de su móvil. Esto reduce el riesgo de eliminar un correo electrónico importante porque se te olvidó de marcarlo como "no leído" después de abrirlo.

Selecciona tus tareas importantes

Evalúa tu lista de tareas y elige las más importantes, para poder hacerlas en un momento en el que estés con más energía y concentración. Puedes anotarlas en un papel y pegarlo en la pantalla de tu ordenador o en algún lugar donde puedas consultarlo seguido, así recordarás lo que te falta por hacer. Esto te motivará a trabajar más.

Comienza con el trabajo creativo

Concéntrate primero en las tareas creativas, así las afrontas con energía y mente fresca. En la segunda mitad del día, en cambio, estarás psicológicamente agotado.

Sé realista

Ser comprometido con el trabajo que realizas es fundamental, porque si acabas aceptando todo lo que se te aparece por delante, te verás desbordado por compromisos que no podrás asumir. Si bien es importante ser productivo, no es aconsejable abarcar más de lo que está a nuestro alcance, ya que esta actitud restará calidad al conjunto. Si te organizas y tienes la mente clara, elegirás prudentemente las cosas que sabes que puedes completar de forma eficaz y segura. En lugar de pensar en el beneficio que obtendrás de una tarea, pregúntate por la eficacia con la que serás capaz de llevarla a cabo.

Planifica tu 'to-do list' la noche anterior

Es importante tener una lista de tareas: la mejor manera de aprovecharla es planificarla la noche anterior. Esto te permitirá tener una idea clara de lo que vas a hacer al día siguiente y de cómo gestionar tu tiempo. Al mismo tiempo te permitirá empezar de forma productiva la mañana en lugar de perder tiempo haciendo una lista en la oficina.

Ordena las tareas en base a la prioridad

Realiza las tareas según la prioridad, centrándote primero en las más importantes y pasando después a las menos urgentes. Al empezar el día, estás más motivado y con más energía.

Si surgen imprevistos y no puedes completar el resto de tus compromisos, sabes que al menos has conseguido terminar los más urgentes.

Hazte siempre estas cinco preguntas:
1. ¿La solución que estás adoptando te ayuda a acercarte al objetivo?
2. ¿Esta tarea es importante para tu cliente?
3. ¿Te ayuda a ganar dinero?
4. ¿Te facilita la vida?
5. ¿Necesitas completarlo cuanto antes?

Cuando tengas la respuesta a estas preguntas, podrás priorizar y eliminar las actividades que no son tan importantes.

Manténte motivado

Subdividir las actividades en partes más pequeñas es importante para gestionarlas con eficacia, como hemos dicho anteriormente.

Estas subtareas no deben durar más de 30 minutos cada una, así podrás dedicar más esfuerzo a terminarlas.

La regla de los dos minutos

Si hay microtareas que llevan menos de 2 minutos, date una cierta cantidad de tiempo para acabar el mayor número posible de ellas. Esto te mantendrá motivado y, en caso de que tengas un mal día, al menos habrás hecho algo con estas pequeñas tareas.

Afronta las tareas desagradables

Las tareas largas o complicadas suelen ser las que más se evitan: subdivídelas en pequeñas partes e intenta completar el mayor número posible mientras aún tienes energía. Esto te ayudará a evitar la procrastinación, porque tendrás un programa que seguir y sabrás por dónde empezar.

Encuentra tu "prime time" orgánico

Todo el mundo tiene un "prime time", que es el momento especial en el que tu productividad es máxima.

Progreso visible

Es importante revisar y medir tus progresos, para ver lo que estás haciendo y mantener la determinación. Si no ves resultados, es difícil seguir adelante, y eso te frenará.

No rompas la cadena

Asegúrate de fijar tus objetivos cada día, para mantener el ritmo de trabajo. De vez en cuando, puede haber factores externos que influyan en tu forma de pensar o desmoralizarte, pero tu intención principal debe ser ceñirte a tu plan.

Ponte desafíos

Mide el tiempo que tardas en realizar una tarea, desafíate para hacerlo en plazos cada vez más cortos, date una pequeña recompensa cada vez que consigas algo que te propongas: te hará sentir bien y motivado. Cuando tienes una actitud positiva, ya has ganado la mitad de la batalla.

No pierdas la confianza

Independientemente del tipo de trabajo que hagas, es importante que no pierdas la confianza y creas en ti. Cuando te convenzas de que eres bueno en lo que haces y de que eres capaz de completar tu tarea en tiempo y forma, verás mejores resultados y te sentirás más motivado. Una buena postura contribuye a aumentar tu autoestima.

Sé feliz

La forma más eficaz de aumentar tu productividad es siendo feliz. Cotidianamente, haz cosas sencillas que te hagan sonreír: es un hábito que te hará sentir mejor y así dejarás de procrastinar.

Estos cambios pueden parecer insignificantes, pero si los adoptas, empezarás a disfrutar de la vida, te beneficiarás y mejorarás poco a poco.

El secreto para tener autodisciplina

Para superar la procrastinación, es necesario tener una fuerte autodisciplina para no caer en la tentación. Aunque no veas progresos de manera inmediata, cada paso que des te acercará al objetivo.

Aquí tienes algunos consejos para desarrollar la autodisciplina.

Reconoce tus puntos débiles

Acepta tus debilidades. A todo el mundo le gusta sentirse fuerte, pero la realidad es que para crecer hay que superar primero las debilidades y convertirlas en virtudes.

Para cada dificultad hay una solución, por eso al principio debes dedicarte a identificarlas. Si no puedes hacerlo tú mismo, puedes pedir a alguien de confianza que te ayude. Es importante saber que recibirás críticas que pueden no gustarte, pero esto forma parte del proceso de aprendizaje.

Una vulnerabilidad no tiene que ser necesariamente un defecto, puede ser una situación en el trabajo o una tarea en la que no te sientes cómodo. Debes aceptar que hay tareas que eres capaz de hacer y otras que no, de esta manera podrás decidir cómo afrontarlas sin perder tiempo intentando. Una buena solución es delegarla en alguien que pueda hacerlo mejor.

Así, mantendrás la coherencia en tu cargo y tendrás la certeza de que tu colega podrá completarla a tiempo. De hecho, cuando no te salga bien algo, evalúa la posibilidad de dejarlo y posponerlo por el momento. El estrés es una de las causas de la procrastinación. Un proverbio latino dice "la necesidad es la madre de las habilidades": si no tienes la habilidad, inténtalo de nuevo con un enfoque diferente. Por ejemplo, averigua cómo lo hacen los demás.

No caigas en las tentaciones

Las tentaciones te hacen perder el tiempo y procrastinar. Aunque algunas personas tienen más autocontrol, ceder a los caprichos y deseos en el momento equivocado puede convertirlos en obsesiones. Cuando esto ocurre, tu productividad disminuye drásticamente.

Si no quieres desconcentrarte, tienes que aprender a enfrentarte a las tentaciones con firmeza y a decir que no cuando sea necesario.

El primer paso es identificarlas: tanto si se trata de ganas de levantarse para ir a fumar o de retrasar un proyecto, hay que registrar lo que interfiere en el objetivo a largo plazo. Los atracones y el tabaco son dañinos y te harán sentir culpable por hacerlo.

Si tus tentaciones se hacen impostergables, puedes pedir a tus familiares y amigos que te ayuden a controlarlas. Si eres fumador, por ejemplo, intenta mantener el paquete de cigarrillos lejos tuyo y prométete no tocarlo hasta que hayas terminado tu tarea. Si te apetece darte un atracón, puedes conformarte con un snack saludable. Los alimentos que consumes pueden ayudarte a aumentar o disminuir tu productividad.

Aprende a resistir las tentaciones a largo plazo: si estás intentando dejar de fumar, asegúrate de deshacerte de todo lo que te recuerde a los cigarrillos. Es un proceso que requiere tiempo, no te obligues a pasar por una situación que afectará tu productividad. Trata de ir gradualmente hacia un control cada vez mayor hasta conseguir el objetivo. Si hay algo que te tienta, recuerda que también hay una solución para el problema que al final puede mejorar tu calidad de vida.

Sé sincero, si niegas tu falta de autodisciplina, no progresarás.

Si tu deseo a ceder a algo aumenta drásticamente, imagina que te resistes a ello. Una visualización del rechazo puede darte la motivación para hacerlo.

Si vas a ceder a una tentación, intenta pensar antes en las consecuencias de tu elección. Ya sea perder el tiempo en lugar de concentrarte en el trabajo, fumar o darte un atracón poco saludable no te servirá de nada. Considera los efectos negativos de estos comportamientos.

Otra estrategia es distraerse con otra cosa hasta que pase el impulso. A veces basta con cerrar los ojos y meditar durante unos minutos.

Tienes que tener una mentalidad que te obligue firmemente a resistir.

Establece objetivos claros e identifica un plan de acción

Una de las mejores maneras para desarrollar la autodisciplina es ponerse objetivos. No tienen por qué estar relacionados con el trabajo, sino que pueden consistir en cosas cotidianas, desde levantarse a la misma hora todos los días, acostarse temprano, comer alimentos saludables o hacer ejercicio con regularidad.

A la hora de planificar tus objetivos, tienes que hacerlo de forma realista para evitar ser demasiado exigente y recaer en los viejos hábitos.

Evita fijar objetivos muy complicados, ya que podrías sentirte decepcionado si no los consigues. Aunque siempre hay que apuntar alto, es importante empezar desde abajo y celebrar los progresos para motivarse a seguir adelante.

Existen diferentes maneras de establecer tus objetivos: si quieres estar más concentrado en tu trabajo, por ejemplo, puedes hacer una tabla donde se indique lo que hay que hacer a cada hora del día y cumplirla. Para evitar las distracciones que supone el uso del móvil, procura no mirarlo en determinados momentos, a menos que tengas que hacer una llamada importante. Revisar las redes sociales y ver lo que hacen los demás no te llevará a ninguna parte, así que mejor entrena tu mente para resistirte a navegar por plataformas mientras estás trabajando. Podrías permitirte mirarlas durante tus descansos, pero suspende si esto te retrasa con las entregas: te servirá como una pequeña sanción.

Cuando te comprometas a ser más autodisciplinado, aumentarás tu productividad y obtendrás un mayor rendimiento y más tiempo para ti, que podrás reinvertir en otra cosa. Si quieres tener éxito, tienes que hacer un buen uso de tu tiempo y centrarte en la consecución de tus objetivos a corto y largo plazo. Los objetivos a corto plazo son las subtareas en las que se divide el objetivo final para hacerlo más manejable.

Muchas veces la gente recurre a los demás para que les ayuden a fijar sus objetivos: evita por completo esta situación, es muy difícil que te sientas motivado para trabajar en un objetivo que no has decidido tú. Por otro lado, los demás no conocen tus límites y pueden asignarte algo demasiado fácil o extremadamente difícil.

Recuerda tener siempre un plan en mente para no desviarte del camino y desarrollar la autodisciplina paso a paso. Tienes que dar valor a tu objetivo final, así que céntrate y mira fijo la meta. Esto te mantendrá positivo incluso en los momentos más estresantes y te animará a seguir adelante.

Adquiere autodisciplina

La autodisciplina no es una capacidad innata, por lo que hay que trabajar duro para conseguirla usando distintas estrategias.

Como primera medida, asegúrate de saber cuál es tu objetivo. Necesitarás elementos que te motiven. A continuación, pregúntate qué quieres hacer, cómo quieres hacerlo y por qué: una vez que hayas conseguido las respuestas, repítelas continuamente. La autodisciplina es el combustible que te ayuda a bombear más energía para concentrarte e inspirarte cada día, pero requiere esfuerzo y tiempo, y probablemente te distraigas con reflexiones innecesarias.

Eres responsable de cada acción que realizas, así que asegúrate de entender por qué la has realizado. No puedes culpar a los demás de tus elecciones o de la forma en que decides afrontar las situaciones que encuentras en tu camino. Aunque sea correcto premiarse por algo que has hecho bien, también es necesario penalizarse cuando se hace algo mal. Cuando te señalas a ti mismo un error que has cometido, te estás ayudando a no volver a hacerlo. Todos tenemos tentaciones, pero aprender a lidiar con ellas de forma eficaz es lo que te hace autodisciplinado.

Eres responsable de tu propia capacidad para autodisciplinarte, es decir, debes decidir qué nivel de control quieres alcanzar. Puedes elegir ser exigente contigo o darte ánimo dependiendo de tu objetivo y de la cantidad de distracciones que tengas. Para determinar tu nivel, debes hacerte algunas preguntas y determinar en qué punto te encuentras. Forzarse a llevar una vida solitaria cuando se es una persona muy social puede ser poco realista. Sería mejor elegir una técnica más sencilla pero eficaz que te permita ceder a alguna tentación de vez en cuando.

Crea nuevos hábitos

Lo más importante a la hora de desarrollar la autodisciplina es crear un hábito que te permita trabajar y utilizarlo en tu beneficio.

Lo que realmente deseas es aquello que te inspira. No debes quedarte contemplando esa motivación, sino utilizarla para fijar plazos y alcanzar tus objetivos, a corto o largo plazo. Hay que ser lo suficientemente disciplinado como para seguir trabajando incluso los días en que no te apetece.

Además, debes comprender que cuando haces un trabajo, no sólo hay que enfocarse en los resultados, sino también valorar lo que has aprendido y la calidad del servicio. Si te resulta difícil completar una parte de tus tareas debido a que no tienes los conocimientos necesarios, deberías trabajar duro hasta adquirirlos.

Procura que el trabajo sea una experiencia emocionante y divertida, así disfrutarás lo que haces cada día. Considérate realizado si te sientes feliz con la tarea que estás realizando: esa satisfacción te ayudará a progresar y a alcanzar el éxito. Abandona los sentimientos negativos que te frenan y te hacen postergar tus actividades. Utiliza tu imaginación para pensar en positivo en lugar de dejarte llevar por pensamientos que te drenan la energía.

Plantéatelo como un desafío: pondrás a prueba tus habilidades, experimentarás nuevas situaciones, mejorarás la calidad del trabajo y aprenderás, de modo que ya no tendrás que depender de nadie ni delegar. Si quieres estar motivado, al principio, deberás salir de tu zona de confort.

Podrías dudar en algún momento de si tu camino te hará triunfar o no: lee frases motivadoras para revitalizar tu determinación.

Revisa tu alimentación, una buena nutrición te ayuda a aumentar tu productividad, y esto ayuda a determinar el éxito que lograrás. La comida chatarra deteriora tu cuerpo y favorece problemas de salud como el desequilibrio hormonal y de la tiroides, que te hacen actuar más lento y aletargado. Por el contrario, los alimentos saludables mantendrán altos tus niveles de energía y concentración. La comida casera es la mejor manera de llevar una dieta completa y equilibrada, que incluya verduras y proteínas. Incluso los colores de las frutas influyen en tu estado de ánimo.

Muchas personas dependen de la cafeína para mantener sus niveles de energía y concentración, pero es desaconsejable hacerlo, ya que esta sustancia interfiere en tu capacidad de razonar y dificulta el descanso. Al día siguiente estarás somnoliento y cansado.

La autodisciplina te ayuda a planificar una alimentación equilibrada y regular. Si quieres tener éxito, tienes que cuidar tu salud, empezando por lo que comes.

Si te cuesta tener hábitos alimenticios saludables y te gusta darte un atracón cada tanto, puedes coneguir snacks saludables que puedas comer incluso mientras trabajas. Te sentirás lleno, lo cual es bueno porque si tienes hambre te volverás irritable y no podrás mantenerte concentrado.

Cuando intentes llevar una dieta saludable, debes recordar que la moderación es la clave del éxito. Comer sólo ensaladas no te dará la energía que necesitas a lo largo del día, por lo que tendrás que ingerir también proteínas. Dedica un tiempo a elaborar un plan de alimentación equilibrado. Hay quienes optan por tomar un multivitamínico al comienzo del día.

La forma en la que comes también es importante: tener la televisión encendida durante las comidas tiende a hacer que consumas porciones más grandes y mastiques menos, lo que dificulta la digestión.

Comer de forma saludable requiere, sin duda, un periodo de adaptación.

Cambia tu percepción de la fuerza de voluntad

Si quieres conseguir algo, es importante adoptar los hábitos adecuados y hacer que la autodisciplina forme parte de tu rutina diaria. Esto no ocurrirá inmediatamente y requiere mucha fuerza de voluntad. Tus vicios no desaparecerán en un minuto y dejarlos puede ser complicado.

Los buenos hábitos permiten ahorrar recursos y energía, tranquilizarse en situaciones de estrés y superar los obstáculos. Se crean en la mente, así que date tiempo para entrenarlos: Roma no se construyó en un día.

La mejor manera de superar tus vicios es aprender a decir no y no ceder a la tentación. Inténtalo gradualmente.

Cuando te propongas introducir buenos hábitos en tu vida, no te desvíes del verdadero objetivo: tener una rutina saludable que seguir no debe convertirse en una obsesión, así que procede paso a paso.

No pienses en el plan B

Por planes alternativos nos referimos a estrategias más sencillas que puedes revisar y cambiar según tus preferencias. Mucha gente cree que es importante tenerlos en caso de que el plan A falle. Sin embargo, esto facilita de alguna manera la situación y puede llevarte a procrastinar porque sabes que total tienes un "plan B".

Si quieres tener éxito, no pienses que cambiar el plan es la solución, porque acabarás fracasando en todos. De hecho, cuando se tiene un plan B, se tiende a tomar la primera opción a la ligera.

Perdónate a ti mismo y sigue adelante

Todos somos humanos y habrá momentos en los que se cometan errores. Incluso, puede tratarse de errores un poco más graves de lo que imaginabas, y esto te causará frustración. Si las cosas no salen como las habías planeado, hay que volver a empezar en lugar de quedarse estancado.

El perdón, que tiene varias etapas, es esencial para avanzar.

El primer paso es la responsabilidad: tienes que reconocer tu parte. A veces la gente procrastina y se niega a admitirlo.

La segunda fase es el remordimiento por las consecuencias de lo que has hecho. Si no sientes nada, no podrás corregirte.

La tercera fase es la restauración, que es cuando vuelves a planificar tus actividades y lo haces con confianza para no fracasar. Recién ahora podrás ejecutar tu plan y avanzar hacia la fase final de la recuperación.

Perdonarse a uno mismo permite progresar sin sentimientos de culpa o resentimiento. La autodisciplina también tiene que ver con el control de las emociones, así podrás enfrentarte a las situaciones más complejas y alcanzar el éxito.

Las causas de la procrastinación

La procrastinación tiene un impacto negativo en tu vida, afectando a tu rendimiento, tu salud mental y física y tus niveles de estrés. Además te hace sentir culpable y prolonga el tiempo que te lleva completar una actividad, lo que afecta a la calidad del resultado.

Por lo tanto, es importante encontrar una solución eficaz, y para ello hay que identificar las causas, que varían de una persona a otra.

Falta de autocompasión

Si no tienes autocompasión eres más propenso al estrés, y eso aumenta las chances de procrastinar.

No se puede aprender de repente a ser indulgente con uno mismo, sino que tienes que hacerlo gradualmente: no seas exigente contigo cuando cometas errores y haz un esfuerzo para seguir motivado. En lugar de ser crítico y negativo, intenta tener una actitud más constructiva y optimista.

Primero, debes poder perdonarte a ti mismo por los errores que cometes: equivocarse es humano y sirve para aprender. Sentirse constantemente culpable por lo que has hecho no es bueno. Por el contrario, la autocompasión hará que generes sentimientos positivos en tu interior y que superes tus carencias. Es un buen método para adquirir bondad y generosidad.

Imitación

La procrastinación puede ser autodidacta, pero también puede ser que imites a otros o que hayas visto a alguien comportarse de una manera que afecta tu capacidad de racionalización. En ambos casos, no es saludable.

Las personas positivas pueden ser una buena influencia en tu vida, mientras que las negativas te angustian y deprimen. Si eres esclavo de los pensamientos negativos, no podrás avanzar y alcanzar el éxito. Tienes que identificar la raíz de tu dolor para poder trabajar en su solución.

La procrastinación está muy relacionada con tus emociones: si estás agotado o molesto pasarás la mayor parte de tu tiempo abrumado mentalmente por la negatividad, en lugar de planificar tus objetivos. Esto te llevará a la autodestrucción, así que busca un modelo positivo que pueda enseñarte cosas mejores.

Infravaloración

Uno de los principales signos de procrastinación es subestimarse. Incluso si eres sobresaliente en una actividad, cuestionarás tus habilidades y te centrarás en los pequeños errores que cometes. Algunas personas ni siquiera intentan emprender algo que podría hacerles mucho bien.

En lugar de menospreciarte, intenta animarte a hacer algo que sabes que puedes hacer o al menos intentar. Aunque la primera vez sea difícil, tómalo como una experiencia de aprendizaje y sigue adelante. En lugar de autocompadecerte, aprende de tus errores y mejora.

Otra causa de la procrastinación es creer que no puedes gestionar nada y que obtendrás malos resultados a pesar de tus esfuerzos.

Miedo a los nuevos retos

La procrastinación no te permitirá progresar. Es un círculo vicioso del que hay que aprender a salir.

Para ello, tienes que desafiarte a ti mismo y mantener la mente abierta hacia la novedad y la transformación de las situaciones. Las personas que procrastinan suelen tener miedo al cambio y no les gusta embarcarse en nuevas aventuras porque creen que no serán capaces de afrontarlas.

Los retos son realmente importantes para el crecimiento, y si no los aceptas, nunca te irá bien. Una de las mejores formas de animarse a probar algo nuevo cada día es comprender la importancia de los retos: una vez superados los primeros, disfrutarás de la experiencia y desarrollarás diferentes habilidades.

Estimaciones de tiempo no realistas

Se suele procrastinar porque uno no está del todo seguro del tiempo que le llevará terminar ciertas tareas. Algunos sobrestiman su propia velocidad y se arriesgan a no terminar la tarea en el plazo previsto. La causa principal es el exceso de confianza en sus propias capacidades, lo que les lleva a reducir la velocidad o a hacer largas pausas. Esto puede ser perjudicial si la tarea resulta ser más difícil de lo esperado.

La mejor manera de evitar esta situación es empezar antes de lo previsto e intentar completar la actividad con antelación. Una estimación realista del tiempo es tan importante como su gestión.

Pensar en el presente en lugar del futuro

Otra razón para la procrastinación es que las personas quieren que cada momento sea fructífero y placentero: no piensan demasiado en el futuro mientras puedan aplazarlo. Esto suele provocar el abandono de ciertas actividades si las cosas se vuelven demasiado difíciles de gestionar.

Puedes evitarlo pensando en cómo tu trabajo en el presente puede influir positivamente en tu futuro: si no planificas a largo plazo, nunca alcanzarás el éxito. La planificación es esencial para aprovechar al máximo la jornada, tanto ahora como dentro de unos años.

Perfeccionismo

La procrastinación también se debe a la obsesión por hacer las cosas a la perfección, lo que provoca retrasos.

Aprende de las experiencias pasadas en las que no has podido cumplir por culpa de tu perfeccionismo: debe servir de motivación para hacer el trabajo de forma eficaz y no perfecta. Nadie se fija únicamente en lo impecable que es un resultado: lo que buscan los clientes o los supervisores suele ser un resultado que les beneficie a largo plazo. Así que céntrate en encontrar soluciones que aceleren tu rendimiento porque no podrás avanzar si te detienes en detalles menores. La gestión del tiempo es crucial.

Trastornos mentales

Los trastornos mentales como la ansiedad y la depresión pueden causar retrasos en el trabajo, provocando desconcentración y falta de motivación.

Si hay ciertos aspectos físicos que provocan tus cambios de humor, debes asegurarte de ocuparte de ellos antes de volver a centrarte en tus tareas. Apoyarse en la terapia es una buena solución. Tienes que elegir un camino eficaz y ser paciente para que funcione a tu favor: prueba primero con pequeños cambios y luego con cambios mayores. Durante el proceso, tienes que seguir motivándote y convencerte de que tienes la capacidad de mejorar. La determinación es importante porque la motivación puede no durar siempre.

Los terribles efectos de la procrastinación

La gente suele subestimar los efectos negativos de la procrastinación en la vida: sólo cuando aprendas a superarla verás todo el potencial que tienes.

Pérdida de tiempo

Cuando procrastinas, tiendes a dejar de lado tus tareas, por muy cerca que esté el *deadline*. En lugar de utilizar el tiempo como una virtud, se convierte en tu mayor debilidad y esperas hasta el último minuto para hacerlo. Esto te lleva a menospreciarte, aunque no siempre se le da la importancia necesaria: es una señal de que algo te molesta y debes afrontarlo si no quieres seguir arrastrándolo en el futuro.

No reconocer las oportunidades

La gente espera con ansia las oportunidades de mejorar su vida, pero desgraciadamente las posterga y ni siquiera las percibe cuando surgen: está demasiado ocupada quejándose de los problemas que tiene.

La mayoría de las veces, ni siquiera entiende cómo ha dejado escapar una oportunidad, porque si está en un estado de ánimo negativo será muy difícil ver algo positivo.

Incapacidad para alcanzar los objetivos

Por muy fácil que sea la tarea, si procrastinas te resultará muy difícil cumplir los plazos. Esto no se debe a que tengas menos tiempo, sino a que has pasado una buena parte de él quejándote.

Si se trata de un hábito, será incluso complicado darse cuenta de que lo estás posponiendo hasta que sea demasiado tarde. Para afrontar el problema hay que poner en práctica la autodisciplina.

Palos en la rueda

Las personas que procrastinan tienden a irritarse fácilmente y están siempre de mal humor. Cuando estás constantemente enfadado por las cosas que te ocurren, no puedes ver lo bueno de nada ni de nadie, y esto puede poner en riesgo tu trabajo ya que resiente la relación con tus compañeros. Si te cuesta cumplir los plazos y no eres capaz de mantener un ritmo determinado, tienes más posibilidades de que te despidan.

Disminución de la autoestima

La procrastinación mina tu autoestima: a pesar de que tengas el talento, no serás capaz de poner en práctica tus habilidades porque no crees en ti mismo. Automáticamente piensas que no eres bueno en nada, por lo que no te esforzarás demasiado aunque creas que estás comprometido.

Poca capacidad de decisión

Cuando no tienes el estado de ánimo adecuado, no puedes tomar las decisiones correctas: a menudo elegirás una opción sólo para añadir estrés y ver cuánta presión emocional puedes soportar.

Los que se comportan racionalmente, en cambio, elegirán algo que les haga felices.

Daño a la reputación

Aquellos que procrastinan son tachados de perezosos e incompetentes en el trabajo, pero también de arrogantes y molestos porque les cuesta llevarse bien con los compañeros. Aunque pienses que es tu carácter, no lo es: es una consecuencia de la tendencia a procrastinar.

Riesgos para la salud

Las personas que procrastinan pasan la mayor parte de su tiempo sin hacer casi nada, y luego se vuelven letárgicos y perezosos.

Sus niveles de estrés y ansiedad aumentan, lo que provoca diversos problemas, incluido el riesgo de depresión. El continuo incumplimiento de los plazos de trabajo provoca una tendencia depresiva y a estar solo. Aislarse puede hacerles sucumbir a otros trastornos mentales.

Si no quieres que la procrastinación controle tu vida, es importante darse cuenta de que tienes una dificultad y tomar las medidas necesarias para afrontarla.

Capítulo 7 - Deja de procrastinar y actúa

No es fácil vencer la procrastinación, por eso muchos luchan contra ella por un largo tiempo. Si quieres dejarla atrás, tienes que identificar tus capacidades y aumentarlas de la manera adecuada, para que puedas convertir tus debilidades en virtudes y beneficiarte de ellas. En las siguientes páginas encontrarás algunos consejos para ponerlo en práctica.

Vacía tu mente

Al igual que ordenar tu habitación te hace más productivo, lo mismo ocurre con tu mente: límpiala de pensamientos negativos que dificultan la concentración.

Aprende a controlar lo que piensas y prioriza tus pensamientos. A menudo posponemos tareas con las excusas más insignificantes y perdemos el tiempo quejándonos en lugar de enfrentarlas.

Hay que entender que en la vida hay dos tipos de situaciones: las que puedes manejar y las que no. Puedes lidiar con tus propios pensamientos pero no con lo que la gente piensa de ti. En lugar de preocuparte por las opiniones de los demás, intenta usar esa energía para hacer algo que te beneficie a ti. Fijarse en lo que no puedes controlar no tiene sentido, sólo te hará sentir mal. La mejor manera de refutar a tus detractores es ser eficiente en lo que haces: por eso, deja tus pensamientos negativos y prioriza lo que es más importante, liberando tu mente.

Tómate un día para ti

Un día libre puede ayudarte a recargar las pilas y volver al trabajo lleno de energía. Sin embargo, esto también se aplica a las distracciones: si te sientes tentado por el móvil, tómate un día libre de las redes sociales. Si estás revisándolo constantemente, limita la cantidad de horas diarias.

Esto te hará más productivo. Aunque no es fácil dejar algo a lo que se es adicto, hay que recordar que el éxito tiene un precio y que no es fácil de conseguir. Cuanto más te esfuerces, más recompensas obtendrás.

Prioriza tu trabajo

Una vez que diste el primer paso que es liberar tu mente, debes establecer las prioridades entre las tareas pendientes: algunas son muy repetitivas y tendrás que hacerlas a diario, para eso tienes que encontrar la manera de terminarlas rápidamente. En consecuencia, podrás centrarte en las tareas más importantes que pueden ayudarte a conseguir el éxito. Establecer prioridades es muy útil para identificar dónde se pierde el tiempo y de qué manera pequeños cambios en la rutina pueden ayudar a usarlo mejor. Esto te permitirá concentrarte en las tareas importantes, logrando así calidad y cantidad en el rendimiento.

Divide el tiempo

En lugar de trabajar de forma constante durante un largo periodo, es conveniente dividir las actividades en varias partes, de no más de 15-20 minutos cada una. Con este método puedes concentrarte mejor en las subdivisiones y asegurarte de que las haces bien todas. El cuadro de situación se percibe psicológicamente como más fácil de manejar, lo que aumenta la productividad sin estresarse demasiado.

Es igualmente importante que te tomes un descanso entre las sesiones de trabajo. No sólo te ayuda a mantener tu energía, sino que también calma tu mente y te mantiene concentrado.

La gestión del tiempo es muy importante cuando se trata de vencer la procrastinación, pero no es un proceso inmediato.

Elige tu espacio o lugar de reflexión

Hay muchas personas que pueden pensar mejor cuando están en un espacio o posición determinada. En lugar de limitarte a la mesa de tu oficina, observa dónde te sientes más cómodo o relajado. Aquí es donde probablemente será más creativa y eficaz la lluvia de ideas.

Prioriza tu lista de tareas

Casi todo el mundo tiene una lista de tareas pendientes, que a veces es tan larga que resulta imposible seguirla. Para gestionarla, es importante priorizar las distintas tareas, empezando siempre por las más urgentes o las que tienen fecha de entrega. Se trata de encontrar tu propio ritmo: decide qué hay que hacer al principio del día, cuando tienes más energía, y qué se puede dejar para el final. El pensamiento práctico siempre funciona si quieres tener éxito.

No te sobrecargues

Reconozcámoslo: ¡tenemos mucho que hacer pero muy poco tiempo! Es importante decidir la cantidad de trabajo que puedes soportar diariamente. Cuando te sobrecargas de tareas, resientes la productividad y la calidad de lo que haces.

Hay una diferencia entre trabajar más duro y trabajar más inteligentemente, por lo que hay que limitar las tareas que se realizan en función del tiempo disponible. A veces, una tarea puede completarse en menos de 2 horas, pero puede agotar tu energía por completo, lo que significa que tienes que descansar antes de poder reanudar tu trabajo. El hecho de que algo pueda hacerse con relativa rapidez no significa que se gane más con ello que con una tarea de 8 horas.

Y recuerda siempre tener en cuenta los descansos.

Crea un plan de acción diario

Tu lista de tareas no tiene por qué constituir todo lo que haces en un día: siempre puede haber algo imprevisto. Puede que decidas descansar o desafiarte a trabajar un poco más. Tus acciones diarias pueden ser satisfactorias o no, pero no tienen por qué interrumpir tu rutina. Simplemente hay que cambiar la forma de pensar y enfocarte en la situación, para mejorar o entender lo que hay que cambiar.

Prioriza los proyectos difíciles

Al comenzar el día, hay que priorizar varias tareas, eligiéndolas según la urgencia y la dificultad. Una vez hecho lo peor, puedes dedicarte a lo más sencillo y menos estresante. Priorizar te ayuda a terminar tus tareas a tiempo y a pensar con claridad, porque no afrontar el momento en que tienes que hacer las tareas complejas hará que estés desmotivado todo el día.

La regla de los dos minutos

Esta norma fue introducida nada menos que por David Allen. Es sencillo: cuando te den una tarea, tómate un momento para saber si se puede completar en 2 minutos o menos. Si la respuesta es afirmativa, debes hacerlo inmediatamente, así reducirás la longitud de tu lista de tareas. No obstante, no menoscabes la calidad de tu actuación y asegúrate de dedicarle el tiempo necesario.

La idea de esta estrategia es que te ayude a trabajar en intervalos cortos y te mantenga motivado. Podrás realizar estas pequeñas tareas sin demora, y lo vivirás como un reto constante porque, aunque estas pequeñas tareas no parezcan gran cosa, cuando se acumulan tienden a abrumarte.

Asigna un área de trabajo

Si trabajas en una oficina, tienes tu propio escritorio o espacio de trabajo.

Si eres smartworking, asegúrate de separar tu vida profesional de la personal. Elige una zona dedicada exclusivamente al trabajo: tu nivel de comodidad es importante, pero si te pones demasiado cómodo acabarás distrayéndote y dejando las cosas para después.

Una de las peores cosas es trabajar desde la cama, esto reduce mucho tu productividad. De hecho, es un lugar informal, donde se descansa, mientras que necesitas crear la mentalidad adecuada para ser eficiente.

Tu zona de trabajo debería ser un espacio separado y no estar conectado a la zona donde sueles relajarte. Además, no debes estar demasiado cerca de la televisión o de otros aparatos electrónicos que puedan distraerte.

Horas punta de trabajo

Hay algunos momentos del día que son más productivos que otros. Si crees que el horario de 9:00 a 17:00 no es el ideal para ti, puedes elegir tu horario de trabajo personal: algunas personas, por ejemplo, prefieren hacer sus tareas por la noche y dormir durante el día. Esto les ayuda a distraerse menos y a estar en un entorno más tranquilo.

Independientemente de la planificación que sigas, tienes que asegurarte de estar concentrado mientras realizas tus tareas.

Averiguar a qué hora eres más productivo es la clave. Si aún no lo has descubierto, haz algunas pruebas. Una vez que hayas decidido cuál es tu hora punta de trabajo, asegúrate de cumplirla e intenta no cambiar tu horario con demasiada frecuencia.

Elimina las distracciones

Tómate el trabajo de eliminar todas las distracciones, de entre ellas Internet es la más importante.

Si sólo necesitas sentarte a escribir, imagina que estás en un avión donde la conexión es muy limitada. Esto te permitirá estar más concentrado. Apartar el teléfono también puede ayudar a aumentar la productividad.

Sé coherente

La clave del éxito es mantenerse siempre en la cima de tu campo de acción y seguir trabajando tan pronto como termine tu actividad anterior.

Los escritores más exitosos empiezan a escribir su nuevo libro en cuanto terminan el anterior. No esperan a leer las reseñas de su trabajo, porque confían en su obra. Suelen escribir un mínimo de 2.000 palabras al día, lo que les ayuda a mantener el impulso y la creatividad.

Si no eres coherente con lo que haces, acabarás obteniendo resultados ilógicos y no podrás juzgar si estás ofreciendo o no el tipo de calidad que deseas. No tienes que superar tus límites todos los días: cuando te ciñas al horario que has planificado, acabarás siendo más productivo sin tener que esforzarte por cumplir los plazos.

Cuida tu salud

Aunque sientas que tienes que trabajar todo el tiempo, no debes agotarte. El intento de triunfar no debe ser tan feroz que te haga enfermar.

Tómate suficientes descansos durante el día y al menos un día libre durante la semana. Esto no sólo ayudará a proteger tu cuerpo, sino también tu estado de ánimo. Si quieres trabajar bien, tienes que mantenerte sano, de lo contrario acabarás perdiendo días de trabajo y obstaculizando tu progreso.

Recuerda siempre que en el momento en que sientas que la presión se acerca, tienes que relajarte. La clave para obtener buenos resultados a largo plazo es saber cuándo hay que parar durante un tiempo antes de reanudar.

Prueba diversos métodos

Si te esfuerzas mucho pero no alcanzas tus objetivos, tienes que intentar cambiar tu forma de trabajar. No todos los métodos exitosos tienen que funcionarte.

Intenta hacer algo diferente e innovar en tu trabajo: si tu rutina se vuelve monótona, se reflejará en tus resultados. Cambiar las estrategias de trabajo con regularidad te permitirá mantener siempre el entusiasmo por lo que haces.

No existe una solución única para todos: mientras que una puede ser ideal para varias personas, puede no ser eficaz para ti. Puede llevarte un tiempo descubrir algo que funcione, así que sigue probando.

Conceptos erróneos sobre la procrastinación

La procrastinación es más común de lo que se cree, y eso genera una serie de ideas erróneas sobre cómo resolverla.

Para potenciar la autodisciplina y emprender el camino hacia el éxito hay que saber distinguir entre realidad y mito. Aquí encontrarás algunos de ellos.

#1 - Trabajo mejor bajo presión

La presión rara vez saca lo mejor de ti. Aunque tengas la impresión de que trabajas duro y eficazmente, acabarás cometiendo errores, en la medida en que la única preocupación es terminar a tiempo y no tener mejor rendimiento.

Cuando estás en una situación de apuro también tiendes a recortar y buscar atajos en detrimento del proyecto.

Aunque algunas personas trabajen bien bajo presión, no hay que hacerlo regularmente porque no es un hábito saludable. Terminarás agotado y esto empezará a afectar a tu productividad en general. Con el tiempo, no podrás seguir el ritmo de las crecientes exigencias de tu actividad.

Esto es también una consecuencia directa de la procrastinación, que hace que dejes tus tareas para el último momento.

En lugar de presionarte para trabajar con plazos demasiado ajustados, organízate sistemáticamente cuando no haya una urgencia o estés haciendo una actividad que te guste. Disfrutar de lo que haces cuenta más que nada porque es ahí cuando empiezas a hacer de la calidad una prioridad.

#2 - Necesito inspiración para trabajar

Aunque no estés inspirado todos los días de tu vida tienes que seguir trabajando si quieres acercarte a tu objetivo. No puedes esperar a tener ganas, sino crear las condiciones adecuadas y motivarte constantemente.

Debes aceptar que no todos los días son iguales: a veces podrás organizarte bien pero otras no te sentirás con la máxima energía. Sin embargo, no es una buena razón para dejar de intentarlo: sigue esforzándote por cumplir tu agenda. Intenta cambiar el entorno y crea un ambiente de trabajo más positivo.

No puedes esperar que otros te inspiren: tienes que ser tu propia fuente de motivación. Es más sencillo y además te da más control sobre tus emociones.

#3 – Se necesitan tres o cuatro horas ininterrumpidas

Este es un mito muy común que algunas personas utilizan como excusa para retrasar las entregas.

Es muy difícil conseguir grandes intervalos de tiempo ininterrumpido si se lleva una vida muy agitada: aplazar el trabajo con la esperanza de conseguirlo no tiene sentido. Si esperas hasta el último momento, acabarás teniendo resultados de baja calidad. Hay que reservar pequeños intervalos de tiempo de otras actividades y aprovecharlos para poder avanzar en una tarea más larga.

Hay una serie de reglas que puedes seguir para completar tareas complejas en tiempo y forma. Una de ellas es subdividir el trabajo en partes más pequeñas y dedicarles un tiempo limitado. Esto te ayudará a fijar un punto de partida y a gestionar mejor la situación, dado que el mayor temor que tiene la gente al empezar una tarea es su volumen. Progresarás de forma constante y la terminarás con facilidad.

#4 – Trabajaré mejor en otro momento

No debes cometer el error de dejar las cosas para más tarde pensando que mañana será un día mejor y más organizado. Si no empiezas a hacer una tarea hoy, no serás productivo mañana. Si hoy has tenido poco tiempo, es probable que mañana tampoco lo tengas. Si no eres disciplinado ahora, tampoco lo serás en un futuro. Esfuérzate por hacer el trabajo a diario: si sigues esperando un "mañana ideal", nunca saldrás del círculo vicioso de la procrastinación.

Muchas personas creen en estos mitos y los utilizan como justificación para retrasar sus tareas.

El hecho de que una tarea no nos guste o sea complicada no significa que haya que tenerle miedo. A veces, incluso una tarea compleja puede convertirse en una de las más fáciles de la lista.

No te sientas abrumado por las cosas que tienes que hacer, si no haces la tarea lo hará alguien más. Si quieres avanzar en la vida y tener éxito, no puedes permitir que otros asuman tus responsabilidades. Deja de menospreciarte y confía en tu capacidad: es hora de desmentir todos esos mitos.

Inteligencia Emocional

Comprender y gestionar las emociones, la ira y la ansiedad para mejorar uno mismo y la pareja.
Cómo transformar el pensamiento negativo en positivo, aumentando el carisma y la autoestima.

- *"Lo que realmente cuenta para el éxito, el carácter, el bienestar y los logros es un conjunto definido de habilidades emocionales -tu CE (Coeficiente Emocional)- y no sólo las habilidades puramente cognitivas que se miden en los test de CI convencionales.". -*

Daniel Goleman

Introducción

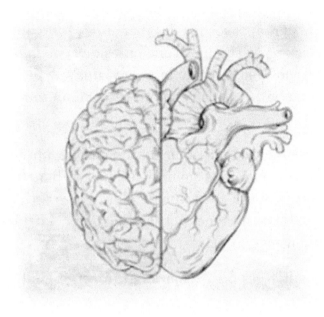

La inteligencia emocional es un asunto particularmente candente y un objeto de estudio muy popular en la sociedad contemporánea: mucha gente aún se hace preguntas al respecto y se sigue investigando hoy en día. Todo el mundo quiere saber qué es, por qué es importante y qué beneficios trae en la vida.

Si tú también sientes curiosidad por este tema, entonces estás en el lugar y con el libro indicado: aquí obtendrás las respuestas a tus preguntas. Se te proporcionará una gran cantidad de información, para que puedas comprender los pros y los contras de la inteligencia emocional de manera sencilla.

Descubrirás por qué puede ayudarte en tu vida personal y profesional y por qué es tan importante en los negocios. De hecho, actualmente el mundo empresarial busca sobre todo personas emocionalmente inteligentes, porque tienen habilidades de las que otros carecen. Si te das el tiempo de comprender y aprender sobre la inteligencia emocional, podrás formar parte tú mismo de este grupo de personas tan demandadas.

Además, descubrirás que esta habilidad puede ayudarte a tener una visión más positiva de la vida y aprenderás cómo se ve hoy en día respecto al pasado, para que puedas valorar los avances de los últimos años en el campo de la investigación.

Con el tiempo, esta capacidad se ha convertido cada vez más en un tema de amplio interés: no sólo quieren entenderla los que se dedican a la medicina, sino también los que se dedican al mundo laboral y profesional. Algunas personas quieren saber más sobre el tema para poder aprovechar los beneficios, ya que pueden estar más conectados con sus emociones y son más concientes de sí mismos.

Todos queremos superarnos a lo largo de la vida y, una vez que tenemos lo necesario para hacerlo, podemos embarcarnos en este proceso y empezar a notar los resultados en poco tiempo.

Para que tengas la mayor cantidad de información posible, aprenderás las diferencias entre la inteligencia emocional y la común: ambas tienen sus propios ámbitos y beneficios, y este libro examinará cada una de ellas.

Aquí encontrarás una serie de nociones sobre cómo potenciar y captar tu inteligencia emocional a través de consejos y trucos.

El comportamiento cognitivo es otro tema de gran actualidad y objeto de debates y estudios de investigación.

La terapia cognitivo-conductual está ampliamente reconocida y ha demostrado su utilidad para personas con una amplia gama de trastornos. Es innovadora y compleja, y aquí encontrarás sólo la información básica, así como algunos datos no tan conocidos.

Entre los trastornos que pueden resolverse con esta terapia se encuentran, entre otros, los trastornos alimenticios (de todo tipo), la depresión y la ansiedad. Tiene un alto porcentaje de efectividad, pero tienes que estar dispuesto a hacer el esfuerzo y ser honesto con lo que sea que estás atravesando.

Esta terapia ayuda a las personas a ser más conscientes, e incluso a tomar el control de los problemas que les inquietan y a modificar los malos hábitos. Si tienes pensamientos negativos que te atormentan, puedes gestionarlos y apartarlos de tu mente, convirtiéndote en una persona más positiva y menos estresada.

Al igual que la inteligencia emocional, este tratamiento también está vinculado a la autodisciplina, especialmente para aquellos que no tienen una gran capacidad de autocontrol: en este libro encontrarás diez métodos útiles para desarrollar estas habilidades y utilizarlas en tu favor.

Capítulo 1- Qué es la Inteligencia Emocional y por qué es importante

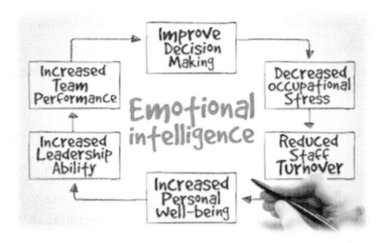

La Inteligencia Emocional es "la capacidad de autocontrol, ser comprensivo y poder expresarse", pero también la capacidad de gestionar las relaciones interpersonales con empatía y criterio.

Consiste en cinco elementos:

- *autocontrol*
- *motivación*
- *habilidades sociales*
- *empatía*
- *autoconciencia*

Tener *autocontrol* significa que eres capaz de controlar tus instintos o tienes la capacidad de reflexionar antes de actuar. Incluye además saber expresarse adecuadamente, independientemente del contexto. La madurez emocional, en este sentido, quiere decir asumir la responsabilidad de tus actos, ser capaz de adaptarse a situaciones nuevas y responder de manera adecuada a la forma en que los demás te tratan. Éste último aspecto incluye el comportamiento irracional, como por ejemplo entender que las personas se pueden enfadar y necesitar arremeter contra alguien, sin que esto implique ver esa reacción como un ataque personal.

La *motivación* implica en el aprendizaje y la superación personal, y tener la perseverancia para avanzar a pesar de los obstáculos. Hay que tomar la iniciativa y comprometerse a terminar una tarea.

Las *habilidades sociales* consisten en la capacidad de tolerar el sarcasmo, hacer bromas, mantener amistades y vínculos, ser capaz de ofrecer un buen servicio a los clientes incluso bajo presión, y saber encontrar puntos en común con los demás. Estas habilidades suelen estar relacionadas no sólo con la buena comunicación, sino también con la gestión del tiempo, el liderazgo y la capacidad de resolver situaciones difíciles.

Gracias a la *empatía* puedes comprender las reacciones y emociones de los demás, y se adquiere a través de la *autoconciencia*. Los rasgos típicos de las personas empáticas son la autoironía, la percepción de cómo son percibidos por otras personas, el interés por los problemas y preocupaciones de los demás y la capacidad de anticipar la respuesta emocional de un otro ante una situación determinada.

La razón por la que la inteligencia emocional es importante es que es la clave para una vida equilibrada. No sólo sirve de ayuda para la salud mental, sino también para la salud física: te ayuda a lidiar con el estrés y favorece e influye en tu actitud y enfoque de la realidad.

Un mayor entendimiento del cociente emocional de cada uno puede dar apoyo en caso de trastornos psicológicos, ya que está directamente relacionado con el hecho de tener una actitud positiva, lo que a su vez contribuye a desarrollar una visión más alegre de la propia existencia. Esto puede contribuir a mejorar las relaciones interpersonales, la pareja y las amistades, ya que podemos comprender plenamente las necesidades y los sentimientos de quienes nos rodean, y puede ayudar en la resolución de conflictos porque podemos discernir las emociones de los demás. Como resultado, podrás reducir y gestionar mejor las situaciones de estrés.

En el mundo empresarial o profesional, la inteligencia emocional te permite ser un buen negociador y un motivador entusiasta. Esto conlleva beneficios como la capacidad de concentrarse en un objetivo, una mayor confianza en sí mismo y menos procrastinación.

Las personas emocionalmente inteligentes suelen ser buenos líderes. Ser capaz de entender lo que motiva a las personas que te rodean te ayudará a relacionarte con ellas de una mejor manera, permitiéndote crear vínculos fuertes.

Estas habilidades te convertirán en una personalidad demandada porque, al identificar las necesidades de tu equipo, contribuirás al progreso de la empresa.

La inteligencia emocional no se ha estudiado del todo todavía, pero sabemos que juega un papel vital en la calidad de cada aspecto de la vida.
Ayuda a canalizar y comprender las emociones para usarlas en tu beneficio.
Marca la diferencia en las empresas porque permite trabajar en armonía con los compañeros y, hoy en día, es una cualidad imprescindible debido a la interculturalidad de los grupos de trabajo.

Capítulo 2 – Cómo era la Inteligencia Emocional en el pasado

La inteligencia emocional ha sido estudiada en profundidad desde hace más de dos siglos por filósofos y psicólogos. Al igual que Platón, Hume y Hobbes, todos los grandes pensadores se han dedicado a analizar las emociones y a cómo responden éstas a determinadas situaciones y acontecimientos, prestando especial atención a lo que motiva el comportamiento humano.

A Aristóteles se le atribuye el mérito de haber sido el primero en referirse a algo que puede considerarse similar a la inteligencia, aunque no haya sido denominado como tal. Él usa la palabra "razón", afirmando que es la capacidad de los seres humanos para gestionar sus pasiones o la capacidad de reprimir los impulsos e instintos. Dice que las personas se diferencian de los animales precisamente por su capacidad de razonar.

Si analizamos el siglo XVII, veremos que los intelectuales de la época seguían compartiendo este pensamiento.

Sin embargo, en el siglo XIX, con la llegada de la era industrial se produce un punto de inflexión con el surgimiento del concepto de inteligencia. En ese entonces todavía se asociaba con la idea de adaptabilidad. Con el trabajo en las fábricas, donde cada uno realizaba las mismas tareas o, al menos, similares, se podía observar quién era más eficaz.

Fue en el siglo XX cuando se empezó a hablar de "inteligencia social". Algunos estudios comenzaron a demostrar la importancia de ser capaz de convivir con los demás. Varios investigadores se basaron en este concepto, sugiriendo que las actitudes, en conjunto con los sentimientos y estados de ánimo que giran en torno a la inteligencia, podrían ser un aspecto fundamental para tener éxito en la vida.
Un desarrollo posterior se produjo cuando un nuevo estudio se centró en cómo las personas pueden desarrollar la fuerza emocional.

Otra investigación de principios de siglo se publicó como test de inteligencia y se aplicó en las escuelas. Las aulas se adaptaron y estandarizaron para promover un ambiente apto para la realización de la prueba, y por eso hoy tenemos un horario para cada clase.

Con el estallido de la guerra y el consiguiente reclutamiento masivo, el test de inteligencia se modificó. Antes de la guerra consistía en largas entrevistas individuales con un profesional de la psicología, pero como no era posible aplicar este método a millones de reclutas en un breve período de tiempo, se desarrolló un test estandarizado. En ese momento nace el CI, mientras que el CE aún estaba empezando.

Hay que esperar unos veinticinco años para que se produzcan novedades al respecto: la publicación de un nuevo libro.
Este texto introdujo el concepto de inteligencias múltiples, aunque habrá que esperar hasta finales de siglo para algo más. De hecho, fue en esta época cuando dos profesores se plantearon la inteligencia emocional mientras conversaban pintando una casa. Uno de ellos había estudiado el comportamiento y las emociones, mientras que el otro se centraba en el vínculo entre pensamiento y sentimiento. Según ellos, las teorías existentes sobre la inteligencia no habían tenido en cuenta estas últimas.

Pasados unos años, el periodista de un importante periódico se encontró con la investigación que estos profesores habían escrito y publicado en una publicación académica, y tuvo una epifanía que lo llevó a publicar un libro.
En ese informe sostiene que la inteligencia emocional podría garantizar el éxito empresarial, y enumera las cuatro habilidades principales que poseen las personas emocionalmente inteligentes:

- *conciencia de sí mismos,* porque son idóneos para reconocer sus propias emociones;
- *autocontrol*, en cuanto son capaces de lidiar con sus emociones;
- *conciencia social*, al empatizar con los demás;
- *habilidades sociales*, ya que son capaces de discernir las emociones que sienten otros en un momento determinado.

A partir de ese momento, muchos estudios académicos y empresariales comenzaron a analizar el concepto para demostrar la existencia de la inteligencia emocional. Muchos otros, sin embargo, pretendían demostrar que la inteligencia emocional no prevalece sobre el coeficiente intelectual cuando se trata de ser eficaz en el trabajo.

Se llegó a la conclusión de que era necesario realizar más estudios, pero varios de ellos coincidieron en la misma opinión: la inteligencia emocional sí que prevalecería sobre el coeficiente intelectual. Se realizó un experimento para comprobar la eficacia de esta hipótesis. Algunas empresas impartieron a su personal una capacitación sobre el Coeficiente Emocional y observaron algunos resultados sorprendentes, como:

- reducción de los accidentes (a la mitad);
- reducción de las reclamaciones;
- superaron los objetivos de productividad en más de doscientos mil dólares.

Un científico del New York Times señaló que cuando las empresas examinan su plantilla profesional para identificar a personas con alto potencial de liderazgo, los seleccionados suelen tener mayores habilidades de inteligencia emocional con respecto a los otros candidatos.

Las habilidades sociales y las personas que las poseen pueden ser decisivas en el trabajo en equipo y pueden mantener la concentración durante mucho más tiempo. Por eso las empresas se han tomado en serio estos estudios: quieren que los empleados sean capaces de ayudarles a alcanzar sus objetivos.

Lo que el estudio de las emociones y el comportamiento humano ha demostrado es que sólo recientemente, en el último siglo, hemos obtenido datos concretos y precisos sobre la inteligencia emocional.

Todavía existen personas que están convencidas de que no se trata de inteligencia, y que es simplemente una habilidad como cualquier otra.

Capítulo 3 - Por qué la Inteligencia Emocional puede ser más importante que el Coeficiente Intelectual

Desde el siglo pasado se ha debatido acerca de por qué el CE es tan relevante y si es más importante que el CI.

Hay quienes ven a la inteligencia emocional como crucial en un mundo centrado en la carrera profesional como el que vivimos hoy en día. Los estudios han llegado a la conclusión de que existe una relación directa entre esta habilidad y el éxito, pero ha llevado mucho tiempo. Sin embargo, los resultados obtenidos permiten formular algunas ideas interesantes.

En la escuela uno es evaluado por las notas de los exámenes. Se presta mucha atención a eso, a la clasificación de los estudiantes en comparación con sus compañeros de otras instituciones, y finalmente hay que lograr una determinada puntuación para acceder a la universidad. El problema es que estas pruebas están estandarizadas y miden determinados aspectos de nuestro CI.
Sin embargo, el factor principal que determinará lo bien que te irá en la vida es el CE.

Todos tenemos una mente emocional y una mente racional.
La primera nos mantiene en marcha y entra en acción muy rápidamente. De ahí vienen las malas decisiones, cuando no podemos controlarla y cedemos a su impulsividad.

A continuación encontrarás algunos de los motivos por los que la inteligencia emocional puede ser más importante que el coeficiente intelectual.

Por un lado, tiene más impacto que otros factores a la hora de la autorealización. Estudios han demostrado que tu coeficiente intelectual puede ayudarte en la búsqueda de empleo (equivale al 25%), pero si no tienes un coeficiente emocional fuerte te verás nuevamente sin trabajo.

Además permite tener relaciones más sanas y tiene la capacidad de convertirte en un gran líder. Hay que entender las emociones de aquellos con los que se trabaja, y eso es mucho más fácil cuando se tiene control sobre las propias emociones.

Por otro lado, el hecho de posponer la satisfacción personal es también una gran señal del potencial éxito futuro. Si puedes esperar ahora, obtendrás la recompensa más adelante.

La gratificación instantánea es un deseo muy extendido hoy en día, que puede observarse, por ejemplo, en la forma de comprar ("compra ahora y paga después"). Anteponemos el entretenimiento frívolo al desarrollo personal en nuestra lista de prioridades.

La salud emocional influye sobre la salud física y se ha demostrado que hay una relación directa entre ambas. Además, el estrés tiene un impacto negativo, y en estudios recientes se ha sugerido que al menos el 80% de nuestros problemas de salud están relacionados con él.

Se ha demostrado también que una inteligencia emocional deficiente está relacionada con una mala conducta y hasta con la delincuencia. Si un joven carece de habilidades emocionales básicas puede llegar a herir a otros y tener dificultades para prestar atención en la escuela. Por supuesto, el entorno en el que crecen y la contención de la familia son cruciales en la tendencia a la delincuencia. Se está empezando a debatir la utilidad de poner esta información a disposición de los jóvenes, puesto que el coste para la sociedad hoy sería mucho menor que tener a esas personas en la cárcel en el futuro.

En resumen, el coeficiente intelectual es útil cuando se quiere prosperar en el mundo de los negocios, pero muchos líderes han revelado también que sus ases bajo la manga son una buena educación y un alto coeficiente de inteligencia emocional. A mucha gente todavía le cuesta aceptar la importancia de esto.

Contar con alguien con un gran CE en tu equipo significa ser capaz de percibir las emociones de los demás y ayudarles a mantener la calma, así como la capacidad de interactuar con los demás colegas de forma cariñosa y compasiva. La importancia de la inteligencia emocional se ha visto reducida en los últimos años debido a la enorme cantidad de información en tiempo real disponible en Internet. Igualmente sigue siendo muy relevante porque en Internet no puedes encontrar las emociones de tus empleados y, de esta manera, no llegas a identificar sus puntos fuertes. Una buena idea es organizar una reunión y observar quién está callado, quién habla, quién no está contento y quién se esfuerza más allá de lo indispensable.

Un alto coeficiente emocional refuerza tu postura como líder y te permite guiar individualmente a tus empleados hasta su máximo potencial. De este modo, también podrás excluir a quienes puedan suponer una carga para la consecución de los objetivos de la empresa.

Te ayudará además a conocer tus debilidades emocionales y tus puntos fuertes, una habilidad importantísima con la que deberías contar en todos los ámbitos de la vida. Un líder tiene que saber observar el comportamiento de los demás, pero también el suyo propio, así como entender cómo lo ven los otros.

Si el gerente de una empresa se dirige a sus empleados de forma intimidatoria, no podrá conocer nunca sus opiniones ni las problemáticas laborales. Con la inteligencia emocional, en cambio, se abrirá un diálogo reflexivo y consciente.

Por lo tanto, es importante trabajar en uno mismo con el objetivo de poder relacionarse con los demás.

Una de las ventajas de la inteligencia emocional sobre el coeficiente intelectual es la socialización -la capacidad de relacionarse interpersonalmente-, algo esencial para el éxito a largo plazo. En la mayoría de los casos, los más inteligentes no tienen ni idea de cómo hablar con otras personas, y son muy pocos los introvertidos que dirigen empresas según la lista Fortune 500: esto se debe a que los líderes necesitan comunicarse eficazmente y tienen que salir de su zona emocional de confort.

Ser sociable y apelar a los aspectos emocionales de cada tarea demuestra que te tomas tu profesión en serio y que quieres que los demás se sientan respaldados y a gusto. Como líder, debes salir de tu oficina y mantener conversaciones con tus colegas para levantar su moral y aumentar su motivación.

Para ser un buen líder, hay que utilizar tanto el coeficiente intelectual como el emocional. Podrás enfocarte en percibir cómo se siente el otro, lo que te llevará más lejos en el mundo de los negocios.

Capítulo 4 - Qué es la terapia cognitivo-conductual

La terapia cognitivo-conductual consiste en un tratamiento psicológico: está diseñada para ayudar a las personas a percibir las emociones y pensamientos que influyen en su comportamiento. En inglés, su abreviatura es CBT (*cognitive behavioral therapy*) y en general se utiliza para tratar una serie de trastornos y fobias.

Por lo general no dura mucho tiempo y se centra en ayudar a personas con problemas específicos. Durante el tratamiento, los pacientes aprenderán no sólo a reconocer y percibir sus actitudes destructivas o negativas, sino también a cambiarlas.

Otro concepto en el que se basa la terapia cognitivo-conductual es en que nuestros pensamientos y sentimientos ejercen un papel importante en el modo en que nos comportamos. Por ejemplo, si una persona pasa mucho tiempo pensando en que un viaje en avión puede acabar horriblemente, lo terminará evitando con toda seguridad. En los últimos años este tratamiento ha sido ampliamente aceptado y demandado tanto por profesionales como por el público en general, dado que no implica un proceso demasiado largo y es relativamente asequible.

La TCC ayuda a las personas a analizar los pensamientos negativos y la naturaleza que hay detrás de ellos, para que sean capaces de verlos de forma más objetiva y comprender sus repercusiones en su estado mental.

Sirve para:

- reconocer los síntomas de los trastornos mentales;
- prevenir recaídas de trastornos psicológicos anteriores;
- aprender técnicas para afrontar situaciones estresantes;
- tratar un trastorno psicológico cuando no se dispone de medicación;
- aprender a identificar maneras de gestionar las emociones;
- resolver conflictos en los vínculos y encontrar mejores formas de comunicarse con los demás;
- afrontar el dolor, una pérdida, traumas emocionales relacionados con la violencia o los abusos;
- sobrellevar una enfermedad de carácter médico o incluso hacer frente a sus síntomas físicos y mentales.

Los trastornos mentales que pueden mejorar con este tipo de psicoterapia son, entre otros:

- trastornos alimenticios de todo tipo
- TOC (*Trastorno Obsesivo Compulsivo*)
- abuso de sustancias
- ansiedad
- TEPT (*Trastorno de Estrés Post-Traumático*)
- depresión

En algunos casos, la TCC es más efectiva cuando se combina con otro tipo de tratamientos. Durante el proceso de la terapia puede que te encuentres llorando a menudo, pero esto es normal ya que estarás indagando sentimientos, experiencias y emociones que te han hecho sentir mal. También puedes sentirte molesto y agotado físicamente, pero no debes preocuparte.

Lo primero que debes hacer es encontrar un/a terapeuta, luego conocer los costes y, por último, evaluar tus inquietudes.

Cuando elijas al profesional de la salud mental comprueba sus antecedentes, su formación académica, así como su área de especialización, su certificación o su licencia. Asegúrate de comprobar también:

- su manera de acercarse a ti;
- los objetivos que tiene en mente para tu terapia;
- la duración y el número de sesiones;

- la metodología elegida.

El tratamiento puede llevarse a cabo de varias maneras: con tus seres queridos, en grupo o incluso de manera individual.

Tu terapeuta querrá que hables de cómo te sientes y de lo que piensas. Si tienes problemas con esto, no te preocupes: es normal y él puede ayudarte a lidiar con tus emociones de forma saludable haciéndote identificar objetivos y animándote a pasar a la acción para conseguirlos.

En la mayoría de los casos, la TCC consta de los siguientes pasos:

- identificación de los problemas;
- tomar conciencia de tus pensamientos, creencias y emociones sobre estos problemas;
- reconocimiento de los pensamientos dañinos o negativos;
- reestructuración de esos razonamientos.

La terapia es de corta duración y generalmente puede durar desde un par de sesiones hasta alrededor de cincuenta. Los factores que hay que tener en cuenta para determinar el número de sesiones son los siguientes:

- el tipo de trastorno o situación en la que uno se encuentra;
- la gravedad y frecuencia de los síntomas;
- el manejo de determinadas situaciones en público;
- los progresos del paciente;
- cómo uno se siente emocionalmente durante las sesiones;
- la ayuda que uno recibe de su familia y de sus seres queridos.

Salvo en circunstancias muy concretas, todas las conversaciones que mantengas con tu terapeuta serán completamente confidenciales. Sin embargo, está autorizado a violar la confidencialidad en los casos en que el paciente:

- amenaza con hacerse daño o suicidarse;
- hace referencia a la posibilidad de herir, atacar o matar a otra persona;
- no es capaz de cuidar de sí mismo con total seguridad.

Si bien es eficaz, la TCC no puede resolver estos problemas por completo, pero puede darte la capacidad de afrontar las situaciones de una mejor manera, aumentar tu autoestima y tu bienestar.

Prácticamente es una colaboración con el especialista, por lo que debes ser abierto y honesto con él, de lo contrario no podrá ayudarte.

Además debes cumplir el plan de tratamiento y las tareas, y no esperar ver resultados desde el primer día: es un proceso que lleva tiempo.

Si crees que la terapia no está funcionando y sientes que no sacas provecho de ella, tienes que hablarlo con tu terapeuta para acordar juntos utilizar un enfoque diferente. No hay nada malo en ello, el profesional estará dispuesto a buscar algo que funcione mejor para ti. Sé abierto y honesto con él o ella.

El factor determinante de la TCC es que los pacientes desarrollan pensamientos o sentimientos que refuerzan creencias negativas, y que éstas causan problemas en sus vidas. La terapia te permite tomar conciencia de esos pensamientos perjudiciales y recurrir a diferentes estrategias para superarlos.

Otro aspecto importante es que si tu póliza cubre la psicoterapia o la medicina conductual, entonces debería cubrir la mayor parte (o la totalidad) de los costes de la TCC. Si pagas de tu bolsillo, el precio puede variar desde la gratuidad en algunas clínicas hasta un par de cientos de euros en una consulta privada.

Este tratamiento psicológico te permite desarrollar habilidades útiles para tu vida y competencias necesarias para afrontar tus problemas actuales y futuros. Por ello puede ofrecer resultados duraderos, por ejemplo, aliviar los síntomas de las personas que sufren el síndrome de fatiga crónica, una enfermedad sobre la que se ha investigado muy poco hasta ahora.

La TCC tiene una eficacia de entre el 60% y el 90%. Cuanto más te impliques en el tratamiento, mayor será el porcentaje de éxito: sólo si te comprometes plenamente verás los resultados.

A pesar de todo esto, sólo el 15% de los profesionales de la salud mental han estudiado la auténtica terapia cognitivo-conductual. Y de ellos, sólo el 12% lo practica efectivamente.

Capítulo 5 – Técnicas a utilizar

Este capítulo tratará sobre el uso de diferentes técnicas para potenciar la inteligencia emocional.

Autosuficiencia

La autosuficiencia se entiende como la confianza de una persona en su capacidad para actuar por medio de ciertas conductas, necesarias para el funcionamiento general. En pocas palabras, es la habilidad de ejercer control sobre áreas de la propia vida como la actitud y el entorno, dos aspectos que influyen en todo tipo de situaciones, incluso tus objetivos y la cantidad de energía que dedicas a conseguirlos.

A diferencia de los constructos psicológicos ya establecidos, la auto-eficacia es un comportamiento hipotético y varía en función de las condiciones que rodean al evento o a la conducta.

Esta teoría tiene una influencia enorme en la investigación y la formación, así como en la práctica clínica de esta área y en el campo de la psicología de la salud. Este concepto está aplicado a:

- tabaquismo;
- abuso de alcohol;
- alimentación;
- ejercicio físico;
- tolerancia al dolor;
- autogestión de una enfermedad crónica.

Además de estos campos, se han realizado estudios sobre todos los usos posibles, incluida la enseñanza en el ámbito escolar.

Confianza en uno mismo

La *confianza en uno mismo* es útil para:

- dominar los miedos;
- superar las dificultades con más autoestima;
- mantener una actitud mental positiva.

Esta habilidad, que también puede tener aspectos poco saludables, suele venir dada por situaciones del pasado, y aumenta a medida que se acumulan los logros. Permite mejorar tu rendimiento y superar los obstáculos, así como adquirir las habilidades que careces. Por el contrario, no contar con ella puede impedirte desarrollar tu verdadero potencial y dar lo mejor de tí.

Otros beneficios de la confianza en un mismo es sentir mayor satisfacción por la eficiencia en tu trabajo, entablar mejores relaciones e influir con más facilidad en las personas. Sentirás que estás en tu lugar en el mundo, un detalle de vital importancia para la mente, el cuerpo y el espíritu.

La autoestima es una característica que se desarrolla en la infancia, allí es donde los padres y madres pueden ayudar a sus hijos haciendo que piensen positivamente sobre sí mismos: esto permitirá a los niños dar lo mejor de sí en su formación y les permitirá valerse por sí mismos de una manera mucho más sana. Lo mismo ocurre con los adolescentes que, al crecer con confianza en sus propias aptitudes, tomarán mejores decisiones.

Otro beneficio de creer en uno mismo es el apoyo que proporciona en situaciones sociales: te sentirás a gusto en un entorno social, entablarás conversaciones con facilidad y harás nuevos amigos. Como esta conciencia proviene de tu interior, verás que no necesitas depender de las opiniones de los demás, de manera que no te preocupará que te juzguen y procederás sin miedo al rechazo o a la negativa.

Esta capacidad brinda un mayor grado de bienestar al enfrentarse a obstáculos desconocidos, y las personas que la poseen miran al futuro con optimismo. Además, tienden a atraer a los demás por la positividad que irradian.

En resumen, con la autoestima podrás:
- valorarte por lo que eres, independientemente de los errores que cometas y del tipo de trabajo que hagas o dejes de hacer;
- sentir paz interior;
- tener el coraje suficiente para defenderte;
- ser asertivo;
- saber que eres digno del respeto y la amistad de los demás;
- aceptar todo sobre ti, incluidos tus puntos fuertes y débiles.

¿Qué NO es la confianza en uno mismo?
- perseguir expectativas o estándares poco realistas;
- creer que eres perfecto o pensar que deberías serlo;

- vivir una vida sin problemas ni sufrimiento, un planteamiento imposible y en absoluto saludable considerando que esta capacidad ayuda precisamente a afrontar los obstáculos.

Con una mediocre confianza en uno mismo puedes tener los siguientes problemas:
- inseguridad;
- sentido de inferioridad;
- falta de dignidad;
- apatía;
- falta de simpatía;
- ansiedad;
- depresión.

No hay que confundir el egoísmo con la autoestima: son muy parecidos, pero no iguales. Esta puede definirse como la valoración de uno mismo en relación con la autoeficacia, es decir, la creencia de que eres capaz de lograr algo.

La confianza en uno mismo crea una sensación de plenitud, además de brindar paz interior y un equilibrio entre fuerza y debilidad. Podrás vivir una experiencia placentera, aceptar tus defectos y ser más consciente de tus puntos fuertes.

Cómo mejorar la autoestima

A continuación se proponen algunas recomendaciones para mejorar la confianza en uno mismo.

1 - El sol puede iluminar tu día, literalmente.

Según los estudios, realizar una actividad al aire libre, incluso durante cinco minutos, tiene un impacto en la psiquis. Regálate un paseo hasta la oficina o al trabajo, o un paseo corto en bicicleta. Si tienes mascotas, puedes pasearla como un ejercicio cotidiano.

2 - Deja de convertir las cosas positivas en negativas, especialmente tus metas.

Si has conseguido algo importante, acepta que lo has hecho reconociendo tus logros y dándote la palmadita en la espalda que mereces. No te quedes atrapado en la trampa de la insatisfacción y desafíate a practicar una rutina de pensamiento más positivo, ya que te ayudará a resolver tu tendencia a ser crítico contigo.

3 — Aprende a presumir.

La sociedad enseña que hay que evitar hacerlo, porque se percibiría como una actitud altanera. Sin embargo, a veces hay que romper esta regla porque quizás alguien necesita una persona con tus habilidades y podrías ser un modelo de inspiración.

Así que cuando tengas una opinión positiva sobre algo que has hecho, disfrútalo.

4- Piensa lo que dices.

Aquellos que tienen un alto nivel de confianza en sí mismos tienden a evitar caer en discusiones estériles y adoptan un enfoque más asertivo. Cuando empieces a hacerlo te sentirás más seguro. Advertencia: asertivo no significa agresivo.

5- Mejora tu postura.

Adopta lo que se conoce como la "pose de poder": piensa en los superhéroes y en cómo se paran, luego mantén la cabeza en alto y endereza los hombros. Esto puede aumentar tu confianza en un 40% y hacerte sentir más poderoso, sin parecer agresivo.

6- Haz 3 listas: una sobre lo que valoras de ti mismo, otra sobre tus puntos fuertes y otra sobre lo que has conseguido hasta ahora. De este modo, podrás apreciar lo que tienes o has hecho. Si no puedes encontrar puntos para estas listas, pide a alguien que te ayude, preferiblemente un familiar o amigo. Si relees regularmente lo que has escrito, te sentirás mejor.

7- Tómate una pausa, especialmente de las redes sociales.

Que la vida de otras personas parezca perfecta en esas plataformas no significa que lo sea realmente. Internet puede ser un buen entretenimiento, pero también puede hacerte daño porque te comparas constantemente con los demás. Recuerda siempre que las personas tienden a mostrar la mejor versión de sí mismas, aunque no coincida con la real.

Hacer una desintoxicación de las redes sociales es una gran oportunidad para crecer como persona y tener más autoconsciencia. Además te permitirá darte cuenta de que no necesitas la aprobación de nadie más que de ti mismo.

8- Prepárate e infórmate.

Uno de los momentos más embarazosos de la vida es cuando te toca hablar y no estás preparado. Piensa en un examen para el que no has estudiado: te pones nervioso, te estresas y te sientes avergonzado. Estos acontecimientos hacen que muchos acaben alejándose de su entorno con una sensación de tristeza.

Para evitarlo y aumentar la confianza en ti mismo, acude lo más informado posible sobre los temas y las situaciones a las que tendrás que enfrentarte. Estar preparado es fundamental: piensa en la satisfacción que sentirás cuando te hagan una pregunta y puedas dar la respuesta sin pestañear.

9- Vive de acuerdo con tus valores.

Cómo te sientes con respecto a las decisiones que tomas puede ayudarte a sentirte bien contigo. Esto puede significar permanecer en silencio cuando tus compañeros hablan o decir que no cuando alguien te pide que hagas trampa o algo deshonesto. En lugar de hacer algo que va en contra de lo que crees, deberías ceñirte a tu moral.

10- Sonríe.

Es posible que hayas oído la frase: "se necesitan el doble de músculos para fruncir el ceño que para sonreír". Estudios han demostrado que sonreír tiene un efecto positivo en tu estado de ánimo, y deberías hacerlo incluso cuando no te apetece porque te ayudará a encontrar la calma.

Autodisciplina

La autodisciplina es una cualidad esencial en todos los aspectos de la vida y casi todo el mundo sabe de su existencia. Son conscientes de su importancia, pero son pocos los que intentan hacer algo para mejorarla.

La capacidad de ponerse reglas no significa que uno tenga que ser duro consigo mismo, sino que hay que controlar las reacciones y acciones. Saber autorregularse y ser fiel a las propias decisiones, sin obligarse a llevar un estilo de vida ridículamente limitado y restrictivo.

Esta habilidad te permitirá perseverar en tus planes hasta alcanzar los objetivos que te has propuesto.

Te ayudará a superar varios problemas, entre ellos:

- adicciones, como el alcoholismo o el tabaquismo;
- la pereza;
- procrastinación;

- capacidad de posponer el goce y la gratificación instantáneos para concentrarse en la consecución de un objetivo a largo plazo;
- problemas de salud, incluidos los trastornos alimenticios.

La autodisciplina es una fortaleza interior que puede expresarse de diversas maneras, entre ellas:
- perseverancia;
- autocontrol;
- resistencia a tentaciones y distracciones;
- capacidad para superar pequeños o grandes contratiempos;
- focalización en un objetivo.

Todos nos encontramos con obstáculos en nuestra vida pero para superarlos hay que armarse de determinación y mucha autodisciplina. El hecho de aquirirla y emplearla puede darte el gran impulso que necesitas. Por el contrario, su carencia puede acarrear muchas consecuencias molestas, entre ellas:
- dificultad para completar tus tareas;
- conflictos relacionales;
- problemas de salud y de peso;

Una cosa que puedes hacer por ti mismo es estudiar, hacer ejercicio para el bienestar de tu cuerpo y desarrollar habilidades que no tienes o que te gustaría mejorar. Esto ayudará a tu crecimiento espiritual.

La autodisciplina puede ayudarte de las siguientes maneras:
- mantener las promesas que te haces a ti mismo y a los demás;
- superar la procrastinación y la pereza;
- ser más sano y comer de forma saludable;
- resistir a las tentaciones;
- despertarte más fácilmente por la mañana;
- abandonar hábitos negativos;
- fortalecerse uno mismo.

Cuando empieces a aplicar la autodisciplina en tu vida, te darás cuenta de que eres capaz de alcanzar tus objetivos con mucha más facilidad, y serás una persona más feliz en general.

Pensamiento positivo

Tener una visión positiva cambia la percepción de la realidad y reduce el estrés. No significa negar la existencia de obstáculos y dificultades sino comprender que se necesita un enfoque distinto para afrontar cada situación.

Esto te ayudará a hablar bien de ti mismo analizando las ideas y razonamientos que pasan por tu mente. Si son pensamientos negativos, no te preocupes, ¡no estás solo! Sin embargo, hay que hacer un esfuerzo para convertirlos en algo más ligero y menos crítico.

El pensamiento positivo trae muchos beneficios para la salud, entre ellos:
* reduce la depresión;
* bienestar general físico y psicológico;
* menor riesgo de mortalidad y problemas cardíacos;
* reduce el estrés;
* mayor esperanza de vida.

Tener una visión optimista del mundo permite sentirte mejor ante cualquier situación, lo que reduce el daño sufrido en determinadas circunstancias. Además, algunos estudios sugieren que las personas positivas tienden a tener una vida más sana y por lo tanta, más larga.

Si eres pesimista, lo más probable es que te encuentres ante una serie de conflictos que el pensamiento negativo tiende a poner en primer plano.
Por lo general, existe una dificultad de *filtrado*, es decir, te estás asegurando de que lo negativo sobresale sobre lo positivo.
Otro escollo puede llegar a ser la *personalización*, es decir, sentirte culpable por las cosas desagradables que suceden en tu vida. Esta tendencia puede magnificarse y polarizarse, hasta ver el mundo de dos maneras: todo o nada, sin tener en cuenta el resto de posibilidades. Cuando esto ocurre, puede ser que quieras convertirte en algo que no puedes alcanzar (el ejemplo más común es la idea de perfección, que es imposible de alcanzar porque no existe) o convencerte del hecho de que siempre fracasas (aunque no sea cierto).
Si te subestimas, significa que estás anticipando automáticamente lo peor. Puedes cambiar la situación identificando los pensamientos negativos y avanzar paso a paso.

1- Focaliza un problema que quieras resolver y míralo de forma más optimista. Asegúrate de estar abierto al humor y sonríe, esto te liberará del estrés y te dará una nueva perspectiva.

2- Evalúa tus acciones diariamente y reflexiona sobre cómo estás pensando y actuando: es una buena manera de saber si tus pensamientos se inclinan más al pensamiento positivo o al negativo.

3- Lleva un estilo de vida saludable y rodéate de gente positiva.

Es posible que los pensamientos negativos no se detengan o desaparezcan por completo, pero se puede disminuir su duración y frecuencia. Sigue un estilo de vida saludable y rodéate de gente positiva.

4- Haz actividad física.

Puedes ejercitarte durante media hora todos los días y obtener grandes beneficios: tu cuerpo liberará endorfinas mientras entrenas.

5- Procura que las personas que te rodean hagan comentarios y consejos útiles.

Recuerda que las personas negativas pueden empujarte a ser infeliz, dudar de tu capacidad, incluida la de ayudarte a ti mismo. Evita que estos individuos afecten tu positividad.

6- Cambia tu forma de hablar y las palabras que utilizas para describirte.

Crea un discurso interior positivo en lugar de uno negativo. Háblate a ti mismo de la forma en que te gustaría que te hablaran los demás. Piensa en tu madre o en tu padre: ¿qué te dicen ellos que no te gusta escuchar? ¿Te lo repites a ti mismo? Si es así, deja de hacerlo y adopta un enfoque diferente.

7- Sé amable contigo.

La autocompasión y el perdón son importantes: si un pensamiento negativo entra en tu cabeza, evalúalo racionalmente y responde con una actitud positiva. Piensa en las cosas que te dan gratitud en la vida en lugar de pensar en lo que está mal. Por ejemplo, si piensas "no soy bueno en esto ", debes decirte a ti mismo "puedo mejorar con el tiempo".

Si eres alguien con tendencia a ser negativo, el cambio no será instantáneo: requiere práctica constante y paciencia.

Capítulo 6 - La diferencia entre las personas que tienen éxito y las que no son los hábitos y la disciplina

Algunas características de las personas que no son exitosas

Las personas irrealizadas tienen muchas diferencias con aquellas exitosas: veamos algunas de ellas.

- Carecen de cierto nivel de disciplina.
  Sin embargo, es posible adquirirla y la falta de ella no siempre se debe a la pereza, como se cree comúnmente: a veces puede tratarse de no saber cómo alcanzar el objetivo, por lo que no se tiene la información necesaria o no se utiliza bien la que ya se tiene.

- No ven con buenos ojos el cambio y creen que las cosas pueden llegar a salir siempre mal.
  Al hacerlo, dejan de lado una oportunidad inmejorable de progresar en sus vidas. Además, critican las opiniones de los demás, incluso cuando son ellos los que las piden. Esto les perjudica, a ellos y a quienes les rodean, porque con el tiempo, nadie querrá expresar sus opiniones sinceras, menos si no son tenidas en cuenta.

- Creen que se merecen lo que obtienen, como si el mundo tuviera una deuda eterna con ellos.
  Evitan la gratitud porque la consideran una debilidad.

- Tienen una visión equivocada de la vida, percibiéndola como una competencia que tienen que ganar.

Cuando es así, reaccionan muy mal ante la derrota. Se niegan a pedir disculpas, porque creen que no son capaces de hacerlo, y tener que decir 'lo siento' puede parecerles un fracaso o una derrota.

- Encuentran defectos en todo, les encanta criticar y no pueden pensar en soluciones.
  Al mismo tiempo, amplifican cada problema, no aprovechan la oportunidad de aprender y se desaniman. La depresión es un problema real y muchas personas la padecen, por lo que no debe tomarse a la ligera. Dado que se trata de un trastorno potencialmente grave, hay que evitar aferrarse a las emociones negativas porque sólo empeora las cosas. No ven sus errores como una oportunidad para aprender y mejorar, sino que, por el contrario, se desaniman y tienden a abandonar demasiado pronto.

Características de las personas exitosas

Las personas exitosas tienen características opuestas a las que acabamos de ver.

- Poseen una fuerte autoconciencia que proviene de la inteligencia emocional. Confían en su propia fuerza y en su capacidad para afrontar la vida pase lo que pase.

- No son egoístas ni piensan sólo en sus objetivos personales: tienen sentido de pertenencia y asumen la responsabilidad de sus actos. No intentan ocultar sus errores y no se dejan llevar por los sentimientos negativos, sabiendo que es necesario perdonarse para seguir adelante. En consecuencia, evitan cometer el mismo error dos veces.

- Siempre están buscando superarse y salir de su "zona de confort". Se sienten cómodos asumiendo riesgos, o al menos saben que es necesario hacerlo.
- Reflexionan acerca de los fracasos con un estado de ánimo positivo, se fijan objetivos a corto y largo plazo para mantenerse motivados, y son sinceros y realistas sobre dónde quieren llegar.

- Tratan el tiempo como un bien preciado y no procrastinan.

- Se preguntan y reflexionan acerca de sus sentimientos y emociones. Están dotados de inteligencia emocional, por lo que no reprimen los sentimientos, sino que saben cómo gestionarlos de forma saludable y saben cómo influyen en su forma de pensar y actuar. Son conscientes de lo que puede generar un arrebato emocional y cómo esto puede empeorar las situaciones.
Tienen un buen rendimiento y son muy eficientes, pero al fin y al cabo siguen siendo seres humanos como los demás.

- Saben decir que no cuando no pueden, y aceptan que el éxito pasa por decir sí a lo que es prioritario y rechazar lo que no lo es, para no agotarse innecesariamente.

- No se entregan a la autocrítica. Saben que es importante perdonarse y seguir adelante, sin que las dudas les corroan.

- Tienden a centrarse en lo positivo en lugar de en lo negativo.
Si prestas atención a las circunstancias de tu vida, descubrirás que hay más acontecimientos positivos que negativos, pero es fácil quedarse en estos últimos si estamos rodeados de las personas equivocadas. Las personas exitosas se dan cuenta de lo positivo que hay a su alrededor y eligen rodearse de personas que añaden valor a sus vidas.

- Escuchan más de lo que hablan, nunca dejan de aprender porque leen las situaciones y se exponen a cosas nuevas cada día. También se rodean de personas muy inteligentes para tomarlas como modelo.

- No se dejan distraer de su objetivo final: saben lo que quieren y están decididos a conseguirlo.

- Son autodisciplinados porque son conscientes de la importancia de esta habilidad. Los logros más importantes en la vida vienen precedidos de largos periodos de esfuerzo. La autodisciplina es algo que se puede adquirir aunque algunas personas prefieren rechazarla.

Comprender las diferencias entre las personas que tienen éxito y las que no te ayudará a avanzar y a unirte al primer grupo, porque sabrás por dónde empezar. Asegúrate de seguir estos consejos en tu vida diaria para desarrollar mejores hábitos y así alcanzar tus objetivos.

Capítulo 7 - La disciplina y el poder de los hábitos

Si creas hábitos saludables y tienes disciplina te sentirás mejor, reducirás el estrés, mejorarás tu salud y el auto-conocimiento.

Te convertirás en una persona exitosa, tomarás mejores decisiones y aumentarás la productividad focalizando en tus objetivos a largo plazo. En general se considera que el éxito es una carrera corta pero en realidad es un largo camino que hay que saber manejar con perseverancia.

Hábitos y disciplina tienen significados diferentes, pero están muy relacionados. Si eres capaz de trabajar en algo con regularidad y mantienes ciertas conductas el tiempo suficiente, estos hábitos se convertirán en parte de tu rutina.

La fuerza de voluntad

Una parte importante de ser disciplinados es la fuerza de voluntad, que está relacionada con la eficacia. Cuando no la tienes, lo más probable es que vuelvas a los malos hábitos y disminuyas la calidad del trabajo que estás haciendo. Por eso hay que concederle un papel importante en tu rutina.

La fuerza de voluntad te sostendrá incluso cuando no estés pensando en ella, al igual que la disciplina y el hábito. Sin embargo, tienes que dedicarle tiempo y entender que no es un recurso infinito: resérvalo para las cosas que más necesitas y para tus prioridades.

Debes recuperarla cuando esté agotada, aprendiendo a hacerlo tú mismo. Trátala con respeto, asegurándote siempre de que aunque sea dispones de un mínimo.

Hay muchos factores que contribuyen a la plenitud de una persona, pero hay una sola cosa que puede darte resultados duraderos en todos los ámbitos de tu vida: el autocontrol.

Algunos estudios han demostrado que las personas con esta habilidad son capaces de lidiar con conflictos relacionados con sus objetivos, lo que se denomina "objetivos conflictivos". Dedican menos tiempo a discutir sobre si deben adoptar comportamientos perjudiciales para su salud y es más probable que tomen decisiones racionales y mejor basadas.

Es una habilidad que se aprende aunque necesita un esfuerzo constante y paciencia. Te permitirá ser más libre y tomar mejores decisiones en lugar de confiar sólo en tus emociones e impulsividad.

Técnicas de autodisciplina - primeros consejos

El primer tema a tratar es el de las técnicas de autodisciplina, así que veamos algunas de ellas.

1- Elimina las tentaciones.

Asegúrate de que tu espacio de trabajo está limpio y apaga el móvil. No vuelvas a encenderlo hasta que hayas completado la tarea que tienes entre manos. Una alternativa es descargar una aplicación que desactive todas las notificaciones de las redes.

2- Come con regularidad de forma saludable.

Muchos estudios han demostrado que un nivel bajo de azúcar en sangre afecta a la toma de decisiones, ya que reduce la concentración. Ten una dieta equilibrada y come snacks saludables a lo largo del día.

3- Sé consciente de tus hábitos.

Esto no significa que tengas que ser demasiado duro o imponerte cambios bruscos. Tienes que darte el suficiente margen de maniobra, de otra forma fallarás y volverás a caer en los viejos hábitos. Hay que entender que las recaídas ocurren y que los fracasos forman parte. No se puede estar preparado para los desafíos sin espacio para moverse: hacerlo de esta manera haría que abandones incluso antes de empezar y sentirías que has empezado con el pie izquierdo, cuando en realidad las cosas son muy diferentes. Los tropiezos ocurren, pero no son definitivos, sólo hay que levantarse y seguir adelante.

4- Planifica descansos y date una gratificación.

Es una motivación para seguir adelante, necesaria en la sociedad que vivimos, que enaltece la gratificación instantánea. Probablemente tu fuerza de voluntad se irá diluyendo y estarás deseando parar para recibir tu recompensa. Esto es una señal de que quieres seguir.

5- Cambia la manera de hacer las cosas cambiando tu rutina.

Al principio será un desafío, y puedes sentirte agobiado. Estudios han demostrado que los hábitos pertenecen a un área del cerebro distinta de la parte asociada a las emociones. Esto porque las decisiones también se toman por separado. Por eso, cuando un comportamiento se convierte en un hábito, conectamos el piloto automático para implicar una parte diferente del cerebro. Superar un mal hábito no es sólo cuestión de tomar decisiones: tu cerebro se resistirá al cambio en favor de lo que está acostumbrado y tardará unas semanas en incorporarlo como algo natural.

6- Perdónate a ti mismo.

La autocompasión y el perdón, en contraposición al autoboicot y al bloqueo ante sentimientos negativos, son herramientas muy útiles que puedes aplicar. El cambio de mentalidad no siempre saldrá como lo habías planeado, habrá altibajos, pero eso es normal y tienes que seguir adelante, dejando atrás los errores.

Es fácil dejarse llevar por el desánimo, la frustración o la culpa, pero estas emociones no te ayudan a conseguir tus objetivos. Considera los tropiezos como parte de tu plan o como oportunidades de aprendizaje.

Cambio de hábitos

Después de haber visto lo importante que es la disciplina, es hora de entender cómo cambiar los hábitos.

En muchos casos no los eliges, sino que tiendes a volver a lo que hacías antes, y esto puede tener un efecto negativo en tu salud y en tu rendimiento.

En primer lugar, hay que redefinir el concepto de "deber".

En un día normal, hay algunas cosas que haces que crees que "debes hacer" cuando en realidad no es así. Un buen ejemplo es el café: crees que lo necesitas todas las mañanas, así que bebes al menos una gota. Lo que en realidad ocurre es que un día elegiste hacerlo, te gustó y a partir de ahí decidiste que lo seguirías haciendo. Estás convencido de que es algo sin lo que no podrías vivir, pero no es así.

Lo mismo ocurre con algunas actividades no obligatorias que realizas durante tu jornada o cuando estás en casa: podrían eliminarse o reducirse.

Cada hábito se basa en un ciclo de 3 aspectos:
- el *origen*, el impulso casi instintivo. Esto pone a tu cerebro en piloto automático e inicia la *rutina*;
- la *recompensa*, que no es tan fácil de detectar. A veces es la felicidad que te produce saber que has cumplido una tarea. Tienes que hacer un esfuerzo para identificar cuál es y si es satisfactoria. Para cambiar un hábito, la recompensa debe seguir siendo la misma. No tienes que privarte de ello, más bien conseguirla de una forma más positiva.

Un ejemplo de hábito (y de *origen*) es revisar el correo electrónico como primera medida al despertarse, para saber inmediatamente si ha ocurrido algo durante la noche. No obstante, debes encontrar una táctica diferente para mantenerte informado: puedes hablar con la gente, comprobar la situación tú mismo o llamar por teléfono. Obviamente, esto no funcionará si tu equipo está repartido por todo el mundo: en ese caso, deberás tener una cuenta de correo electrónico aparte que esté configurada sólo para emergencias. Si llegaran a ocurrir, sabrás el estado de gravedad de la situación y podrás afrontarlas y resolverlas sin dejarte llevar por otros asuntos.

Otra cosa que puede ayudar es escribir el ciclo de un hábito.

Puede ser así: cuando llega la señal X, se activa la rutina Y, porque proporciona la recompensa Z. El caso de las emergencias por correo electrónico podría concretarse en: llegar al trabajo (origen), hacer un balance de la situación con los empleados (rutina) para atender inmediatamente cualquier eventual emergencia (recompensa). Cuando esto ocurra varias veces, no tendrás que pensar demasiado en ello porque se convertirá en algo automático. Poco a poco, borrarás todos los malos hábitos de tu vida y empezarás a sustituirlos por los buenos. Si aplicas estos consejos a cada uno de los hábitos que quieres cambiar, será mucho más fácil y menos estresante tu vida, y descubrirás que eres capaz de adquirir una gran autodisciplina.

Capítulo 8 - Métodos para manejar la autodisciplina

La autodisciplina está considerada algo difícil de controlar, pero se ha demostrado que merece la pena: quienes disponen de ella son más felices, toman mejores decisiones, con más facilidad y no se dejan llevar por lo que dictan sus sentimientos.

Aquí tienes algunos consejos para adquirir autodisciplina y tomar el control de tus hábitos.

1- Identifica tus puntos débiles: comer comida chatarra, pasar tiempo en las redes sociales, etc.

   Acepta tus defectos, sean los que sean.

   En muchos casos las personas tratan de ignorarlos o esconderlos, pero hacerlo sólo te llevará a una actitud poco saludable. No se puede superar un problema sin afrontarlo.

2- Lleva un estilo de vida saludable y una dieta equilibrada.

   Cuando tienes hambre, te vuelves irritable, malhumorado y pesimista. Varios estudios han demostrado que los niveles bajos de azúcar pueden debilitar la fuerza de voluntad y la capacidad de concentración de una persona. En consecuencia el cerebro no funciona como debería.

   Para evitar esto, come de forma saludable y varias veces al día.

3- Elimina las tentaciones.

   ¿Has oído alguna vez la expresión "Ojos que no ven, corazón que no siente"? Es un muy buen consejo, ya que la falta de distracciones favorece la concentración.

4- Aprende el arte de mantener las cosas simples y crea nuevos hábitos.

Esto puede ser desalentador, porque requiere tiempo y esfuerzo constante. Sin embargo, si te enfrentas a una tarea compleja, es aconsejable subdividirla y abordarla gradualmente, pues de lo contrario te sentirás intimidado o abrumado.

Por ejemplo, si estás buscando ponerte en forma, puedes empezar a hacer ejercicio durante unos veinte minutos al día; si quieres dormir mejor, puedes acostarte treinta minutos antes de lo habitual; si quieres mejorar tu salud, prepara tus comidas el día anterior para tenerlas listas por la mañana.

5- Hay que entender que la autodisciplina no es innata, sino que es un comportamiento adquirido y, por lo tanto, requiere un esfuerzo consciente y constante. La razón de esto es que habrá distracciones y grandes decisiones que tomar y cuanto más difíciles sean, más complicado será lidiar con ellas.

6- Establece objetivos claros y un plan sólido.
Tienes que tener una visión muy clara de lo que quieres conseguir: si no la tienes, será difícil alcanzar tus objetivos a largo plazo. Tienes que entender exactamente quién eres, lo que representas y de lo que te ocupas.

7- Cambia tu percepción de la fuerza de voluntad.
Su nivel depende de lo que tú creas: si crees que no tienes motivación, te costará superar los obstáculos, mientras que si no te impones límites y te dices que eres capaz, conseguirás mejores resultados y tendrás más energía.
Esto significa que nuestros pensamientos dependen de nuestra fuerza de voluntad y tu autocontrol te dirá cuánta tienes.

8- Date una recompensa por completar tu tarea: te motivará a hacerlo mejor.
Esta es una conducta que muchos padres utilizan con sus hijos, la anticipación de recibir una recompensa es una herramienta muy poderosa para hacer que te centres en el objetivo que quieres conseguir. Incluso te hará disminuir el tiempo que tardas en hacer una tarea.

9- Ten un plan de reserva.
Si has oído hablar de la *intención de implementación*, podrás reconocer que es una poderosa herramienta que debes tener en tu repertorio. Consiste en disponer de una estrategia para afrontar una determinada situación que está ocurriendo o que es muy probable que ocurra en el futuro. Se activa mediante una señal, que desencadena una respuesta de comportamiento. Por ejemplo, si

ceno bien, descansaré al llegar a casa. El origen es el "si", la respuesta conductual es el "entonces". *Si* hago esto, *entonces* hago esto otro: así es como hay que considerar esta metodología.

Tener un plan te ayudará a conseguir la máxima concentración, dándote la mentalidad adecuada para afrontar las circunstancias que se presenten. Además, no tendrás que tomar decisiones en función de cómo te sientes, así no tomarás decisiones irracionales.

10 – Aprende a perdonarte.

La autocompasión es algo importante que puede influir tanto en tus propósitos como en tus planes.

Hay que aceptar que no siempre se está a la altura de las circunstancias, pero hay que seguir adelante en lugar de estancarse. En esta vida tenemos altibajos, fallamos y ganamos, es normal. No dejes que los reveses o los fracasos te condicionen. Si tropiezas, detecta la causa de tu caída y vuelve a levantarte.

No te centres en las emociones negativas, porque sólo te harán sentir peor. Has hecho grandes progresos, así que aprende de tus errores. Recuerda que todos nos caemos, pero la diferencia es cómo nos levantamos.

Capítulo 9 - La diferencia entre coeficiente intelectual y coeficiente emocional

A pesar de los muchos avances, la investigación no ha dado aún respuesta a un debate permanente: ¿qué es más importante, el coeficiente emocional o el intelectual?

El único aspecto en común es que se miden mediante pruebas estandarizadas, pero en este capítulo explicaremos básicamente las diferencias entre ambos y su utilidad en la vida personal y laboral.

El CI (coeficiente intelectual) representa la capacidad de un individuo de razonar de manera lógica. Se trata de una capacidad innata, que incluye la capacidad de aplicar y comprender los conocimientos junto al pensamiento abstracto.

También representa la predisposición al procesamiento visual y espacial, al razonamiento fluido y la memoria a corto plazo. Siempre se ha considerado el principal factor determinante de éxito, y los investigadores han debatido si es producto de los genes o del entorno. Esto se inscribe en el eterno debate que enfrenta a la naturaleza con la experiencia. De hecho, el ámbito en el que se ve más utilizado habitualmente es el escolar.

Las personas con un coeficiente intelectual alto tienen buen sentido común, son capaces de resolver problemas mentales. Tienen mucho éxito en los negocios y en otros campos que pueden explorar por su cuenta.

La inteligencia emocional es una habilidad adquirida (es decir, no está presente al nacer) que contempla y controla la manifestación de las emociones.

Desempeña un papel fundamental en la percepción de las emociones de los demás, lo que permite una comunicación más eficaz con los colegas, los amigos, la familia y la pareja. Por ello se dice que confiere más éxito en la vida en general y es un elemento demandado en el mundo empresarial.

Las personas con un alto coeficiente emocional (CE) son grandes líderes porque pueden captar cómo se siente su equipo, lidiar mejor con los colegas y desarrollar su potencial. Son capaces de ayudar a otras personas con problemas sociales e influir en ellas de forma positiva.

La inteligencia emocional puede ayudarte en situaciones de mucha presión o durante una crisis, una ventaja tanto en tu vida personal como profesional. Te permite no agobiarte ni desanimarte, sino mantener un juicio equilibrado.

En resumen: el coeficiente emocional mide la competencia social y emocional, mientras que el coeficiente intelectual mide el potencial académico de una persona y otros factores.

Ambas se evalúan con un test estandarizado, permiten conocer las emociones propias y ajenas de diferentes maneras, y son útiles en el ámbito laboral, ya que son muy demandadas.

Sin embargo, tu CI determina tus competencias en habilidades individuales, mientras que tu CE determina cómo interactúas y tratas a las personas en la vida cotidiana.

Ninguno de estos dos coeficientes parece poder alterar la inteligencia o la capacidad de razonamiento de una persona. Los estudios han debatido esto durante años pero una de las tesis que se han planteado es que de niños aprendemos a un cierto ritmo y tenemos una cierta cantidad de información, y a medida que crecemos adquirimos más conocimientos y más capacidad de aprender.

Lo bueno, en todo caso, es que cualquiera puede adquirir conocimientos y habilidades, y puede aprender a lidiar con sus emociones.

Aún hoy no se ha llegado a una conclusión acerca de cuál es el mejor elemento para alcanzar el éxito, pero está claro que se trata de una "receta" compleja, en la que intervienen ambas inteligencias: la emocional y la intelectual.

Capítulo 10 - Descubrimiento del coeficiente emocional por Daniel Goleman

En los capítulos anteriores se ha hablado de la importancia de la inteligencia emocional, sus beneficios en la vida personal y profesional, y la alta demanda de esta habilidad.

Sin embargo, aún faltan muchos avances y respuestas a preguntas sobre este tema. En la última década del siglo XX, hubo una persona que avanzó significativamente en la investigación: Daniel Goleman. Este periodista científico del New York Times leyó un artículo en una pequeña revista académica. El artículo en cuestión había sido escrito por dos psicólogos que habían ofrecido la primera formulación de un concepto llamado "inteligencia emocional".

Era la primera vez que se daba nombre a esta cualidad y se hablaba en esos términos. Hasta entonces, la investigación siempre había considerado la inteligencia y las emociones como dos cosas separadas, y también era la época en la que un alto coeficiente intelectual era el estándar indiscutible de excelencia.

Daniel Goleman puso en duda esta noción, creyendo que había algo más de lo que se veía en la superficie. El debate sobre el coeficiente intelectual estaba centrado en si estaba incluido en nuestros genes o era un rasgo de la experiencia, pero de repente surgió una nueva forma de pensar acerca del progreso y cómo conseguirlo. A Goleman le fascinó la idea y cinco años más tarde escribió un libro en el que utilizaba el término "inteligencia emocional" para sintetizar una amplia gama de hallazgos científicos y reunir lo que se había descubierto hasta entonces en áreas de investigación separadas. De este modo, revisó no sólo sus propias teorías, sino una gran variedad de otros avances científicos que serían estimulantes para las generaciones futuras. Esos fueron los primeros frutos del fértil campo de la neurociencia afectiva, que explora cómo se regulan las emociones en el cerebro.

Goleman fue capaz de difundir el concepto más ampliamente de lo que pudo haber imaginado, y hoy en día la "inteligencia emocional" y el "coeficiente emocional" se han convertido en algo generalizado, llegando a escenarios muy poco probables: desde los cómics hasta los periódicos e incluso las tiendas de juguetes.

Los juegos diseñados para aumentar la inteligencia emocional son muy populares hoy en día, y algunas personas incluso utilizan este concepto en los sitios de citas. También ha aparecido en el lenguaje de estudiantes de doctorado, universitarios, educadores y consultores empresariales.

Las empresas buscan personas con esta cualidad, organizan programas para enseñarla y la convierten en un requisito curricular en muchas partes de Estados Unidos.

Se ha comprobado que el aprendizaje social y emocional proviene de la formación de la mente de los jóvenes y de aquello de lo que nos apropiamos mientras estudiamos. Goleman afirma que una de las cosas que había observado era el efecto de este tipo de inteligencia fuera del ámbito científico, especialmente en áreas donde la gente aprende a dirigir a otros y en empresas en etapas de desarrollo, donde se ha considerado durante mucho tiempo como una formación para adultos.

Ahora hay información concreta y sólida sobre la inteligencia emocional: no es una moda pasajera, sino que ha demostrado ser eficaz y útil. Empresas de todo el mundo la estudian regularmente en las etapas de contratación y para hacer crecer las habilidades de sus equipos.

La investigación sobre el tema abrió el camino a nuevos estudios y colaboraciones científicas, despertando un interés que superó las expectativas de Goleman.

Capítulo 11 –
9 métodos para estimular tu CE

La influencia de la inteligencia emocional sigue en aumento en los centros de trabajo y en la vida en general. No se trata de una moda, y las estadísticas demuestran que los empleados con esta cualidad son capaces de influir en el balance final. En un mundo competitivo, desarrollar esta habilidad es vital para tu éxito profesional. Por lo tanto, aquí puedes encontrar diez métodos para aumentarla.

- Responde en lugar de reaccionar.
  Los arrebatos emocionales y los sentimientos de ira son habituales en las discusiones y las situaciones de estrés. Sin embargo, pueden meterte en problemas, así que intenta mantener la calma, no tomar decisiones impulsivas y buscar una solución al conflicto. Hay que saber tomar decisiones conscientes y constatar que tus palabras y acciones se ajusten a ello.

- Utiliza una comunicación asertiva, que se gane el respeto sin parecer demasiado pasivo o agresivo.
  Mantente en el término medio. Hay que aprender a transmitir eficazmente las opiniones y necesidades de forma directa, respetando a los demás.

- Mantén la motivación.
  De este modo, también podrás motivar a los demás. Sé resiliente ante los retos y fija tus propios objetivos.

- Practica la escucha activa y aplícala en las conversaciones: no sólo debes prestar atención a lo que te está diciendo el otro, sino también comprender su punto de vista antes de responder.

Pon todas tus energías en asegurarte de que comprendes la discusión en profundidad, incluso prestando atención a los detalles no verbales y al lenguaje corporal del interlocutor. Este se sentirá respetado y se evitarán los malentendidos.

- Ten una actitud positiva y autoconciencia.
Ambas actitudes influyen en tu comportamiento y en el de los que te rodean. Identifica las cosas que te ponen de buen humor y ponlas en práctica: desayuna bien, dedícate a orar, ten afirmaciones positivas en tu escritorio.

- Empatiza con los demás.
Es una habilidad que demuestra fortaleza emocional y puede ayudar a las personas a relacionarse a un nivel humano básico, pemitiendo el respeto mutuo incluso en el caso de opiniones diferentes y situaciones estresantes.

- Acepta las críticas.
En lugar de ponerte a la defensiva o de ofenderte, tómate unos minutos para entender la intención de ese comentario. En la mayoría de los casos no pretende herirte, sino ser de ayuda. La manera en que interpretas los juicios repercute en los demás y en su comportamiento, así como en el tuyo. Resuelve los conflictos de forma constructiva, sin dejarte dominar o desanimar por las opiniones de los demás: utilízalas para animarte a hacerlo mejor.

- Las habilidades de liderazgo son importantes.
Sé un ejemplo a seguir. Toma la iniciativa y desarrolla la capacidad de tomar decisiones y resolución de conflictos. Con esto obtendrás un mayor rendimiento.

- Sé sociable y servicial.
Sonríe, emite vibraciones positivas, utiliza las habilidades sociales adecuadas según el vínculo que tengas con quienes te rodean. Exprésate con claridad, tanto verbal como no verbalmente.

A ciertas personas les resulta más fácil adquirir la inteligencia emocional, pero cualquiera puede hacerlo poniendo en práctica la autoconciencia y percibiendo la forma en que interactúas con los demás. Si utilizas estos métodos, ¡ya estarás en el buen camino!

Capítulo 12 – Otros datos sobre la inteligencia emocional

Hay varios datos interesantes sobre el CE que mucha gente desconoce. Conviene saberlos, por lo que aquí encontrarás algunos de ellos.

La inteligencia emocional comienza en realidad con lo que muchos llaman conciencia social y autoconciencia. La capacidad de identificar las emociones de los demás es importante, pero primero hay que reconocer las propias, con sus puntos fuertes y débiles.

Las pausas son importantes. Es importante dedicar un minuto a la reflexión: te evitará prometer lo que no puedes cumplir y te ahorrará momentos embarazosos. En otras palabras, hacer una pausa te servirá para no tomar una decisión irreversible basada en una emoción pasajera.

La inteligencia emocional te ayudará a tener control de los pensamientos que pasan por tu cabeza. Lo que sientes en respuesta a ellos no puede controlarse por completo, pero puedes aprender a gestionarlo.

A nadie le gusta recibir críticas, pero si eres capaz de tomártelas como una oportunidad para aprender puede ser de gran ayuda, dado que comprenderás la forma de pensar de los demás.

Ser auténtico no significa estar de acuerdo en todo, sino expresar tus opiniones y ceñirte a tus principios en todo momento. Con frecuencia, intentarán convencerte con respecto a tus creencias; es muy importante no dejar que esto ocurra y asegurarse de que tu sistema de valores es fuerte. Saber quién eres y qué representas es una parte importante del CE. Si te permites caer en las trampas de los demás y dejas que sus emociones negativas gobiernen tu vida, tendrás problemas para lidiar con la negatividad. Para ello tienes que ser fiel a ti mismo y saber que tienes la fuerza para seguir adelante y mantenerte fuerte.

No todos apreciarán lo que tienes para decir y lo que compartes, pero las personas que son importantes en tu vida sí lo harán. Todos necesitamos sentirnos reconocidos y valorados, así que haz lo mismo con los que te rodean. Conseguirás ese reconocimiento cuando los que te rodean confíen en ti, por lo que la inteligencia emocional juega un papel fundamental ayudándote a focalizarte en lo bueno de los demás y expresar tus opiniones sinceras.

Un comentario negativo puede herir las emociones de los demás, pero si eres empático y pones en práctica la inteligencia emocional tendrás la capacidad de hacer una crítica constructiva, que será vista como una oportunidad de superación por quien la recibe. También tienes el poder y el valor de disculparte, por lo que puedes demostrar tu humildad, una habilidad especial que te hará más accesible. Decir 'lo siento' no significa que hayas hecho algo malo, sino que valoras más el vínculo o amistad que tu ego.

La capacidad de perdonar y olvidar es una gran característica de las personas emocionalmente inteligentes.

Guardar rencor es como dejar una herida abierta: la otra persona seguirá adelante pero, si no la perdonas, te negarás a ti mismo la oportunidad de sanar, y acabarás siendo el único que sufre. Perdona y olvida, porque eso es lo que evitará que los demás tengan a tus emociones de rehén.

Una de las mejores maneras de tener un impacto positivo en quienes te rodean es ser útil. Muchas veces no importa tanto lo que has hecho, sino lo que estás dispuesto a hacer. Si muestras disponibilidad a ayudar y cooperar, cobrarás valor ante sus ojos. Así, te convertirás en una persona con liderazgo en tu familia, entre tus amigos y colegas.

La inteligencia emocional puede tener un lado oscuro, como todo: a veces la gente intenta manipular tus emociones o las de los demás para conseguir sus objetivos personales. En ese caso, tu propio CE te permitirá protegerte a ti y a tus seres queridos.

Cuando eres emocionalmente inteligente, mantienes las pequeñas y grandes promesas que haces, por lo que la gente percibe tu honestidad y fiabilidad. Esto te asegurará el éxito en tu carrera porque tus colegas podrán contar contigo.

Las habilidades emocionales y sociales han demostrado ser más demandadas que el coeficiente intelectual, dado el prestigio y el éxito que han manifestado en contextos profesionales. Afortunadamente, la inteligencia emocional no es una capacidad innata, por lo que podemos adquirirla desde una edad temprana.

La Inteligencia Emocional nos permite percibir el dolor de los demás. Los estudios lo han demostrado a través de un proceso llamado "resonancia ágil".

Las emociones están presentes en todos los ámbitos y podemos percibir las de los demás, y viceversa, ya que tenemos la capacidad de transmitirlas. Queramos o no, las emociones pueden guiar todas las decisiones que tomamos. Puede que no se vea exteriormente cómo nos sentimos, pero nuestro cuerpo segrega hormonas de acuerdo a nuestras emociones: al cambiar tu cuerpo, también puedes cambiar tus emociones, mediante un proceso llamado *plasticidad*.

Las sensaciones físicas son señales electroquímicas que fluyen a través de nosotros en un bucle sin fin. El cerebro de cada uno las interpreta de forma diferente: algunos pueden sentir una serie de emociones sobre acontecimientos históricos, pero no sienten absolutamente nada sobre algo que es esencial para su salud y bienestar, como una zona del cuerpo lesionada.

Existen 8 emociones básicas:

- Disgusto;
- Miedo;
- Tristeza;
- Alegría;
- Sorpresa;
- Confianza;
- Ira;
- Anticipación.

Te sorprenderás al saber que muchas de ellas son neutrales. No son específicamente buenas ni son intrínsecamente malas, aunque lo parezcan.

Como hemos mencionado, las emociones pueden ser contagiosas, especialmente cuando se está en grupo. Los seres humanos son criaturas sociales y tienen tendencia a captar los estados emocionales de los demás. Nos comunicamos constantemente con otras personas sin darnos cuenta, aunque sólo sea por la lectura de las expresiones faciales o la forma de caminar. Obviamente, los pensamientos y el estado de ánimo están relacionados y conectados.

Un alto nivel de inteligencia emocional te facilitará la búsqueda de empleo, ya que más del 70% de los altos directivos del mundo creen que es más relevante que el coeficiente intelectual en los negocios.

De hecho, puede impulsar tu carrera, ya que se ha demostrado que es responsable de más del 50% de nuestro rendimiento, mientras que el coeficiente intelectual representa sólo el 25%. Además, el 80% de las personas de alto rendimiento tienen una inteligencia emocional superior a la media.

Por último, esta habilidad puede hacerte ganar más dinero, incluso más del doble que aquellos que carecen de ella. De hecho, según algunos estudios tu salario anual podría aumentar en más de mil dólares por cada punto que añadas a tu coeficiente emocional.

La inteligencia emocional también desempeña un papel importante en tu vida personal: contribuye a la estabilidad de la pareja y fortalece tus relaciones.

Disminuye las posibilidades de la aparición de un cáncer: se tiene más del 50% de posibilidades de desarrollarlo si se experimentan regularmente emociones destructivas con las que no puedes lidiar.

En un periodo de sólo cinco años, la notoriedad de la inteligencia emocional aumentó un 30%.

Hombres y mujeres tienen el mismo potencial para adquirirla, pero las mujeres tienden a desarrollar más empatía y habilidades sociales que los hombres, que son a su vez más autodisciplinados.

Elevar el CE es un proceso que requiere paciencia y perseverancia, pero si te esfuerzas lo conseguirás. Habrá contratiempos, pero tendrás que perdonarte y seguir adelante, sin caer en malos hábitos.

Dado que cada persona experimenta las situaciones de forma diferente, es posible que, a pesar de los esfuerzos, sigas teniendo dificultades para controlar las emociones, pero tendrás mayor control sobre cómo reaccionas. Las emociones influyen en cada una de tus decisiones, por eso siempre hay que evaluar otras opciones para no sentirse paralizado por la incapacidad de avanzar. Por eso te ofrecemos estos consejos que te serán de gran ayuda.

Las personas emocionalmente inteligentes están dotadas de empatía, un estado psicológico singular que es diferente a la simpatía. Este último es un sentimiento de agrado/desagrado por otra persona. La empatía, en cambio, es un proceso mental que consiste en reconocer y percibir los estados emocionales del otro. Si una persona está ansiosa por una actuación próxima, también te sentirás ansioso porque compartes sus sentimientos.

Hay dos tipos de empatía: la primera es la *empatía emocional*, que está presente desde que nacemos, y la segunda es la *empatía cognitiva*, una característica exclusiva de los humanos. Ambas trabajan en colaboración para ofrecer una respuesta integral. Hay que tener en cuenta que hay un momento para la empatía emocional y otro para la toma de decisiones más racionales. Por lo tanto, es una habilidad que tiene sus límites y sólo debe ponerse en práctica cuando la situación lo requiera. Sin embargo, no hay que subestimar la importancia de las emociones y hay que valorar incluso las negativas. Clasificarlas es una condición humana, pero en realidad no son ni buenas ni malas: simplemente tienen propósitos diferentes.

Las personas con inteligencia emocional desarrollada son buenas para planificar y predecir el futuro porque son conscientes de que las emociones influyen en las decisiones y el comportamiento. Son más hábiles para lidiar con ellas y comprender sus causas, que las hay de dos tipos: incidentales e integrales.

Una *emoción incidental* se genera en una situación dada y se transfiere a otra para conseguir un efecto determinado: es algo habitual y ocurre fuera de tu registro.

Una *emoción integral*, en cambio, está generada por una circunstancia particular y quien la experimenta reconoce que es relevante para él y no para otras.

Reconocer la naturaleza de una emoción te puede permitir optimizar tu comportamiento.

Es fácil sentirse deprimido cuando escuchas y lees las noticias en los medios de comunicación, pero la inteligencia emocional te hace ser consciente de que no puedes controlar todo, así que tienes que centrarte en lo que puedes manejar. Es legítimo estar preocupado e indignado, pero hay que aceptar que no puedes hacer nada al respecto y entender que uno tiene límites. Esta actitud te permite ser más optimista y mentalmente sano.

Los individuos con alto CE utilizan un vocabulario emocional más amplio: eligen palabras llenas de significado y describen los sentimientos de forma más específica. Convierten las tareas monótonas en juegos divertidos que facilitan su realización y fomentan la productividad.

Saben que incorporar entretenimiento a sus vidas ayuda a combatir el estrés. Entienden la necesidad de tomarse un tiempo para realizar las actividades que les gustan.

Se desviven por cuidar a la gente y hacerla feliz, son resilientes y rezuman una energía positiva contagiosa.

Tienen claro quiénes son, por lo que es menos probable que se sientan ofendidos por las críticas. Tienen una mentalidad abierta, están seguros de sí mismos y son capaces de defenderse de las malas influencias.

Las personas emocionalmente inteligentes son conscientes de que este tipo de inteligencia puede aprenderse y entrenarse, y de que la práctica crea buenos hábitos. Esto les permite empezar a responder automáticamente a su entorno porque su cerebro funciona en piloto automático.

Para saber si posees ya un alto nivel de CE, evalúa si cumples todas o algunas de las siguientes características:

- a menudo piensas en tus sentimientos o eres muy reflexivo;

- eres capaz de identificar tus propias reacciones y emociones, así como las de los demás;

- pides la opinión de los demás y entiendes que pueden verte de forma diferente a como te ves a ti mismo;

- sueles ser amable y das las gracias, algo cada vez más raro en la sociedad actual. Entiendes el poder de los pequeños gestos y el hecho de que pueden cambiar el día de alguien para mejor;

- sabes cómo fortalecer las relaciones. Te tomas unos minutos para expresar tu agradecimiento y piensas antes de hablar. Esto se debe a que eres consciente de que esto puede ahorrarte varios problemas, como una situación embarazosa o herir a alguien;

- estás abierto a la crítica. A nadie le gustan los comentarios negativos, pero entiendes que tienen algo de verdad y pueden ser constructivos. Además, aunque sea una crítica dura, te hace comprender cómo piensan los demás, mantener tus emociones bajo control y aprender al máximo de aquellas palabras. Sabes que en lugar de tener un arrebato emocional, es mejor mantener la calma;

- piensas en el otro y por lo que ha pasado. En lugar de juzgarlos, te das cuenta de que hay razones para su comportamiento. Una persona callada y tímida no debe ser tachada de snob o indiferente, cuando en realidad sólo tiene problemas para socializar. Juzgar demasiado rápido puede hacer que se pierda la oportunidad de conocer personalidades fantásticas;

- tienes compasión y empatía. Te empeñas en ponerte en el lugar del otro y se te da bien relacionarte con la gente.
Tienes en cuenta cómo reaccionará la gente y haces amigos fácilmente. Cuando conoces a alguien te das cuenta de que lo estás analizando porque sabes que esas observaciones te beneficiarán;

- además de dar las gracias, también sabes pedir perdón porque reconoces el poder de decir 'lo siento'. Eres capaz de reconocer tus errores y puedes admitir cuando has hecho algo mal. Tienes autenticidad y humildad. Eres consciente de que nadie es perfecto y has aprendido que negarse a perdonar a los demás puede dañarte a ti y a tu espíritu;

- buscas lo bueno de los demás y les dices qué es lo que más aprecias;
- Puede que no tengas un control total sobre tus pensamientos en una situación negativa, pero sabes lo que vas a hacer a continuación. Puedes analizar tus puntos débiles y luego desarrollar una estrategia que tenga en cuenta esos momentos en los que has fallado para superarte;

- Utilizas tus habilidades de forma ética y no para manipular a la gente. Esto te ayudará a protegerte a ti y a tus seres queridos de la gente agresiva.

¿Te reconoces en alguna cualidad o característica? Si es así, es posible que ya tengas un buen nivel de inteligencia emocional. Ahora todo lo que tienes que hacer es seguir aumentándolo.

Conclusión

Este libro es una herramienta útil para aprender una amplia gama de temas, aunque los principales que hemos tratado son: la inteligencia emocional, la terapia cognitivo-conductual, la autodisciplina y cómo utilizar estos conceptos en la vida real.

La inteligencia emocional puede considerarse un área de estudio nueva y, como tal, no ha sido sometida a toda la investigación que requiere para considerarse concluida. Lo realizado hasta ahora es suficiente para demostrar sus grandes beneficios, tanto en la vida profesional como en la personal.

Has visto la diferencia entre el coeficiente intelectual y el emocional, así como su relación y por qué son importantes para alcanzar el éxito.

Muchas empresas de todo el mundo buscan personas que tengan un sólido dominio de su inteligencia emocional, ya que los empleados trabajan en equipo, no individualmente, por lo que debes ser capaz de lidiar con varias personas en situaciones diferentes.

Las personas emocionalmente inteligentes son buenos líderes, son capaces de elegir a una persona que pueda trabajar bien en equipo y se aseguran de que todos los miembros desarrollen su potencial al máximo.

Las personas con un alto coeficiente emocional tienen autocontrol, perciben las emociones de los demás y gestionan las suyas propias, actuando como modelos para los demás.

Prestigiosos científicos que investigan el comportamiento humano han avanzado mucho en el estudio de la inteligencia emocional y de cómo nos afecta en el día a día. A diferencia del coeficiente intelectual, es una habilidad adquirida, por lo que puedes incrementarla hasta el nivel que desees.

Como hemos mencionado anteriormente, es una habilidad muy demandada por las empresas y es útil para entender cómo progresar en los negocios. Te ayudará a dirigir a tus empleados e inspirarles a hacer grandes cosas, y te mantendrá motivado.

La inteligencia emocional tiene varios grados y se compone de aspectos diferentes: entre ellos, la conciencia de uno mismo y la resiliencia. Hacerte más consciente de ti mismo y de tus talentos, saber quién eres y qué representas es uno de las mejores virtudes.

También la terapia cognitivo-conductual (TCC) se compone de varios aspectos. Puede ayudar tanto en el ámbito de la salud mental como en el ámbito médico clínico.

Cuando pongas en práctica todo lo que has aprendido hasta ahora y te esfuerces al máximo, obtendrás los mejores resultados.

Terapia cognitivo-conductual (TCC)

Técnicas de Reprogramación Cognitiva: cómo aumentar la confianza en uno mismo y la autoestima | Controlar la ira, la ansiedad, el estrés y la depresión abandonando los pensamientos negativos.

"La felicidad consiste en fijarse objetivos, seguir determinados propósitos y luchar por ellos hasta conseguirlos, sin quejarse ni desanimarse si no se pueden conseguir."

Albert Ellis

Introducción

La terapia cognitivo-conductual (TCC) es una forma de psicoterapia, pero principalmente es el método terapéutico más utilizado para resolver muchos problemas como la ansiedad, la depresión, las relaciones interpersonales tóxicas, el abuso de las drogas y el alcohol.

Ofrece un enfoque práctico de la forma en que percibimos e interactuamos con el mundo que nos rodea: su objetivo final es ayudarnos a encontrar métodos para modificar pensamientos, comportamientos y acciones.

A menudo hacemos referencia a actitudes negativas sin las cuales estaríamos mucho mejor, como los atracones de comida, la falta de ejercicio, y una amplia gama de trastornos y síntomas relacionados. No existe una píldora mágica que nos libere de estas dificultades pero existe la posibilidad de descomponerlas en pequeñas partes para luego abordarlas una a una y eliminar gradualmente el problema por completo. ¿Te parece exagerado? Pues hasta una montaña se crea a partir de un granito de arena.

¿Listo para empezar?

Capítulo 1 - ¿Qué es la terapia cognitivo-conductual?

La terapia cognitivo-conductual (TCC) es una forma de psicoterapia orientada a objetivos a corto plazo que ayuda a quienes sufren por causa de emociones, comportamientos y pensamientos perjudiciales o disfuncionales. Plantea a los pacientes que examinen, aborden y abandonen definitivamente las creencias negativas o improcedentes.

Como es un tratamiento enfocado en las soluciones, ayuda a afrontar los problemas de forma práctica y concreta, partiendo de tus esquemas de pensamiento y actitudes.

La Terapia Racional Emotiva Conductual

La TCC tiene su base en la Terapia Racional Emotiva Conductual (TREC), desarrollada por Albert Ellis en la década de 1950.

Trabaja con modelos similares y trata de resolver trastornos emocionales y de comportamiento. Se basa en la idea de que las personas sacan conclusiones erróneas sobre sus situaciones y vivencias personales. Con el tiempo, estas ideas pueden provocar trastornos tanto a nivel emocional como relacional. Por lo tanto, el objetivo del tratamiento es cuestionarlas y modificarlas.

La historia de la TCC

La TCC nació en los años 60 a partir de una idea del psiquiatra Aaron Beck, como reacción a las incongruencias y falencias que encontró en el psicoanálisis freudiano. Es un método que pretende ir más allá del enfoque diagnóstico metafórico, por lo que resulta muy práctico y empírico.

Durante la *charla terapéutica*, Beck observó que muchos de los pacientes mostraban signos de lo que podría llamarse un "diálogo mental", que acababa teniendo un efecto significativo en sus estados de ánimo. Se dio cuenta de que estos pensamientos cargados de emoción ocupaban continuamente su flujo de conciencia y los etiquetó como *pensamientos automáticos*.

Lo cierto es que influyen en nuestro modo de actuar, pero la mayoría de las personas no son conscientes de que los tienen y, por tanto, no los comparten con el terapeuta.

Beck se dio cuenta de que si se aprende a aislar estos pensamientos, se puede analizarlos e incluso modificarlos.

¿Cómo funciona la TCC?

La TCC se basa en el hecho de que los sentimientos y pensamientos negativos pueden encerrarnos en un círculo vicioso en el que las emociones, la razón y las acciones están interconectados y se retroalimentan.

Por eso este tratamiento se combina con la psicoterapia: esta se enfoca en el significado personal que le damos a las cosas.

La TCC permite al paciente abordar problemas que inicialmente podrían parecer insuperables, fragmentándolos en partes más pequeñas y manejables. Se lleva al sujeto a analizar sus sentimientos reactivos y sus reacciones posteriores para determinar si están justificados. Si no lo están, se les orienta hacia una visión más racional.

El terapeuta se plantea hasta qué punto la respuesta del paciente está basada en la realidad, por lo que suele ocuparse de las llamadas *distorsiones cognitivas,* también conocidas como "creencias irracionales", "rumiación", "catastrofización", etc. Si estos pensamientos negativos resultan fantasiosos y exagerados, mediante el tratamiento se los puede convertir en algo positivo. En resumen: si puedes identificar y comprender los patrones de pensamiento que son perjudiciales para la psiquis, puedes cambiar la forma de reaccionar ante ellos.

La TCC se centra en las dificultades actuales del individuo, no en las del pasado. Esto permite al profesional recomendar formas prácticas de mejorar el estilo de vida, y cualquiera puede beneficiarse de ello, a cualquier edad.

Se suele utilizar como parte de un plan de tratamiento para varios tipos de trastornos físicos y mentales, como la ansiedad, la depresión, el TEPT, los trastornos alimenticios, el abuso de drogas y el TOC.

Es extremadamente útil cuando la intervención médica por sí sola resulta poco efectiva. Además, permite obtener resultados en poco tiempo y con sesiones cortas, lo que evita que el paciente se vea atrapado en un proceso de curación interminable.

Su carácter altamente estructurado permite el uso de otras herramientas además de las sesiones con el terapeuta, como las grabaciones de audio y los libros acerca de los principios de la TCC, que pueden tener un efecto significativo en el resultado.

Información sobre los pensamientos automáticos

Los pensamientos automáticos pueden definirse como tus creencias centrales básicas.

Muchos de ellos son positivos y útiles, pero otros son negativos. Estos últimos pueden dividirse en dos tipos, aparentemente similares:
- *pensamientos automáticos negativos;*
- *distorsiones cognitivas.*

Ambos son improductivos e influyen negativamente en tu estado de ánimo y tus emociones, conciente o inconcientemente. Te llenan de ira y de reacciones impulsivas que pueden hacerte daño a ti o a los demás. Si estás dispuesto a hacer un cambio de perspectiva, estás listo para empezar con la TCC.

Los pensamientos automáticos negativos se crean inconcientemente y, aunque a veces son percibidos de hecho, a menudo se ignoran. Afectan la forma en que ves el mundo y a ti mismo, aunque no siempre seas consciente de ello. Incluso pueden parecer algo completamente normal.

Veamos un ejemplo. Estás convencido de que no eres capaz de perder peso, aún si eres consciente de que te hace falta. Pero, ¿te ayuda pensar así? Tal vez sería mejor pedir ayuda para poder liberarte de esas ideas erróneas. Podrías encontrar la manera de restaurar los preconceptos que tienes sobre ti mismo, visto que los que tienes ahora te están haciendo mal e impidiendo mejorar tu salud. Este *loop* de pensamientos conectados se conoce como *ciclo de pensamientos negativos*.

Uso de la TCC para cortar los ciclos de pensamientos negativos

Los *ciclos de pensamientos negativos* son una espiral nociva de pensamientos, sentimientos y comportamientos que pueden bloquearte y atraparte en un estado emocional deprimente. Es algo más que tristeza y no es sólo depresión.
Puede manifestarse como ansiedad, vergüenza y falta de seguridad.
Algunos creen que es suficiente con decirse a sí mismo cosas como "tengo que reaccionar", pero no es una situación en la que uno se vea atrapado por elección: se desencadena inconcientemente y se convierte fácilmente en un mal hábito.

Según Beck, existen tres niveles de cognición:
1) *creencias centrales* - son esquemas mentales (integrados en modelos a los que nos aferramos inconcientemente y que adquirimos desde edad temprana) relativos a diversas cuestiones y generalmente considerados difíciles de cambiar. Se centran en

tres denominadores comunes: el yo, el mundo o los demás y el futuro. Pueden ser positivos o negativos;

2) *supuestos disfuncionales* - son reglas en general bastante rígidas que las personas adoptan para llevar adelante su vida. Lo más probable es que sean poco realistas y/o negativos;

3) *pensamientos automáticos negativos* – se asemejan a una respuesta instantánea a cierto tipo de situaciones. Son pensamientos en los que afloran factores emocionales negativos, como la baja autoestima o el sentimiento de desvalorización. Si una persona sufre de ansiedad, también pueden adoptar la forma de "sobreestimación del riesgo" e "infravaloración de la capacidad de afrontar las dificultades". Inevitablemente, cuando esta tríada se activa se desarrolla un ciclo de pensamiento negativo que es muy difícil de quebrar.

Puede producirse en una situación en la que, por ejemplo, un estudiante universitario debe preparar un examen. Teme el momento del examen y está cansado por la falta de sueño debido a las horas de estudio. Como no se encuentra muy bien asocia el propio estudio con su falta de salud, hasta incluso desarrollar una sensación de miedo relativo a ello y probablemente el temor a suspender el examen. También puede rememorar ocasiones en el pasado en las que no le fue bien, lo que hace que sus sentimientos físicos se entremezclen aún más con la sensación de fracaso. Comenzará a dudar de sus propias capacidades, a la vez que la preocupación y la negatividad le debilitarán física y emocionalmente. Finalmente, se verá impedido de estudiar y suspenderá el examen. Este fracaso actuará involuntariamente como una profecía autocumplida, a pesar de que las conclusiones en las que se basa no tienen nada que ver con la realidad: de hecho, los resultados ni siquiera podrían ser terribles si se los compara con los de sus compañeros. Pero como ha estado atascado en este ciclo de pensamientos negativos, la próxima vez que tenga que rendir un examen es probable que se encuentre en la misma situación. Para evitarlo debe romper el ciclo de pensamientos negativos e internalizar nuevas ideas sobre sí mismo. Tendrá que adquirir hábitos de estudio más productivos y comportamientos más saludables.

Una buena sesión de TCC intentará desentrañar estos patrones de pensamiento negativos que podrían haberse establecido en la infancia. Tal vez cuando era pequeño desarrolló la idea de que hay que tener un buen rendimiento escolar para ser querido o aceptado. Estos razonamientos son un ejemplo de los supuestos disfuncionales mencionados anteriormente. Son reglas rígidas que adoptamos y seguimos, aunque no sean para nada realistas.

Los ciclos de pensamiento negativos también son falsos: no tienen sentido cuando se examinan objetivamente. Las distorsiones cognitivas suelen ser opuestas a tus creencias centrales.

La TCC parte de la premisa de que no son los acontecimientos de la vida cotidiana los que realmente alteran tu realidad sino el significado que les atribuyes. Si te enfocas demasiado en las emociones negativas, no consigues encontrar soluciones e ignoras aquellos aspectos de la realidad que no encajan con tu interpretación de la situación. La perpetuación de esta situación no te hace aprender nada nuevo y, por el contrario, te lleva a repetir los mismos errores.

Tipos de distorsiones cognitivas

Existen diferentes tipos de distorsiones cognitivas y a continuación se enumeran algunas.

Catastrofización

Consiste en visualizar siempre el peor escenario posible.

Sin importar lo improbable que sea el resultado, siempre tendrás la misma suposición. Por ejemplo, si tu hijo te llama desde el colegio diciendo que está resfriado entrarás en pánico y pensarás que en realidad está en grave peligro de muerte. Te quedarás despierto toda la noche pensando que tal vez esté demasiado enfermo como para llamar a una ambulancia e, incluso al recibir noticias tranquilizadoras, no harás nada en el trabajo porque sigues preocupado.

Razonamiento emocional

Es el tipo de pensamiento que influye en tus emociones hasta el punto de acabar por abrumar tu juicio y, en consecuencia, pierdes tu capacidad de utilizar la lógica. Este razonamiento emocional puede aparecer cuando, por ejemplo, estás nervioso por una inminente competición deportiva. Te preocupas tanto de que tu rendimiento deportivo pueda ser bajo, que no puedes dormir y al final tu actuación es mediocre.

Focalizarse exclusivamente en lo negativo

Se trata de un estado mental en el que te dejas llevar por tus emociones hasta el punto de tirar toda la lógica por la borda.

He aquí un ejemplo: tienes un hijo adolescente que suele discutir contigo. Entonces te convences de que tu relación con él se ha tornado difícil simplemente porque a veces no están de acuerdo, aunque esto sea lo normal (especialmente a esa edad).

Etiquetado

Ocurre cuando pones etiquetas arbitrarias y te desvalorizas a ti mismo o a los demás. Puedes llegar a ser tu peor enemigo y, al cultivar pensamientos automáticos sobre ti mismo, también puedes encarnar una profecía autocumplida.

Es posible que pienses que no eres atractivo, y sigas diciéndote eso hasta que hayas construido en tu mente una imagen de ti mismo poco amable y desagradable.

Lectura mental

¿Sueles suponer que sabes lo que el otro está pensando? ¿Y convencerte de que lo que crees "leer" en esa persona es algo negativo? ¿Y que tú eres la causa?

Por ejemplo, puedes creer que tu mejor amigo está hablando a tus espaldas y, como resultado, empezarás a actuar como si esto fuera cierto, malinterpretando todos sus gestos y palabras.

Prever el futuro

Al igual que la catastrofización, la previsión supone que sólo ocurrirán cosas malas. Con este tipo de pensamiento es inevitable que rehúyas de cosas o experiencias nuevas porque conllevan posibles fracasos. Para evitar una potencial confirmación de tu propia incapacidad, nunca lo intentas.

Por ejemplo, quieres aprender a conducir una moto, pero te convences de que no podrás ser un buen conductor incluso antes de empezar a tomar clases. Así que decides no hacer nada, cumpliendo tu profecía de fracaso.

Tomarse las cosas como algo personal

Te tomas todo de forma personal automáticamente. ¿Te ha mirado mal el profesor? Probablemente te convenzas de que no le gustas. ¿Uno de tus colegas no responde a tus mensajes? Lo verás como una manifestación de odio hacia ti o de boicot. Llegas a conclusiones precipitadas sobre los demás y sus estados de ánimo a menudo no tienen nada que ver contigo. Para evitar sentimientos indeseables, debes repetirte que no eres responsable del mal día de los demás y que no eres la causa de sus problemas. De lo contrario, empezarás a interactuar con esas personas como si fueras tú el culpable.

Cuando concibes las situaciones y las personas como buenas o malas, no puedes ver ningún término medio.

Esta es un área enorme de disonancia cognitiva, ya que el mundo está lleno de matices de grises. Si no puedes verlos, empezarás a pensar sólo en resoluciones extremas y medirás tus logros de la misma manera: triunfos absolutos o fracasos totales. Estos últimos se convertirán en una prueba inequívoca de que tú eres un fracaso.

Esta postura es totalmente incompatible con el bienestar porque te obliga a ponerte a prueba constantemente y demostrar cada vez que NO eres un fracasado. Este tipo de distorsión cognitiva es reconocible por ciertas señales de alarma como la tendencia a utilizar las palabras "siempre", "nunca", "todo", "nadie" u otros términos absolutos. Si te dices a ti mismo "nunca conseguiré un nuevo trabajo", significa que cada intento que no conduzca a una oferta concreta te hará creer que eres un perdedor, y esto perjudica tu autoestima.

Cómo funciona la TCC: etapas

Cuando se utiliza la TCC para abordar los supuestos disfuncionales, se pide a la persona que se enfrente a estos pensamientos no en un momento de estrés, y así se dé cuenta de que son erróneos y limitantes. A medida que aprende a adoptar una perspectiva más realista y a distanciarse de esta mentalidad, puede incorporar las nuevas conclusiones a su vida real.

Siguiendo el ejemplo de hace unas páginas, el estudiante universitario que se sentía fracasado podría reconocer sus logros, elaborar un programa para aumentar su resistencia física y trabajar en técnicas de estudio eficaces para aumentar su autoestima y reducir el estrés.

La terapia requiere que el terapeuta y el paciente desarrollen un marco cognitivo-conductual conocido como *formulación*. Se crea una hipótesis sobre las causas del problema y la razón de su persistencia. A continuación, se ayuda al paciente a contextualizar sus dificultades de forma que ambos puedan entenderlas.

El supuesto que subyace a la formulación es que las experiencias tempranas son de suma importancia para la construcción de creencias centrales que pueden conducir a disfuncionalidades.

En colaboración con el profesional, la persona puede analizar estas áreas y determinar si son problemáticas o beneficiosas para su vida. Luego se definirán las estrategias que permitirán el cambio y que deberán ponerse en práctica en el mundo real.

Si decides trabajar con un terapeuta, te reunirás con él o ella cada una o dos semanas en sesiones de 30 a 60 minutos. Durante el tiempo que dure el tratamiento, deberás mostrar cierto espíritu de cooperación.

Juntos podrán detectar los comportamientos negativos y trabajar para corregirlos. Sois un equipo y la TCC se basa en gran medida en los factores clave de la relación paciente-terapeuta: la capacidad de establecer una relación, la comprensión y la empatía. También puedes optar por trabajar en grupo.

Sea cual sea el tratamiento que elijas, tendrás la oportunidad de aprender a resolver problemas y se te estimulará a poner en orden las sensaciones físicas, los pensamientos y las acciones.

El terapeuta también te pedirá que identifiques ciertos objetivos, mediante el método resumido en el acrónimo *SMART*. Esto significa que, para tus problemas, deberás buscar soluciones "singulares, mensurables, accesibles, realistas y temporizadas". Por ejemplo, si un paciente se siente solo y deprimido y es demasiado introvertido, pero desea desesperadamente salir de su caparazón y socializar, el terapeuta puede pedirle que proceda en pequeños pasos, dividiendo el proceso de socializar en varias etapas. Para empezar, podría centrarse simplemente en decir "hola" a la gente, y luego seguir mejorando hasta que pueda interactuar tranquilamente con los demás.

El objetivo de la TCC es ayudarte a poner en práctica rápidamente estas nuevas estrategias en tu vida diaria, atenuando el impacto negativo de tus problemas.

Se diferencia de otros tipos de psicoterapia en que establece un objetivo específico, el cual determina el progreso del trabajo terapéutico. Esta es la razón por la que se puede trabajar con materiales de TCC también fuera de la consulta del terapeuta.

Las *tareas* son otro punto clave. La aplicación de las técnicas en el mundo real y el reconocimiento de los progresos realizados son la clave para permitir un mayor avance. A medida que progresa, el paciente demuestra que puede alejarse de los pensamientos negativos cada vez con más facilidad. También asume más responsabilidad por su propio desarrollo y acepta hacer parte del trabajo sólo.

Los principios de la TCC alientan el autoaprendizaje, pero si descubres que estás considerando algún acto de autolesión o si tus dificultades empeoran, acude a un médico inmediatamente y no intentes tratarte a ti mismo.

¿Qué ocurre cuando hay problemas en el proceso de TCC?

No te sorprendas si descubres que tienes problemas de comunicación con tu terapeuta. Puede ser útil entender cómo ve él o ella esta situación y, en la mayoría de los casos, es una oportunidad para arrojar luz sobre el proceso terapéutico y cuáles son los enfoques que se pueden adoptar para ayudarte. Durante las sesiones, intentará crear un vínculo contigo. Sin embargo, a veces no es capaz de crear esa atmósfera de apoyo y comprender realmente las dificultades del paciente, lo que compromete el resultado del tratamiento.

Los momentos en los que el progreso parece estancarse se conocen como *bloqueos*. Puede que te sientas frustrado, pero tienes que entender que es una oportunidad para que el terapeuta comprenda mejor cómo ayudarte y para que te desafíe y crezca profesionalmente.

Cuando la relación se atasca, esto es lo que puede ocurrir: el terapeuta intentará ponerse en contacto contigo de diferentes maneras, recibiendo tus impresiones, pidiéndote que aportes comentarios y también examinando el proceso con la ayuda de un colega.

Si crees que el tiempo que pasas con el terapeuta no es productivo, debes hacérselo saber. Te escucha atentamente durante las sesiones, y está entrenado para buscar los momentos en los que los objetivos mutuamente acordados dan paso a los objetivos que él establece, y que a ti te parece imposible de alcanzar. También supervisa tu estado de ánimo y trata de establecer si la falta de progreso se debe a dificultades externas.

Es comprensible que no estés acostumbrado a la idea de que puedan surgir obstáculos durante el tratamiento: al fin y al cabo, estás allí para resolver tus problemas y no para enfrentarte a otros. Sin embargo, esto dará al terapeuta la oportunidad de reevaluar su enfoque. Al interrogarte durante o después de la sesión, puede investigar cómo reaccionas y conseguir que expreses libremente un juicio sobre su trabajo. Debe ponerse constantemente en tu lugar y tratar de comprender las razones que te impiden adoptar una actitud más constructiva ante determinadas situaciones.

Si no experimentas ningún alivio sintomático, no tengas problema en hacérselo notar: es una señal de que estás aprendiendo a distinguir las cosas útiles de las que no lo son. Reconocer las dificultades y aprender a lidiar con ellas sólo puede ser útil.

Los diferentes tipos de TCC

La "Terapia cognitivo-conductual" es un término general utilizado para referirse a diversos tipos de tratamiento que se basan en los principios del aprendizaje conductual y los enfoques cognitivos. Todos ellos comparten ciertas características, como el *mindfulness* o el énfasis en el presente, la fijación de objetivos y el aprendizaje para comprender la interacción entre los pensamientos, los sentimientos y los acontecimientos en nuestro desarrollo personal.

A continuación se presentan algunas terapias, que varían en sus intervenciones en función de la solución que pretenden brindar.

Terapia de procesamiento cognitivo (CPT)

Suele utilizarse para atender a quienes han sufrido un trastorno de estrés postraumático. Tiene una duración de 12 sesiones y se centra en establecer una relación con el paciente para ayudarle a comprender las características y consecuencias de su trastorno.

Terapia cognitiva (TC)

Se desarrolló originalmente para tratar los principales trastornos depresivos, que su creador el Dr. Aron Beck creía que se debían a un desequilibrio cognitivo.

Este tratamiento se basa en gran medida en el establecimiento de horarios y actividades, así como en las tareas. Esto incluye la planificación de actividades que produzcan placer, ya que los pacientes deprimidos suelen evitar las cosas que solían hacer con interés.

Terapia dialéctica conductual (DBT)

Es uno de los tipos de terapia cognitiva.

Su objetivo es aportar competencias para gestionar emociones dolorosas y para reducir los conflictos en las relaciones.

Existen cuatro enfoques con los que la DBT pretende ayudar a desarrollar estas habilidades.

La primera está "orientada al apoyo" o "*mindfulness*". Su objetivo es inspirar un sentimiento de aceptación de uno mismo y de la vida y la capacidad de estar presente en el momento.

La segunda y la tercera son más específicamente cognitivas y se focalizan en la "resistencia a la angustia" y la "regulación de las emociones". Su objetivo es ayudar al paciente a tener control sobre sus sentimientos y a no dejarse sobrepasar por las intensas emociones que le causan sufrimiento. También le guían en la identificación de las opiniones y creencias que hacen que su vida sea tan difícil.

El último enfoque es "colaborativo", también conocido como "eficacia interpersonal", que utiliza técnicas adaptadas para una comunicación más eficaz y asertiva. El objetivo es relacionarse con los demás y desarrollar la capacidad de *resolución de problemas*, sin dejar que los sentimientos le sobrepasen. Esto reforzará la autoestima y las relaciones.

La DBT fue desarrollada en la década de 1980 por la psicóloga Marsha M. Linehan y fue diseñada originalmente para tratar a las personas con trastorno límite de la personalidad (TLP). Sin embargo, resulta muy eficaz para la depresión, los trastornos alimenticios, el TEPD y el abuso de sustancias.

Este tratamiento *de talk therapy* tiene un fuerte enfoque en los aspectos psicosociales. Se basa en la teoría de que algunas personas son más propensas a reaccionar de forma muy intensa en determinadas situaciones emocionales, especialmente si están relacionadas con la esfera personal. Desde un punto de vista fisiológico, estas fuertes reacciones son detectables en personas con una alta excitación de la actividad mental, una condición que puede dar lugar a una fuerte estimulación emocional y a un retorno más lento a la normalidad.

El trastorno límite de la personalidad (TLP) se caracteriza por cambios emocionales extremadamente bruscos. Este estado de agitación puede ser abrumador y provocar conflictos en las relaciones con los demás. Los pacientes que lo sufren tienen tendencia a pasar de un conflicto a otro debido a su peculiar visión del mundo. Es posible que hayan crecido sin la capacidad de hacer frente a estos picos emocionales repentinos y que no hayan recibido otra respuesta de las figuras adultas que el rechazo.

La terapia dialéctico-conductual es eficaz para estas personas porque les da la oportunidad de controlar sus reacciones a estos sentimientos intensos y les lleva a responder a los estímulos de forma más equilibrada. El objetivo es, justamente, el equilibrio.

En general, se trata de un método terapéutico eficaz para quienes desean cambiar mediante un mayor control sobre sus sentimientos. Un incremento en la capacidad para adaptarse y reaccionar ante las emociones negativas, en combinación con la atención plena, permite una notable mejora de la comunicación y las relaciones sociales.

Al igual que la Terapia Cognitivo-Conductual, la DBT también parte de objetivos específicos establecidos por el paciente y el terapeuta para el tratamiento.
Las sesiones suelen tener una duración limitada, combinando sesiones individuales y en grupo o simplemente utilizando uno de los dos tipos de interacción terapéutica.

Técnicas cognitivas

Entender cómo funciona la TCC implica conocer algunas de las técnicas cognitivas que intervienen en su aplicación terapéutica.

Una de ellas se llama "revelación guiada". Implica tratar de entender la perspectiva del paciente y luego ayudarle a explorar y reconocer los preconceptos subyacentes. Al examinarlos, el sujeto puede identificar formas más adecuadas de desenvolverse y resolver sus problemas.

Otra técnica es el llamado "cuestionamiento socrático", que permite al paciente adquirir el dominio de sus sentimientos. Su nombre se debe a que utiliza metodologías similares a las que empleaba el filósofo griego Sócrates para enseñar a sus discípulos: les interrogaba sobre cuestiones ajenas a su ámbito de competencia y, pregunta tras pregunta, les llevaba a formular una respuesta personal.

Otra estrategia es la redacción de un diario de pensamientos, en el que la persona escribe las reflexiones que han surgido durante el tratamiento terapéutico. El diario consta de siete columnas, en las que se debe indicar: situación, estado de ánimo, preconcepto negativo, pruebas a favor de ese preconcepto, pruebas en contra, respuesta racional alternativa propuesta y (de nuevo) estado de ánimo.
Por ejemplo, al escribir pensamientos como "soy incapaz en situaciones de estrés", se pide a los pacientes que busquen pruebas que contradigan sus preconceptos disfuncionales. La teoría de base es que esas pruebas, o la falta de ellas, ayudan al sujeto a cambiar esas suposiciones erróneas, haciéndolas gradualmente más flexibles y ajustándolas más a la realidad.

Capítulo 2 – Apoyo de la TCC

Cuando a una persona se le detecta un problema de salud mental, conocer el diagnóstico es de suma importancia.

Esto implicará obtener información sobre la enfermedad y sus tratamientos específicos, así como saber que no eres el único que se enfrenta a este tipo de trastornos. Las redes de apoyo, en particular, pueden ser muy provechosas. Por ejemplo, si tú o un ser querido sufre depresión, infórmate para saber más sobre lo que implica este problema: el conocimiento es valioso para lidiar con ella y también puede hacerla menos atemorizante.

Los terapeutas de TCC son capaces de ayudar a sus pacientes a aprender sobre estas problemáticas y cómo tratarlas. A continuación, algunas de ellos.

Trastornos del sueño

Los trastornos del sueño afectan a un 30% de la población. La falta de descanso provoca insatisfacción, nerviosismo, tristeza e incapacidad de concentración.

La TCC puede servir en estos casos, principalmente para el insomnio. Esta rama específica se denomina TCC-I, donde la "I" viene de "insomnio".
Ayuda a resolver el problema estableciendo mejores hábitos de sueño e identificando y modificando los comportamientos que inhiben la capacidad de descansar.

Hay dos etapas principales en este tratamiento.

1- **comprender las causas del problema.**

Esto puede hacerse examinando el ritmo de sueño-vigilia, solo o con la ayuda de un profesional. La evaluación debe tener en cuenta los factores que pueden influir en la calidad del sueño. Se debe utilizar un diario para registrar información sobre los ritmos de sueño, la calidad del mismo, etc. de modo que se puedan determinar mejor las causas de estrés, los pensamientos y comportamientos negativos recurrentes y las áreas de mejora.

2- **probar diferentes medidas para lograr ritmos de sueño más regulares.**

Hay 5 métodos comúnmente utilizados que son imperativos en esta etapa del tratamiento:

1. Control de estímulos

Se trata de un sistema que intenta establecer un vínculo entre la cama y el sueño y evitar que otros estímulos se asocien al área de descanso. Tras evaluar la situación, el terapeuta sugiere al paciente las instrucciones más adecuadas, como recomendarle que sólo se acueste cuando se sienta cansado y listo para dormir.

2. Higiene del sueño

Esta metodología se centra en la creación de un entorno relajante y en la identificación de comportamientos que hay que adoptar antes de acostarse. Se basa en la idea de que la calidad del descanso está influida no sólo por el lugar, sino también por las actividades que haces y el entorno en el que te mueves antes de quedarte dormido. Hacia la noche, es importante limitar el uso de los dispositivos tecnológicos, evitar las actividades que provocan estrés o consumir sustancias estimulantes (alcohol, cafeína, nicotina, etc).

Se recomiendan actividades relajantes como ducharse, leer, dibujar, etc. Una habitación fresca y oscura es el lugar ideal para descansar.

El terapeuta también puede sugerir cubrir y apartar los relojes de la cama para resistir la tentación de medir el tiempo que se tarda en dormirse, un hábito común entre los insomnes.

3. Terapia de restricción del sueño

Esta es la terapia más exigida, ya que implica limitar las horas de descanso.

Esto se debe a que mucha gente asocia los sentimientos negativos con su propia cama, como escenario de muchas noches turbulentas. Para restablecer una conexión positiva entre ese lugar y el sueño, este tratamiento anima inicialmente a limitar las horas que se pasan allí.

Este método también puede provocar efectos secundarios -fatiga, falta de energía, migraña, irritación y falta de apetito-, pero en general consigue un resultado global positivo, que en última instancia permite a la persona dormir mucho y bien.

4. Relajación

Esta estrategia fomenta la práctica de técnicas de relajación durante el día, como la meditación. En las horas previas al sueño, el paciente puede realizar un "chequeo corporal", una técnica de meditación que permite liberar la tensión.

5. Terapia cognitiva

Esta fase del proceso, en la que necesariamente interviene un terapeuta, consiste principalmente en brindar información al paciente sobre el tema para combatir algunos preconceptos erróneos al respecto.

La TCC-I se recomienda si se cumplen los 4 requisitos siguientes:

1) problemas para conciliar el sueño o dormir durante un periodo insuficiente;

2) el insomnio no es el resultado de una alteración del ritmo cardíaco;

3) ausencia de enfermedades físicas o mentales que puedan empeorar con el uso de la TCC-I;

4) el individuo muestra comportamientos o actitudes que contribuyen a alteraciones continuas del sueño.

La última etapa de la terapia es la *prevención de recaídas,* que permite resolver los problemas futuros interviniendo a tiempo para que no se hagan más grandes o se acumulen.

En caso de recaída, hay que hacer 3 cosas:

1. No intentes recuperar las horas de sueño perdido. Dormir la siesta hará que tengas menos posibilidades de dormir por la noche.

2. Recuerda las instrucciones para la fase de control de estímulos. Retoma estos pasos para restablecer una rutina de descanso saludable.

3. Si el insomnio se prolonga durante algunos días, vuelve a seguir los pasos de la restricción del sueño.

6. Actividad física

La actividad física tiene innumerables beneficios, tanto para el cuerpo como para la mente, pero a veces puede ser difícil practicarla en la vida cotidiana: a menudo uno no sabe por dónde empezar, es incapaz de seguir un entrenamiento, tiene dolencias físicas y mentales que parecen imposibles de superar.

La TCC puede ayudar a las personas a mantener un buen ritmo de ejercicio, a establecer una relación positiva con el deporte y especialmente en el caso de la pérdida de peso. En este aspecto concreto se centran las páginas siguientes.

Hay algunos factores que impiden a las personas tener una rutina diaria saludable: baja motivación, niveles de rendimiento deficientes, experiencias pasadas negativas relacionadas con el ejercicio, así como condiciones poco prácticas (por ejemplo, falta de tiempo y dinero para las clases, falta de acceso a gimnasios u otros entornos de actividad física, etc.). Es importante tomar nota de estas dificultades, ya que pueden aportar información sobre las causas de determinados comportamientos.

En cuanto al aspecto cognitivo de este tema, hay una serie de indicadores psicológicos implicados: el nivel de rendimiento supuesto, las expectativas y preconceptos que se tienen, la propia salud mental y la etapa de cambio (es decir, la serie de pasos mentales que un individuo da antes de llegar a una conclusión o plan de acción). Es importante tener en cuenta tanto los aspectos cognitivos como los conductuales.

Para aumentar los niveles de actividad física y mejorar las actitudes hacia la misma, los especialistas de TCC que trabajan en este tema aplican 6 principios:
1) la motivación es algo que evoluciona constantemente, diferente día a día;
2) se utiliza un enfoque cooperativo en lugar de uno antagónico;
3) se evalúa la situación de la persona con respeto y crítica constructiva;
4) se ve el problema desde el punto de vista del paciente, teniendo en cuenta su propia evaluación de los pros y los contras, ya que esto es útil para promover el cambio;
5) se fomentan esfuerzos a partir de comentarios proactivos, evitando siempre los juicios negativos;
6) la terapia tiene como objetivo elevar las expectativas del paciente respecto al nivel alcanzable en la realización de diversas tareas.

Es importante que estos principios se combinen con la instrucción sobre los beneficios del deporte, así como los contras de la inactividad.
Hay tres etapas para impartir estos conocimientos:
-   informar al paciente sobre los beneficios de la actividad física, por ejemplo, su papel fundamental en la pérdida de peso;
-   inducir a la persona a confeccionar un cuadro en el que anote las ventajas y desventajas de establecer una rutina de ejercicios. Esto ayuda a visualizar los resultados positivos a largo plazo de la actividad física, así como los pros de una vida más saludable;
-   conseguir que la persona reconozca que el ejercicio es un buen cambio en su vida y, sobre todo, que no es un objetivo tan difícil de alcanzar.

La *conciencia* de la importancia del ejercicio es la mitad del camino; la otra mitad consiste en *seguir* practicándolo.

La TCC desarrolla 7 estrategias para ayudar a las personas a seguir un plan a largo plazo:

1. <u>Evaluación de los niveles de actividad</u> - se interroga al paciente acerca de cuánto ejercicio realiza y si cree que es suficiente para lograr una pérdida/ganancia de peso.

2. <u>Ajustar los objetivos de forma individualizada</u> - El terapeuta tiene en cuenta el tipo de actividad física más apto para el paciente, así como los posibles impedimentos que éste pueda encontrar. Junto con él, elabora un plan que tiene como objetivo la pérdida de peso a largo plazo, pero también intenta evitar estos obstáculos o, al menos, aportar soluciones viables.

3. <u>Autoevaluación</u> - Este es un paso muy importante porque permite que el paciente sea más consciente del efecto que tiene el ejercicio en su vida: así puede evaluar los progresos realizados, por ejemplo, midiendo los tiempos de entrenamiento o controlando los avances, paso a paso.

4. <u>Controlar los estímulos</u> - El objetivo aquí es controlar los factores externos, para que alienten las decisiones positivas en relación con el ejercicio. Esto implica evitar cualquier estímulo que dé lugar a la inactividad, pero también poner en práctica sugerencias positivas que conduzcan a un comportamiento más activo y saludable.

5. <u>Incluir a otros</u> - Las investigaciones han demostrado que hacer ejercicio en compañía es útil para continuar con la actividad física y superar los momentos difíciles. De esta manera también se puede controlar el progreso o la regresión a los malos hábitos.

6. <u>Adoptar una actitud positiva hacia el entrenamiento regular</u> – Esto se relaciona con el aspecto cognitivo de la TCC, ya que conduce al desarrollo de nuevas actitudes que permitirán al paciente mantener un estilo de vida saludable gracias a la motivación adecuada. La adopción de estos comportamientos puede apoyarse en una serie de acciones, como hacer una lista de razones para llevar un estilo de vida saludable y charlar con el terapeuta sobre las expectativas para el periodo posterior a la pérdida de peso.

7. <u>Reaccionar ante los problemas cuando surgen</u> - Puede ser muy difícil mantener una rutina saludable, sobre todo al principio. Por eso es importante

hacer un esfuerzo cuando surgen los problemas, porque si se dejan de lado, volverán con más fuerza.

Es tarea del terapeuta celebrar los logros y reaccionar positivamente ante el fracaso. Culpar a una persona por sus fracasos conduce a una autopercepción negativa, lo que puede limitar la constancia con una rutina de ejercicio saludable.

No es fácil adaptarse a un nuevo estilo de vida. Es más, si ya lo has intentado, puede ser aún más difícil insistir: los sentimientos negativos experimentados en el pasado pueden hacerte creer que estás inevitablemente condenado al fracaso. La TCC puede ayudarte a llevar un estilo de vida saludable y una actitud positiva que te resultará muy valiosa en los tiempos venideros.

Resolución de conflictos

Cuando uno se enfrenta a un problema aparentemente insuperable, puede ser difícil saber cómo actuar. Puedes sentirte ansioso, enfadado, frustrado o triste al pensar que no hay solución.

A veces puede ser complicado enfrentarse a esto solo, por lo que la TCC puede ser útil. Sin embargo, no puede ayudar en casos graves o si es un individuo mentalmente inestable.

Al recurrir a este tratamiento aprenderás que las situaciones, incluso las más complicadas, no son irreversibles sino que pueden modificarse pensando de forma más racional.

La TCC se basa en 7 etapas:

1. Localiza e identifica el problema.
   Piensa en los detalles relacionados con ello (pregúntate "¿quién, qué, dónde, cuándo, por qué y cómo?"). Considera la posibilidad de estar ante un obstáculo a causa de una perspectiva distorsionada.
   Es importante que te centres en un problema que tenga solución: si eliges uno sin solución, el proceso será mucho más difícil.

2. Haz una lista con las posibles respuestas al problema.
   Piensa en lo que le dirías a alguien si estuviera en una situación similar. También puedes intentar pedir un consejo a personas cercanas, como familiares o amigos.

3. Evalúa las potenciales respuestas.

Elige algunas de las soluciones que hayas encontrado (preferiblemente las más realistas) y crea una lista de pros y contras para cada una de ellas. Pide consejos a las personas más capacitadas.

4. Determinar la mejor solución y las soluciones alternativas.
Revisa el cuadro de ventajas/desventajas que has hecho y elige la que consideres que es la solución al problema más adecuada. Decide también 2 o 3 soluciones alternativas si algo no sale según lo previsto.
También puedes elaborar una clasificación, ordenando las opciones de mejor a peor.

5. Piensa en un plan.
Escribe todos los pasos que debes realizar, dividiéndolos en subtareas para facilitar la gestión.

6. Ejecuta el plan.
Pon en práctica lo que has planeado. Si la primera solución no funciona por alguna razón, prueba una de las alternativas.

7. Reevalúa y modifica el plan, si es necesario.
Si el problema se ha resuelto, ¡felicidades! Si no es así, vuelve a seguir los pasos partiendo desde el principio e intenta pensar en otras soluciones.

Seguir los pasos con la orientación de un terapeuta de TCC puede ayudarte a afrontar tus dificultades de forma racional y en frío, evitando que se agranden y sean más difíciles de superar.

Meditación con mantras

La meditación siempre funciona cuando estás ante una situación que te provoca ansiedad, o incluso cuando te enfrentas a una dificultad y te sientes estresado.

Hay muchos tipos de meditación que favorecen la relajación. Una de ellas es la *meditación con mantras*. Es muy sencilla de practicar: escoge unas cuantas palabras o sonidos y repítelos tantas veces como quieras cuando estés en presencia de un estado de ánimo negativo o cuando necesites ayuda o alivio. Puedes recitar una frase que te guste, o incluso una palabra en idioma extranjero que exprese bondad y tranquilidad. Puedes crear mantras que tengan un significado positivo sólo para ti o recurrir a los más tradicionales que existen desde hace tiempo.

Hay muchas formas de practicarla y pocas limitaciones.

Una vez que hayas elegido tu mantra puedes empezar la meditación. Al principio puede que te sientas intimidado, sobre todo si nunca has realizado esta actividad, pero la TCC ofrece una guía sobre cómo ponerse en marcha.

En primer lugar, busca un espacio cómodo, sin distracciones. Asegúrate de que tu espalda está apoyada, pero no es necesario que te sientes erguido; también puedes estar tumbado. Puedes rodearte de almohadas y mantas o cualquier otra cosa que te reconforte, y también puedes cerrar los ojos. A continuación, concéntrate en respirar profundamente, de forma natural, sin esforzarte demasiado.

Pregúntate cuál es la finalidad de esta sesión y, una vez que lo hayas decidido, empieza a recitar el mantra tantas veces como sea necesario. Presta atención a la forma en que las palabras salen de tu boca, a las vibraciones que sientes en tu garganta y a las sensaciones de tu cuerpo.

Si te distraes y empiezas a pensar en otras cosas, no hay razón para asustarse: es normal. Intenta volver a poner el foco en la respiración, mientras intentas despejar tu mente.

Cuando te sientas listo, vuelve a abrir los ojos y quédate un momento en silencio. A continuación, levántate y sigue con tus tareas, te sentirás renovado.

Cuando empiezas a meditar, es importante que planifiques un horario, para que lo practiques con regularidad: puedes elegir hacerlo cada mañana durante 10 minutos, justo después de levantarte. Si te resulta más cómodo, también puedes poner un recordatorio en tu teléfono.

Si te saltas algún día o no puedes comprometerte, no te preocupes: haz lo que puedas y lo que te resulte agradable. La meditación no debe representar un esfuerzo. Sin embargo, es una actividad que debes realizar de forma continua si quieres obtener sus beneficios.

Terapia de la naturaleza

Estar encerrado entre cuatro paredes todo el día induce al estrés y la preocupación. Por el contrario, estar en contacto con *la naturaleza* puede ayudarte a olvidar tu apretada agenda y a poner las cosas en perspectiva, así que aprovecha cada oportunidad que tengas para pasar tiempo en la naturaleza.

Si vas a dar tu paseo diario, considera la posibilidad de seguir una ruta con vista panorámica por campos abiertos en lugar de caminar por tu ajetreado barrio. O, si vas de viaje, no dejes de planear una excursión para disfrutar de los parques locales.

Si no te apetece viajar, también puedes ver documentales sobre la naturaleza, que ofrecen vistas panorámicas de lugares lejanos y entornos exóticos.

Arte y música

El ser humano siempre se ha inspirado en la belleza del arte y la música. A menudo, escuchar la armoniosa voz de un cantante lírico o admirar una obra de arte de un gran pintor puede ser terapéutico y evocar sentimientos de paz y tranquilidad.

La TCC aconseja disfrutar de la música de un grupo o solista de tu infancia (por ejemplo, The Beatles, Queen, Coldplay, Paul McCartney, Elton John, etc.) o mirar un cuadro que hayas visto una vez y que recuerdes (como referencia, a muchas personas les encantan los cuadros de Van Gogh, Monet, Picasso, Rembrandt, Pollock, etc.). Vuelve a abrir un libro que no hayas leído desde hace años pero que te haya gustado, o revisa una antología de poemas que te ha recomendado o regalado un ser querido. Si no se te ocurre ninguna canción, obra o volumen que te guste, no te preocupes: puedes preguntar a tus amigos o familiares si tienen alguna sugerencia. Lo más importante es recordar que el arte y la música son una fuente de serenidad, no de estrés.

Capítulo 3 – La faceta conductual de la TCC

Las técnicas conductuales ayudan al paciente a reunir pruebas para demostrar que sus preconceptos son incorrectos y que una actitud exagerada es evitable.

En el transcurso del tratamiento, y a medida que empiece a reunir más y más pruebas que refuten sus preconceptos, el sujeto reevaluará sus ideas catastróficas.
En colaboración con el terapeuta definirá una jerarquía de tareas, desde las que generan más ansiedad a las que menos.

Activación conductual

El paciente y el terapeuta planifican juntos las actividades diarias de forma precisa, esforzándose por reducir el número de actividades para que sea más manejable. El objetivo es que el paciente no sienta que debe tomar decisiones continuamente.

Exposición gradual

Se asignan tareas graduales para ayudar a la persona a evitar la procrastinación y las situaciones de ansiedad. Dividir las tareas estresantes en otras más manejables ayuda a crear experiencias positivas que, poco a poco, restablecerán las conexiones y los pensamientos negativos.

Al mismo tiempo, el tratamiento conductual hace que el sujeto desarrolle resistencia a la ansiedad.
Antes de realizar una tarea, se le pide que haga una previsión y que luego anote en su diario si se ha cumplido. Esta técnica permite abandonar las "conductas de seguridad", *estrategias de afrontamiento* que permiten huir de la ansiedad ideando escenarios. En realidad, estas actitudes no protegen al individuo en cuestión, sino que refuerzan las preocupaciones y los pensamientos automáticos negativos. Un ejemplo sería el paciente que, aunque necesita de un tratamiento, se niega a ir al médico porque cree que se pondrá malo si accede a la consulta.
Otras terapias como el "entrenamiento relajante" y los ejercicios de respiración pueden reducir los síntomas físicos de la excitación autónoma que acompaña a la ansiedad. También se utilizan para el tratamiento de los ataques de pánico.

Cómo usar las estrategias de afrontamiento disfuncionales

La TCC apunta a hacer la vida más tranquila y agradable. El principio rector es que la interpretación de los acontecimientos desempeña un papel importante en la reacción emocional y actitudinal ante ellos.

Cuando te ocurre algo y sólo ves el lado negativo, experimentas sentimientos de la misma naturaleza. El objetivo de este tratamiento es ayudar a que modifiques la forma de analizar la información y que te sientas más seguro y feliz con tu manera de reaccionar.

Este tipo de terapia tiene muchos beneficios.

1. <u>Aumento de la autoestima y la confianza.</u>

La TCC busca aumentar la conciencia del paciente sobre sus propias capacidades y ayuda a encontrar soluciones para las dificultades que a menudo están causadas por falta de autoestima.

Esta carencia no implica un trastorno de salud mental: simplemente puede radicarse en los sentimientos negativos que tienes sobre tu propia vida o tus creencias centrales. Las herramientas que ofrece la TCC pueden remediarlo. En poco tiempo, podrás recuperar la motivación para intentar cosas nuevas y dejar de estar bloqueado, deprimido y ansioso. Deberías ver una mejora en tus relaciones gracias a la habilidad adquirida para construir vínculos sanos con las personas que te rodean. Cuando te enfrentes a obstáculos, descubrirás que se te presentarán más soluciones positivas de las que hubieras creído.

No es un proceso instantáneo, pero conlleva la promesa de un progreso continuo tanto emocional como físico.

2. <u>Tener pensamientos positivos.</u>

La terapia TCC revela al paciente diferentes técnicas que le ayudarán a pensar de manera más optimista. Además brinda formas más saludables de afrontar la angustia que generan los pensamientos negativos. De hecho, te enseña a identificarlos y erradicarlos.

Hay dos aspectos extra de este tipo de terapia que son la reestructuración cognitiva y la asertividad, herramientas fundamentales para prevenir nuevos pensamientos negativos. La asertividad es fundamental: la capacidad de comunicar con claridad y adoptar actitudes coherentes con tus creencias. Ella te permitirá tomar decisiones acertadas de manera inmediata, incluso en momentos difíciles, sin dejarte llevar por miedos e instintos.

3. Control de la ira.

La ira es una emoción peligrosa: si no se la manifiesta puede quedar contenida, causando problemas de salud, estrés y violencia. Incluso en formas más sutiles, esta emoción puede afectar realmente a las relaciones y a la vida de una persona de forma negativa.

La TCC tiene varias formas de lidiar con la ira en función de sus causas, que a veces pueden resultar poco claras para los pacientes. En estos casos, la comprensión de nuestras creencias resulta de gran valor para el terapeuta.

4. Mayor resiliencia ante el trauma, el duelo y el TEPT.

Las personas con experiencias traumáticas suelen ser incapaces de abrirse y expresar sus sentimientos. La TCC puede servir para reconocerlos y expresarlos.

Quienes las sufren tienden a poner en práctica *estrategias de afrontamiento* disfuncionales, como el consumo de alcohol o drogas. Junto al terapeuta, reconocerán cuáles son las situaciones que desencadenan este tipo de actitudes y a ser capaces de enfrentarse a ellas.

5. Reducción o cese del consumo de sustancias y adicciones.

La TCC es muy eficaz en los casos de adicción ya que ayuda al individuo a comprender sus emociones y a analizar cómo influyen en sus acciones. También ayuda a identificar los *factores desencadenantes* y a aplicar las técnicas más eficaces para evitar caer en comportamientos abusivos. El primer paso, sin embargo, es comprender el motivo del abuso de sustancias.

6. Mejora de las habilidades de comunicación.

Las dificultades emocionales y actitudinales no son infrecuentes en niños y se manifiestan muchas veces en las dificultades de comunicación. Si no se diagnostican a tiempo, pueden acabar manifestándose en la escuela, junto con otros problemas como el trastorno por déficit de atención e hiperactividad (ADHD). La TCC es un tratamiento eficaz al permitir a niños y adultos comunicarse mejor.

7. Prevención de la recaída en el abuso.

En muchos casos la TCC permite a los pacientes evitar la recaída en el abuso de sustancias, que suele estar causada por la presión social, los conflictos interpersonales y un estado de ánimo adverso. Las *estrategias de afrontamiento* de la TCC permiten al individuo abandonar el comportamiento adictivo y trabajar en la identificación y aplicar metodologías más saludables. Promueve sentimientos de conciencia plena, aceptación y validación.

Durante la rehabilitación se eliminan los pensamientos negativos. Este puede ser un proceso largo y exigido, ya que la adicción seguirá siendo un problema de por vida.

8. Tratamiento de los trastornos alimenticios.

La TCC es muy eficaz para el tratamiento de la anorexia nerviosa y la bulimia, así como de otros tipos de trastornos alimenticios. En este caso consiste en una serie de sesiones que tratan no sólo de la faceta psicológica sino también de evidenciar las consecuencias fisiológicas de dichos problemas. Además, se prescribe un plan de alimentación adecuado con tablas nutricionales para ayudar a regularizar los hábitos. Los pacientes son confrontados con los alimentos que les producen rechazo, para permitirles readaptarse poco a poco a un estilo de vida normal. También son necesarias estrategias de prevención de recaídas.

Las técnicas utilizadas en esta área muestran el aspecto conductual de la TCC, que pretende animar al individuo a cambiar su forma de actuar y comportarse. La *planificación de actividades* y la *asignación de tareas* se utilizan para aumentar el bienestar de la persona y multiplicar las experiencias agradables y productivas.

Existen otro tipo de técnicas de TCC que ayudan a conseguir una sensación de bienestar y que son especialmente aptas para combatir la ansiedad: la escritura de un diario, la reestructuración cognitiva, la prevención a la exposición y la respuesta, la reescritura, la relajación muscular progresiva, la respiración relajada, la conversación con un ser querido y el ejercicio físico.

Diario terapéutico (journaling)
Esta actividad puede llevarse a cabo de dos maneras.

La primera es utilizar el diario como un "depósito de ideas". Simplemente escribe todo lo que pasa por tu mente y lo que sientes, para que puedas alejar los malos pensamientos de tu mente. Te sentirás más ligero y sereno. Es muy útil en casos de ansiedad.

El segundo método se llama "diario del pensamiento disfuncional", también conocido como "registro del pensamiento disfuncional".
En este caso el registro de tus reflexiones se realiza en una tabla con 7 columnas que contienen la siguiente información:
- columna 1: el razonamiento disfuncional que has tenido;
- columna 2: la situación que se produjo

- columna 3: el pensamiento automático que apareció inmediatamente después
- columna 4: las emociones y pensamientos que hayas podido tener
- columna 5: el pensamiento disfuncional propiamente dicho
- columna 6: pensamientos alternativos que se te pueden ocurrir
- columna 7: cómo finalizó el ejercicio, cuál es tu estado anímico y si te sientes mejor ahora que has recuperado la calma.

Distorsiones cognitivas y reestructuración cognitiva

La ansiedad suele estar causada por una distorsión cognitiva que da lugar a pensamientos confusos y engañosos: aprender a identificar dicha distorsión es el primer paso para iniciar la llamada "reestructuración cognitiva".

Consiste en cambiar la forma en que solemos procesar los pensamientos y sentimientos.

Para comenzar debes escribir minuciosamente aquello que te produce ansiedad. A continuación, enumera todas las cosas que puedan contradecirlo: de este modo, empiezas a formular la suposición de que aquello en lo que crees no siempre se ajusta a la realidad.

Distingue entre tus pensamientos aquellos que son reales. Tienes que elegir los que están basados en pruebas, no en tu opinión. Si se fundamentan en tus juicios, puedes cambiarlos.

Prevención mediante la exposición y la respuesta

Esta faceta de la terapia TCC te ayudará a lidiar con los *desencadenantes* para que no te sientas abrumado y ansioso. El objetivo es aumentar gradualmente tu exposición a ellos hasta que ya no tengas miedo de entrar en contacto con ellos. Esta estrategia sólo es eficaz si puedes exponerte a cantidades mínimas y controladas de desencadenantes, y generalmente se utiliza cuando hay una circunstancia en la que el paciente se siente obligado a participar pero no quiere hacerlo. Esta metodología se combina a menudo con las anotaciones en el diario.

Reescribir y recitar el guión hasta el final

Las técnicas de este apartado te permitirán superar la ansiedad al permitirte tomar el control de los pensamientos que la provocan. Las personas ansiosas suelen ser incapaces de procesar y erradicar esos pensamientos, y en su lugar los evitan. Y tarde o temprano, la energía utilizada para evitarlos se agota.

Si permites que tus pensamientos fluyan y tomen una dirección nueva y natural, puedes establecer un nuevo punto de partida.

Reescribir requiere que te tomes un momento para reflexionar sobre lo que pasa por tu cabeza: pregúntate cuáles son tus ideas y por qué no te están ayudando. Luego, intenta armar de forma diferente tu narrativa personal: tienes que cambiar la forma en que tu cerebro experimenta y percibe tus emociones, haciéndolas sentir manejables y comprensibles en lugar de atemorizantes.

Cuando interpretas el guión hasta el final estás simultáneamente en medio de la reescritura. Sin embargo, se trata sobre todo de experimentar y comprender lo atemorizantes que pueden ser tus pensamientos, permitiendo que lleguen naturalmente a su fin. Si eres capaz de reconocer que te estás autoboicoteando, encerrándote en los aspectos más atemorizantes de tus pensamientos, podrás encontrar la fuerza para llegar hasta el final y darte cuenta de que el razonamiento en sí no es tan temible. El tema es preguntarse simplemente qué está pasando, dejar que el escenario se desarrolle en su totalidad y esperar hasta el final para redimensionarlo.

Por ejemplo, ¿qué pasaría si un día te pidieran que hablaras ante una multitud en una conferencia? Seguramente tendrías miedo de equivocarte o de perder el hilo de lo que estás diciendo. Puede que incluso reproduzcas estos escenarios una y otra vez en tu cabeza hasta sentirte bloqueado. Pero es aquí donde tienes que interpretar el guión hasta el final: piensa en todo lo que va a suceder, y cuando llegues a la parte en la que sueles sentirte más ansioso, prueba preguntarte "¿qué viene después?" y así superarás el nerviosismo. Te darás cuenta de que tal vez estés equivocado, tal vez la gente te sonría, y en ese momento podrás continuar con la conferencia. Aunque parezca que la "película" sólo está en tu cabeza, una vez que llegues al final verás que tu ansiedad se redujo.

Relajación muscular progresiva

La relajación muscular progresiva (RMP) es un tipo de terapia en la que la meditación y la relajación se combinan.

Favorece la liberación de tensiones y te ayuda a sentir una paz interior. Se puede considerar una especie de biorectificación, ya que el cuerpo percibe que todo está bien: esta sensación de alivio físico puede reducir la ansiedad de forma significativa.

Puedes probar la RMP tú mismo, concentrándote en una zona de tu cuerpo a la vez, y enviándole la información de que se relaje. Verás que vas perdiendo la sensación de opresión que llevas dentro y te sentirás mejor físicamente. Puedes hacer este ejercicio regularmente o en situaciones particulares cuando sientas que necesitas liberarte. Puedes hacerlo por tu cuenta o buscar aplicaciones de meditación que te guíen.

Respiración pausada

Cuando se experimenta ansiedad, el cuerpo y los músculos comienzan a contraerse, la respiración se acelera, la presión arterial aumenta y se producen otros síntomas físicos.

Si logras recuperar el control de tu respiración, te sentirás más calmo. La respiración pausada puede ayudar a ello. Puedes hacerlo por tu cuenta o con la ayuda de aplicaciones de meditación guiada que se encuentran en Internet.

Intenta concentrarte en el ritmo de tu respiración durante un minuto o hasta que puedas relajarte. Puedes inhalar durante cinco segundos, mantener la respiración durante seis y exhalar durante siete.

Hablar con tus seres queridos

Si sufres una ansiedad abrumadora, te ayudará enormemente contar con el apoyo de tus seres queridos: te sentirás mejor y la recuperación será más rápida. Sentirse ansioso puede ser un estigma, y a menudo se oculta el problema o tiendes a sentirte culpable por quedarte en un estado emocional de fragilidad (aunque no lo seas). Esto aumenta tu aprensión ya que reprimes tus sentimientos.

Sufrir sólo nunca es una buena idea. La soledad puede llevarte a pensamientos más oscuros y empeorar las cosas. Si puedes encontrar a alguien con quien hablar, sentirás el consuelo de saber que tienes contención.

Ejercicio físico

Cuando estás ansioso, el cuerpo produce grandes cantidades de cortisol y adrenalina. Esto forma parte del mecanismo de *lucha o huída* que te permite alejarte rápidamente de los escenarios poco seguros. Sin embargo, aunque no estés huyendo de una situación peligrosa, puedes seguir experimentando ansiedad, y sentirte molesto. Esta sensación de pánico, que normalmente se expresa a través de la fuga, hace que tus pulsaciones aumenten, sudes y tu respiración se acelere.

Si estableces un plan de entrenamiento regular, verás que funciona de maravilla: te ayudará a gastar el exceso de energía que pueda haber en tu organismo para que te sientas mejor, te calmes y recuperes la salud.

Capítulo 4 - Identificar los obstáculos

Los pensamientos negativos recurrentes y el miedo pueden llevar a una persona a buscar paliativos, y si los síntomas no se tratan, pueden empeorar. La ansiedad puede ser peligrosa, ya que está vinculada en muchos casos a la depresión: la combinación de ambas puede llevar a una capacidad de decisión muy reducida y a altos niveles de estrés que podrían desencadenar en hipertensión, migrañas y dolor de cabeza. Cuando esto ocurre, se produce el *afrontamiento* centrado en la evasión, ya que los pacientes intentan lidiar con algo que sienten como una carga emocional y mental muy pesada.

En estos casos, hay quienes recurren al alcohol o a las drogas. En cuanto uno empieza a ser dependiente de algo, es preciso buscar ayuda de inmediato. Para eso existe la terapia TCC.

Deberíamos ser conscientes de nuestros sentimientos instintivos y negativos asociados a la ansiedad. Entre ellos, la sensación de catástrofe inminente, que dificulta la concentración porque es la sensación de que siempre algo va a salir mal. El miedo y el estrés conectados pueden impedir que el paciente restablezca una base de normalidad.

En casos extremos, puede presentar problemas respiratorios, como por ejemplo una respiración entrecortada que no permite al cuerpo recibir el oxígeno suficiente para recuperar la estabilidad. Además el estrés constante puede causar malestar estomacal y úlceras gastrointestinales. Una dieta equilibrada puede aliviar algunos de estos síntomas.

Hay quienes pueden experimentar una disminución de la interacción social, algo muy contraproducente para la recuperación: puede dificultar relacionarse con los demás y reforzar la baja autoestima.
En esos casos suelen aparentar ser sujetos muy tranquilos o fácilmente irritables. Su nivel de reactividad puede aumentar si se sienten incómodos o sufren migrañas.
La ansiedad social es muy común y se asocia a las personas que les resulta difícil o se sienten incómodos ante la idea de conocer a otros para hacer amigos, porque sufren

de baja autoestima y les preocupa la opinión de los demás. No se trata simplemente de una cuestión de timidez, sino de un malestar considerable que puede desencadenar en el instinto de *lucha o huida* cuando están frente a alguien que les hace sentir en peligro. Estas personas pueden experimentar un ritmo cardíaco acelerado, una respiración entrecortada y superficial y pueden experimentar muchas molestias. En los casos más extremos, pueden recluirse de la sociedad por completo.

Los síntomas del trastorno de ansiedad social son muy similares a los mencionados en la TCC sobre los pensamientos negativos: los pacientes adoptan interpretaciones negativas de las situaciones, les preocupa la interacción con los demás y suelen predecir un futuro catastrófico. Pueden tener conductas físicas que pongan de manifiesto su ansiedad, como girar los dedos en movimientos repetitivos.

La ansiedad afecta sobre todo los niveles de energía de quienes sufren ataques de pánico. Puede deteriorar el sistema inmunitario, debilitar los músculos e incluso los órganos del cuerpo, inducir el insomnio y disminuir el deseo sexual.

Los ataques de pánico pueden acarrear muchos problemas, incluyendo la pérdida de ingresos (si uno se vuelve demasiado ansioso como para ir a trabajar), baja o nula actividad física y la reducción de la interacción social. El paciente puede llegar a tener pensamientos o tendencias suicidas: en estos casos es fundamental acudir a un médico o terapeuta enseguida.

Con frecuencia, las personas que sufren ansiedad suelen recurrir a medidas autodestructivas para afrontarla: pueden autolesionarse, para así mitigar los pensamientos o en un intento de ejercer cierto control sobre su dolor.

Esto último está causado por dos tipos de ansiedad: generalizada y social. Las personas que padecen ansiedad generalizada suelen ser más propensas a autolesionarse como forma de liberar el estrés.

Quienes sufren de ansiedad social, en cambio, pueden llegar a hacerse daño para sentir una especie castigo. La forma más destructiva se encuentra en las personas que emplean esta práctica movidas por la ira: están enfadadas con ellas mismas porque sienten que no han hecho lo suficiente para evitar estar en esta situación. Pueden sentir también la necesidad de ser castigados y manifestar traumas emocionales aún más graves.

Capítulo 5 - Definir los objetivos

Los objetivos son la representación de aquello que quieres conseguir. La falta de ellos puede llevarte a pensar que no has construido nada, ya que son una forma de medir los logros.

Cuando se establecen, lo primero que hay que hacer es fijar un plazo y planear cómo alcanzarlos. Si se trata de algo muy ambicioso es aconsejable establecer una serie de metas más pequeñas para gestionar mejor la situación, apreciar los progresos y evitar la procrastinación.

¿Cómo alcanzar el éxito y tomar un rumbo en la vida?

Encuentra tu punto de vista

La función de un punto de vista es servir de motivación e inspiración, y llenarte de energía y vida. Debe guiarte y reforzar tus valores. Te ayudará a centrar tu atención y a desechar todo lo superficial o irrelevante.

A la hora de buscar tu punto de vista, debes situarte en un lugar tranquilo donde puedas considerar todas tus opciones e identificar tus objetivos. Desde allí, podrás pensar qué cosas te hacen feliz. Una vez que te plantees estos objetivos, debes asegurarte de que tu punto de vista es:

-   único: ¿se corresponde con tus pasiones? ¿Te imaginas interpretando este papel?

-   simple: debe ser claro y fácil de explicar. De esta manera, las personas podrán entenderlo y acompañarte.

-   centrado: debe ser específico y dirigido.

-   audaz: es conveniente que sea audaz y lo suficientemente abarcativo como para dar voz a todas tus capacidades y habilidades.

-   beneficioso: haz que tenga un propósito y que beneficie a otros, no sólo a ti mismo.

- coherente: debe ajustarse a tus objetivos y debes poder saber cómo alcanzarlo al punto de poder explicarle el proceso a los demás.

- inspirador: expresa tu visión de forma inspiradora e intenta atraer a otros que estén dispuestos a acompañarte.

- atractivo: tu visión debe despertar la curiosidad de tu equipo.

- Ponte objetivos alcanzables: si quieres conseguir algo en el plazo establecido, es fundamental que tus objetivos sean factibles.

Las personas que no tienen objetivos tienden a carecer de una dirección clara y dejan que la vida simplemente ocurra. Cuando tomas el control, puedes disfrutar y saber hacia dónde vas al mismo tiempo.

Cómo fijar tus objetivos

Tus metas y tus deseos deben estar alineados

A veces puedes tener metas pero no sentirte del todo motivado para alcanzarlas: el problema en este caso es que no están alineadas con tus deseos más verdaderos.
Esto sucede cuando están establecidas en base a lo que crees que debes hacer, o a lo que crees que los demás consideran que debes hacer. Pueden ser alcanzables, pero con el tiempo las abandonarás, porque no se corresponden con tus verdaderos deseos. Si las consigues, puede que incluso no lo sientas como un logro.
A la hora de establecer objetivos es importante fijarlos en función de lo que realmente quieres, tus pasiones o sueños. Esa es la prioridad, incluso antes de saber si son alcanzables o no.

Deben planificarse

No basta con saber qué es lo que quieres: es preciso apuntarlo en un papel y trazar un plan para conseguirlo. Deberás consultarlo regularmente, evaluar tus progresos y servirte de él para mantenerte enfocado.

Busca un colega que te obligue a ser responsable

Cuando compartes tus objetivos con otra persona, te das cuenta de que esto te ayuda a mantenerte focalizado.

Detecta tus objetivos relevantes

Esto significa que debes asegurarte de que lo que te propones merece la pena. Si no vale la pena perseguirlo, es probable que pierdas la motivación.

No tengas miedo de los obstáculos

Es normal que encuentres obstáculos en tu camino, debes ser capaz de anticiparlos y afrontarlos. No te rindas, estate preparado.

No procrastinar

Hay muchas razones para hacerlo:

- sentir que no es un trabajo para ti y que quieres hacer otra cosa. Son muy pocos los que aceptan cambiar su manera de afrontar labores difíciles y, en cambio, la mayoría prefiere atenerse a lo que ya conoce;
- sentirte incompetente en una actividad y, por lo tanto, tratar de evitarla para librarte de admitir tu ignorancia;
- ser perfeccionista.

Aprender nuevas conductas y comportamientos no siempre es algo agradable, pero aplazar las tareas no te ayudará a conseguir el objetivo.

Establece un sistema de recompensas

Procura tener algo que te gratifique cuando cumplas con algunos de tus objetivos más simples. Verás que abordar las tareas más difíciles será más sencillo si hay una recompensa al final.

Divide en partes y haz activamente

No temas si una de las tareas te resulta difícil: subdivídela en partes más pequeñas, así se hará más llevadera. Vuelve a ella cada día o tan a menudo como sea posible para ocuparte de las partes más molestas: terminarás familiarizándote con ellas y serás capaz de completarlas.

Toma notas y lleva un listado

Toma notas para estar seguro de que entiendes lo que hay que hacer. Revísalas todos los días, así te mantienes concentrado.

Sé responsable ante alguien

Si te obligas a hacerlo todo tú mismo, puede que te resulte difícil seguir adelante. Busca a alguien que te haga sentir responsable: te sentirás motivado a no fallar ante los demás.

¿Qué pasaría si aplazara la tarea? Esta pregunta puede acabar de convencerte para que lo hagas más rápido.

Sueña en grande

No dejes de visualizar el momento en el que alcances tus objetivos: anticipa esa sensación de satisfacción. Una vez que empiezas, cada vez es más fácil.

Deja de luchar contra ti mismo y piensa en la decepción que sentirías si no alcanzaras tu objetivo y déjate motivar por ese miedo. Si quieres que tu vida mejore, ¡no lo dejes para después!

Abandona los malos hábitos

Puede ser difícil romper con los malos hábitos, ya sea la procrastinación o cualquier otra cosa. Necesitas algo de disciplina, así que aquí tienes algunas estrategias que te ayudarán a generar esa perseverancia.

Ponte penalidades: cada vez que vuelvas a repetir ese mal hábito, pon algo de dinero en un bote. Puedes decidir que estos ahorros se destinen a una organización benéfica: el dinero es un buen incentivo porque nadie quiere despilfarrarlo.

Descubre qué es lo que desata tu hábito: si sabes qué es lo que te genera ganas de fumar, por ejemplo, no permitas que ese impulso te deje llevar.

Realiza los cambios lentamente: imponerse cambios drásticos es excesivo y te lleva inevitablemente al fracaso. No obstante, si cambias de forma gradual y sistemática, verás que tu probabilidad de éxito aumenta.

Piensa en tu antiguo hábito e imagina el nuevo que quieres adoptar: concéntrate en ello, visualiza escenarios y desarrolla una estrategia para alcanzarlos. La visualización positiva es una gran herramienta para crear nuevos patrones en la vida.

Piensa continuamente en lo bien que te sentirás cuando abandones el mal hábito: te sentirás mejor cuando dejes de fumar o de beber.

Cambia tu entorno: si el espacio y el entorno en el que estás contribuyen a tus malos hábitos, entonces cambia de lugar.

<u>Evalúate una vez que lo hayas abandonado</u>: cada vez que cedas a tu mala costumbre, toma nota y recuerda que debes dejarlo. Este recordatorio te hará ser consciente de tus puntos débiles y de tu conducta.

<u>En caso de recaída, no seas duro contigo</u>: intenta averiguar las razones y piensa en cómo podrías hacerlo mejor. Perdonarse es una forma de valorarse.

<u>Cambia tu forma de ver tus malos hábitos</u> y piensa qué es lo que te ha impedido seguir adelante mientras intentabas abandonarlos.

En la línea de salida

Si estás predispuesto al cambio, entonces el momento es ahora. Y si realmente quieres ser una persona con nuevos hábitos, objetivos y puntos de vista, lo primero tienes que hacer es cambiar de mentalidad.

Hay que concentrarse en construir la persona en la que uno quiere convertirse, que de hecho ya está dentro tuyo. Mira dentro tuyo, conoce tu forma de pensar y evalúa tus objetivos de forma crítica. Ahora es momento de desarrollar tu punto de vista y seguir todos los consejos que hemos expuesto hasta ahora.

Cuando las personas no tienen ningún objetivo se mueven sin rumbo por la vida y se sienten frustradas, enfadadas y solas.
Viven ansiosos, deprimidos y enfadados porque el mundo no les parece justo. Finalmente es así como se originan los esquemas de pensamiento negativos.
Si adoptas una mentalidad positiva, serás capaz de transformarte a ti mismo y emprender el viaje hacia un futuro mejor.

Capítulo 6 - Afrontar los pensamientos automáticos e intrusivos

Otros esquemas de pensamiento nocivos

No existe sólo un esquema de pensamiento dañino, hay otros que es importante tener en cuenta.

Los pensamientos intrusivos son aquellos que aparecen involuntariamente sin motivo alguno. Es posible que los percibas como molestos o preocupantes, pero todos los tenemos de vez en cuando. En la mayoría de los casos se los deja pasar, pero algunas personas no pueden quitárselos de la cabeza. La razón no es otra que la de que son difíciles de manejar, y es comprensible tener problemas para lidiar con ellos.

No se sabe realmente de dónde provienen estos pensamientos, pero algunas personas los tienen con bastante regularidad. Hay quienes creen que son una manifestación de problemas latentes, que uno no percibe como tales o que cree haber resuelto.
Por ejemplo, puede que tengas una relación conflictiva con tus padres. Esto no significa que hayan sido violentos, sino que estás intentando renegociar los términos de vuestra relación. Al atravesar este proceso, es posible que tengas pensamientos intrusivos que provoquen sensaciones perturbadoras o molestas, tal vez incluso dolorosas. Y puede que no puedas eliminarlos ni averiguar qué es lo que los causa.

Si bien las situaciones más dolorosas finalmente se superan, estos pensamientos pueden volverse cada vez más persistentes. Están intrincadamente aferrados y eliminarlos puede ser complicado, pero es importante trabajar en ellos.

Durante el proceso de la terapia habrás identificado tus creencias centrales - esto se puede hacer cotejándolas con algunos listados u otros enfoques profesionales que te ayuden a determinar si son pensamientos automáticos negativos o distorsiones cognitivas. Es fundamental ser capaz de distinguir esta forma de razonar de tus esquemas normales.

Afrontar los pensamientos automáticos más frecuentes

Los pensamientos automáticos negativos son aquellos que aceptas como hechos aunque no lo sean.

Aunque aparecen de forma inconsciente, pueden tener un efecto significativo en la autoestima, las conductas y la forma de interactuar con los demás.

Puede resultar difícil identificar cuáles de estos razonamientos son negativos y cuáles no.

¿Sientes ansiedad o miedo ante determinados temas o planteos? Es el resultado de los pensamientos automáticos negativos. Por ejemplo: quieres perder peso, pero temes ser objeto de burla si no lo consigues, así que nunca empiezas. Algo te detiene. No haces ejercicio, ni intentas cambiar tu estilo de vida y, quizás por eso, terminas adoptando hábitos de alimentación poco saludables. Puedes transformarlos con la ayuda de la TCC.

Tipos de pensamientos intrusivos frecuentes

Cuando te enfrentas a los *pensamientos intrusivos*, debes identificar si son negativos o no. Al observarlos, verás que se producen distorsiones cognitivas que invalidan y contradicen algunas de tus creencias centrales, sin embargo sostienes estas convicciones y tratas de imponerlas. Al igual que un antivirus en un ordenador, debes aprender a distinguir esos pensamientos de tu sistema de valores centrales para poder contrarrestar su influencia.

He aquí algunos ejemplos.

Culpa y vergüenza

La culpa está vista, en general, como una emoción negativa, especialmente cuando la usamos como arma para atacar al otro.

Va ligada a una serie de palabras en condicional que indican un sentimiento de fracaso: hacer o no hacer, debería o no debería hacer. Estos términos implican que has fallado y que debes sentirte culpable o incluso inepto. Esto puede desencadenar muchas veces una espiral de sentimientos que se expresan a través de conductas negativas. Y sin el efecto curativo de la autorrealización te tocará pasar por estas mismas situaciones muy seguido.

Veamos un ejemplo: aceptaste asistir a un evento social pero a medida que pasa el tiempo, tu reticencia aumenta. Finalmente decides no ir, pero te sientes culpable y tus amigos te lo hacen sentir. Como resultado, te sientes peor, no sólo porque te perdiste de la experiencia, sino que además heriste sus sentimientos. En este punto podrías preguntarte: si has hecho lo que tenías ganas... ¿por qué no te sientes mejor?

Siempre ocurrirá lo peor

¿Siempre tiendes a asumir que va a ocurrir lo peor? Entonces estás catastrofizando. La realidad se sale de los esquemas prestablecidos porque das por descontado el peor de los escenarios.

A lo mejor tu hijo ha ido a la tienda a comprar leche y se ha retrasado simplemente porque se ha encontrado con mucha gente en la caja. Pero tú automáticamente piensas en llamar a la policía. En este caso, estás exagerando: ¿no es más sensato analizar primero las opciones más realistas?

Razonamiento emocional

Como contrapunto al pensamiento racional, el razonamiento emocional se basa en gran medida en las emociones e influye en tu juicio mucho más de lo que debería. Se podría considerar el término un oxímoron, y es correcto: no se pueden mezclar sentimientos y pensamientos en partes iguales, y cuando permites que los primeros prevalezcan sobre los segundos, te desequilibras y te expones a un estado mental inestable. Tus emociones regirán tus acciones.

Imagina que tienes una entrevista de trabajo: aunque sabes que tienes que prepararte, informarte y tomar notas, pasas el tiempo preocupándote e imaginando escenarios en los que serás incapaz de responder a las preguntas. En vez de seguir un plan lógico para alcanzar el éxito, te estás preparando mentalmente para el fracaso.

Centrarse sólo en lo negativo

En lugar de considerar una visión equilibrada y positiva, te dejas llevar por interpretaciones negativas.

Imagina que te vas de vacaciones. Durante tu estadía en el hotel tienes algunas quejas sobre el servicio. Si piensas que no se te escucha, vas a crear un gran problema de algo que, en realidad, no es urgente. Terminas quejándote constantemente con tu cónyuge o con cualquier persona que te escuche. Todos el resto del viaje lo vas a pasar mal, incluso cuando sea algo agradable. Cuando vuelvas a tu casa, pensarás en el viaje y te recordarás quejándote de todo.

Tener una mentalidad de resentimiento

Cuando miras al pasado y piensas en las cosas que has vivido desde una perspectiva de amargura (como si dijeras "lo sabía"), estás adoptando la mentalidad del resentimiento. En lugar de experimentar una vivencia como un conjunto de enseñanzas o aprendizajes, te quedas con aquello que salió mal, o en cómo hubiera resultado mejor "si sólo"... Abandonas la posición de alguien que quiere crecer a partir de sus experiencias, para regodearte en el resentimiento.

Esta actitud tiene como resultado la culpa y el arrepentimiento.

Supongamos que hace un tiempo saliste con alguien y ya pasaste página. Bien, entonces deberías esperar lo mismo de esa persona. Sin embargo, te sientes cegado y enfadado por el deseo del otro de romper, en lugar de revisar tu parte y reflexionar sobre cómo podrías mejorar como pareja. Gastas el tiempo amargándote, te refugias en tus recuerdos y te absuelves de cualquier responsabilidad. Asumes una distorsión cognitiva en la que te ves a ti mismo como la parte perjudicada y te quedas atrapado entre el deseo de volver (al fin y al cabo, "yo no hice nada malo, ¿verdad?"), y el de hacerle sentir lo mismo que sufriste tú. Es un mecanismo tóxico, en el que te bloqueas emocionalmente, al mismo tiempo que te cubres con un velo de autocompasión.

Asumir los pensamientos de los demás

A menudo creemos saber lo que otra persona está pensando. Esto suele estar basado en una suposición negativa, una especie de resentimiento dirigido a uno mismo.

Por ejemplo, puedes tener la sensación de que alguien de quien necesitas ayuda, como un bibliotecario o un mecánico, tarda demasiado en realizar su tarea. Desde esta perspectiva, vas a tomar cada suspiro o tos como una señal de que te encuentra antipático y hasta ofensivo. No consideras que quizás se siente mal o ha tenido un mal día. Por el contrario, asumes que él o ella está siendo ofensivo contigo y reaccionas de acuerdo con ello.

Estos prejuicios, basados en un conocimiento que no puedes tener, son erróneos. La verdad es que no puedes leer la mente: solo te dejas llevar por tu propia inseguridad. Considera a las personas según su valor real: puede que se muevan lentamente, pero se ríen con tus bromas; a lo mejor te vean mejor de lo que crees.

Igualmente no ocurriría nada bueno

Al igual que la catastrofización, algunos pensamientos intrusivos se focalizan en la idea de que van a ocurrir cosas malas. Pronosticarás malos resultados, y en consecuencia evitarás situaciones que crees que no saldrán como esperabas.

Por ejemplo, has elegido no comprometerte con un equipo deportivo porque crees que los demás son mejores.

El problema soy yo

Si te tomas las cosas de modo personal, creerás que todo lo malo que te rodea tiene que ver contigo. Es una actitud muy agotadora.

Si, por ejemplo, compartes con tu padre un logro y muestra un tibio entusiasmo, probablemente pensarás que su actitud se debe a algo que has hecho mal. Empezarás a construir escenarios en los que te lo imaginas molesto o enfadado contigo. Así que le das lo que consideras un "trago de la misma medicina". Esto influye en tu comportamiento y cómo interactúas con él, mientras que podrías haberle preguntado simplemente por qué estaba molesto.

No hay término medio

Hay quienes creen que no hay término medio. Este pensamiento lleva a incurrir en un gran error, porque supone una gran desconexión de la realidad, donde rara vez una cosa o un individuo es completamente positivo o completamente negativo. Incluso las tareas que llevas a cabo las vives como victorias espectaculares o fracasos estrepitosos, sometiéndote a una gran expectativa y una fuerte presión.

Cómo liberarse de los pensamientos intrusivos

Al emprender un tratamiento de TCC, se te pedirá que empieces por identificar y ahondar en tus creencias y valores. Al reconocer este tipo de pensamientos, puedes empezar a distinguirlos de aquellos problemáticos que te influyen negativamente.

Para llevar a cabo este proceso tendrás que buscar en lo más profundo de tu ser, en tus razonamientos y emociones inconscientes, en tu intuición. Nuestras certezas e ideales básicos no son algo que tengamos presente en el día a día, hasta que iniciamos activamente el camino para descubrirlos. El hecho de buscarlos es en sí mismo una tarea que requiere paciencia y perseverancia, pero merece la pena.

Cuando comienzas a registrar tus creencias centrales, encuentras tus motivaciones y los impulsos que te llevan a actuar de una manera determinada. Esta es una parte fundamental del proceso de aprendizaje: percibir no sólo los pensamientos y sentimientos, sino también de qué manera interactúan. ¿Cómo estos mecanismos inconscientes guían tus emociones y tus acciones?

Las creencias centrales se definen como los pensamientos automáticos sobre ti mismo que consideras verdaderos. Representan el concepto de "yo" en el nivel más básico e incluyen la forma en que te piensas a ti mismo.

Tienen una enorme influencia sobre tu vida: determinan cómo te comportas, cómo esperas que se comporten los demás y también lo que crees que deberías obtener de tus relaciones (pareja, padres, hijos, amigos, etc.). Te guían por la vida e influyen en cómo toleras el maltrato de los demás o lo agresivo que puedes llegar a ser. Constituyen la causa principal de tus elecciones y tus acciones, a pesar de que no eres consciente de ello.

Residen en lo más profundo de tu ser: están en tu inconsciente y controlan tu estado emocional y tus reacciones instintivas. Es tu configuración predefinida. Es posible evitarlos, pero para ello deberás tener una mirada severa y perseverante sobre ti mismo, y aún así puede llegar a ser una tarea difícil porque es duro aceptar que has actuado con el corazón y sin embargo te has equivocado.

Puede que nunca te hayas percatado de que tus creencias centrales estaban ahí, pero cuando luchas contra la influencia del pensamiento negativo, estás emprendiendo el viaje para que salgan a la luz.

¿Cómo puede ayudar la TCC?

Es normal que uno se sienta angustiado cuando se revelan aspectos fundamentales sobre uno mismo porque, a medida que van apareciendo, también salen a la luz pensamientos negativos que te persuaden de que eres incompetente, no vales y eres un fracasado.

Reconocer tus creencias centrales no es difícil, pero el proceso en sí puede suponer algunos escollos. Es una fase sujeta a interpretación, pero el terapeuta puede ayudarte a superarla.

El primer paso es reconocer que estás notando algo, pero antes de lanzarte por completo a la experiencia, identifica y analiza el pensamiento que hay detrás de ese estado emocional. Por ejemplo, si te sientes mal cuando alguien te defrauda, observa la emoción: posiblemente esperabas que alguien se preocupara lo suficiente por tu bienestar como para prometerte algo, y puede que te sientas decepcionado, porque te sientes responsable de la falta del otro.

Puedes ir más allá de las emociones del momento puntual, remontarte a una situación en la que te hayas sentido molesto, angustiado o triste y preguntarte qué ha provocado tu estado de ánimo.

Si puedes identificar la sensación y comprender cómo pasó de la tristeza a la angustia y luego a la ira, conserva esta conciencia y observa lo que revela sobre ti. Puede que descubras que estabas desmoralizado porque no te sentías seguro frente a otras personas.

El siguiente paso es pensar en las implicaciones de esta conclusión: ¿te sientes inseguro por tu baja autoestima o te sientes poco valorado? Tal vez llegues a la conclusión de que tienes una creencia central: no le dan importancia a tus sentimientos.

Una vez que te des cuenta de esto, podrás entrar en la siguiente fase de la TCC.

Sin embargo, hay más de una manera de llegar a entender los propios procesos mentales: aquí hay algunas.

Llevar un diario

Escribir un diario es un método fácil y poco estresante para ayudarte a comprender la forma que tienes de razonar.

También es útil porque te ayuda a hacer un seguimiento de este proceso, al que puedes recurrir por motivos terapéuticos o simplemente para entender cómo ha evolucionado tu mentalidad a lo largo del tiempo. Además, a largo plazo, te permitirá identificar otros esquemas mentales o pensamientos automáticos negativos.

El primer paso es adquirir un diario. Debe ser una elección muy personal, ya sea un cuaderno para escribir o un archivo. Lo más importante, en cualquier caso, es que puedas mantener tu privacidad de forma segura.

Asegúrate de anotar tus pensamientos en un momento de tranquilidad: no intentes escribir cuando estés ocupado o distraído. Esto debería convertirse en un momento de reflexión, en el que puedas liberarte del estrés y asegurarte de no ser interrumpido. Si le dedicas algo de tiempo cada día, verás que el resultado será aún más eficaz.

Cuando estés listo para empezar, tómate un momento y concéntrate en los pensamientos que pasan por tu mente. Elige uno y síguelo, préstale atención. Identifica qué significa para ti, por qué es relevante, y trata de seguirlo hasta la creencia central que lo sustenta.

Cuanto más repitas este ejercicio, te resultará cada vez más fácil identificar las creencias centrales de tu composición emocional. No se trata de un proceso con un esquema preciso, pero intenta registrar cada entrada del diario para poder construir un cuadro mucho más sencillo y comprensible.

Lo más probable es que una entrada de tu diario tenga este aspecto:
"Ojalá Mary hubiera seguido mis instrucciones hoy. Le pedí que vaciara el lavavajillas pero no lo hizo. Me enfadé con ella, probablemente demasiado. Es sólo un lavavajillas. ¿Por qué llegar a ese punto? Es muy frustrante cuando los niños no me escuchan. Siento que tengo una gran carga de responsabilidad, pero necesito ayuda. La pido pero nadie me escucha o simplemente me recuerdan lo incompetente que soy. Siento que me ahogo. Quizás no soy lo suficientemente importante para nadie".

Aprende a reflexionar sobre ti mismo

No sólo estás reflexionando sobre ti mismo en ese momento puntual, sino que estás siguiendo tus propios esquemas de pensamiento que te llevarán a descubrir creencias centrales.

Este proceso no implica llevar ningún registro, sino que es una actividad autónoma en la que dejas que tus pensamientos fluyan y simplemente los acompañas. Es ideal para quienes no se sienten cómodos escribiendo, pero también puede ser una buena ayuda complementaria para quienes llevan un diario.

Lo importante es generar un sentimiento de aceptación y comprensión, que te permita llegar a un conocimiento profundo de quién eres y de cómo te ves realmente. La honestidad es la clave, escucharte y dar lugar a tus pensamientos. Una vez que empieces a establecer contacto con estos sentimientos, podrás adaptarlos o transformarlos en emociones o comportamientos más saludables. Sea cual sea el resultado de cada sesión, lo fundamental es que estás construyendo resiliencia y formas de profundizar en tu psiquis.

Independientemente del método que utilices, el objetivo es conocerte a ti mismo y es importante saber que este proceso podría no ser agradable. Las emociones pueden resultar demasiado vívidas cuando las evocas, pero esto es normal. Tu cuerpo y tu psiquis tienden a aferrarse a estos sentimientos mientras tú atraviesas un proceso de aceptación de la emoción y de las consecuencias que conlleva. Te enfrentas a la pena y al dolor para conocerte más a ti mismo: te estás desafiando a crecer. No te sorprendas si sientes que la opinión que tienes de ti mismo sobre ciertos temas es negativa: no es una verdad objetiva, sino simplemente una opinión que se ha formado en la sombra de una mente confundida, y se puede cambiar. Puede que acabes llorando o sintiéndote físicamente agotado y estresado, pero recuerda que es porque tu cuerpo y tu mente están intentando procesar la intensidad del trauma con el que estás luchando. La curación puede llevar tiempo y puede doler, pero al final serás más fuerte, por lo que merece la pena luchar.

Distingue tus creencias centrales positivas y negativas

El próximo paso es determinar cuáles de las creencias centrales son negativas. Tómatelo como un desafío para corregirlas.

Recuerda que estos pensamientos negativos son producto de distorsiones cognitivas, es decir, de razonamientos tan alejados de la realidad que ni siquiera deberían ser reales.

¿Cómo se define un pensamiento negativo?

Los pensamientos negativos pueden reconocerse en cualquier esquema de pensamiento que resulte conflictivo. Pueden ser el resultado de distorsiones cognitivas, en el sentido de que no son reales, o sólo ideas que te irritan.

Por ejemplo, si haces algo de lo que te avergüenzas, como robar una chocolatina de una tienda, puedes experimentar un pensamiento negativo exagerado con respecto a lo que significa ese robo. Puedes sentir que eres una persona horrible, culpable de algo incluso peor.

Este tipo de distorsión cognitiva no debe tener lugar, sino más bien ser rechazada.

Los pensamientos negativos en general transforman tus creencias centrales en algo que tiene un impacto negativo en ti. En esta etapa puedes encontrarte bloqueado, con reflexiones nocivas que te costará superar, que influyen en tus emociones y en tus comportamientos. Si les dedicas demasiado tiempo y energía, pueden tener un efecto nocivo para tu vida y para tus relaciones interpersonales. Es también un camino que te lleva directamente a la angustia.

Problemas causados por pensamientos negativos

Cuando los pensamientos negativos toman el control de tu vida, no haces otra cosa más que inundar de negatividad tu mente, tu comportamiento y tus relaciones. Esto puede socavar tu autoestima, además de causar diversos trastornos de salud mental y echar a perder tus vínculos. A pesar de ello, muchas personas tienden a pensar que no sufren estos problemas. Esta no es la mejor manera de afontarlos: si te dejas dominar por pensamientos negativos, te resultará difícil controlar tus acciones por la simple razón de que no puedes ver las consecuencias.

¿Dejarías libre a un delincuente si pensaras que se podría hacer algo al respecto? No. Entonces, ¿por qué dejar sin afrontar un pensamiento negativo? No es necesario seguir reproduciendo los mismos patrones y sentimientos negativos: tienes que hallar una forma de vida más saludable y creencias centrales más sólidas y positivas. Esto provocará cambios significativos en tu vida: serás una persona más feliz y exitosa.

Esquemas de pensamiento negativos

Puede que no siempre percibas los esquemas de pensamiento negativo cuando estés experimentando uno. Sin embargo, una manera de hacerlo es conocer y aprender sobre algunos de ellos: es una oportunidad para reconocer algunos síntomas en ti.

1. Filtración – es cuando sólo alcanzas a ver los aspectos negativos, permitiendo que determinen por completo tu forma de ver el mundo. Por ejemplo, si tomas prestada una bicicleta y luego la rompes accidentalmente, te consideras una persona incompetente y desagradecida, incluso después de disculparte y pagar los daños.

2. Pensamiento polarizado - se manifiesta cuando no existe un término medio: todo es bueno o malo, correcto o incorrecto, blanco o negro. Si no pasas un examen, te considerarás un fracaso en esa asignatura y te sentirás un mal alumno.

3. Generalización excesiva –tiendes a sacar conclusiones extremistas. Asumes que puedes hacer afirmaciones sobre toda la humanidad o sobre cualquier situación solamente porque has tenido una experiencia (limitada). Podrías afirmar que comer en los locales de McDonald's está mal, simplemente porque una vez comiste allí y tuviste una indigestión.

4. Asumir lo peor – esta clase de razonamientos se basa en la idea de que si puede ocurrir lo peor, entonces ocurrirá, a pesar de que no haya razones para creerlo. Por ejemplo, si tu hija te llama y te dice que ha tenido un accidente de coche, piensas inmediatamente en que probablemente el vehículo ha quedado destrozado y empezarás a lamentarte antes incluso de saber qué ha pasado.

5. Sacar conclusiones precipitadas - crees que sabes lo que va a pasar aunque no haya pruebas que demuestren tu teoría.

Por ejemplo, puedes estar seguro de que te van a despedir por cometer un error en tu primer día de trabajo.

6. Tomarse las cosas de manera personal — esto ocurre cuando inconscientemente asumes que eres el responsable de toda la negatividad que te rodea. Si ves a alguien molesto, te convences de que lo has ofendido. Si tu novia se muestra distante y fría, piensas que no te quiere, aunque no sea así.

7. Error de autocrítica — ocurre cuando no asumes la responsabilidad de lo que va mal, o no te haces cargo de ello. Por ejemplo, llevas a un grupo de Scouts de excursión y los conduces a través de una zona de hiedra venenosa. Estarías mostrando un error de autocrítica si dices que no fue un descuido tuyo cuando algunos aparecen con una erupción en la piel.

8. Error de equidad - piensas que todo en la vida debería ser justo, aunque sea algo imposible e incluso inmerecido. La equidad debería ser un resultado, no una imposición.

9. Culpa - si incurres en este error, señalarás a los demás como la causa de todos tus problemas y no serás capaz de admitir tu responsabilidad.

10. Debería haber hecho así — no eres capaz de percibir el mundo que te rodea porque estás obsesionado con lo que deberías o no deberías ser.

11. Razonamiento emocional - es la creencia de que algo debe ser cierto simplemente porque lo sientes así, incluso cuando la realidad te muestra otra cosa.

Por ejemplo, puedes estar convencido de que las vacunas no sirven y negárselas a tus hijos, aunque la ciencia demuestra lo contrario.

12. Error de cambio - crees que los demás deben cambiar para satisfacer tus necesidades o deseos. Si no lo hacen, te sientes confundido, te enfadas con ellos y te resulta difícil seguir adelante.

Capítulo 7 - Autoconocimiento emocional

En este libro se han tratado los factores desencadenantes, los pensamientos negativos, las distorsiones cognitivas y todas aquellas cosas que pueden causar ansiedad, angustia y miedo. Ahora es el momento de reconstituirse: estás preparado para la reestructuración cognitiva.

Hemos hablado de los ciclos de pensamiento negativos y de cómo la forma de razonar junto a las emociones y a la actitud pueden, a su vez, crear un círculo vicioso de nerviosismo, miedo y agresividad. Ahora, imagina la posibilidad de tomar estos elementos y reensamblarlos en algo nuevo y positivo.
Una vez que has sido capaz de identificar tus pensamientos negativos y positivos, ya estás preparado para probar la reestructuración cognitiva.
Esto requiere un esfuerzo significativo de tu parte: se necesita tiempo y paciencia.

Cuando adquieras una forma de pensar positiva, tendrás varias opciones ante ti: ¿cómo lograrlo? ¿Qué vas a hacer? Puedes cuestionar tus pensamientos, puedes ser consciente de tus prejuicios, puedes llevar a la práctica las afirmaciones. A medida que derribes las creencias centrales de tus pensamientos negativos, más te abrirás a nuevos pensamientos positivos.

Elaborar afirmaciones nuevas

Durante el proceso de reestructuración cognitiva es muy útil establecer afirmaciones, pero es aún más importante utilizarlas con regularidad. Si lo haces, te ayudarán a mantener los pies en la tierra cuando la ansiedad llama a tu puerta.

Se trata de frases, incluso muy cortas, que puedes utilizar para recordarte de reflexionar sobre ti mismo. Te mantienen estable y te sirven de apoyo en momentos de debilidad o angustia.

Elaborar una afirmación es bastante sencillo, pero debe cumplir algunos criterios específicos.

- Debe tratarse de ti

  La afirmación debe referirse sólo a ti, ya que es lo único sobre lo que tienes un dominio absoluto. Sólo tú puedes controlar tus reacciones y estar al tanto de tus pensamientos. Repetirte que eres bueno, fuerte y que tienes autocontrol aumenta la veracidad de la afirmación y te brinda el potencial para confirmarla.

- Centrarse en el presente

  La segunda característica que debe poseer una afirmación es que esté escrita en tiempo presente. Si se refiere al pasado podrías creer que ya no es cierta, mientras que si se dirige al futuro y afirma que vas a hacer algo, te da la posibilidad de procrastinar o evitar una situación determinada. En cambio, si te centras en el "aquí y ahora", descubrirás que las afirmaciones son mucho más poderosas porque es cuando tienes el control real.

- Mantenerse positivo

  El tercer componente clave es que la frase sea positiva: debes mantener tu pensamiento y tu cognición alejados de cualquier connotación negativa. ¿Qué diferencia hay entre "no lloro cuando me enfado" y "mantengo la calma cuando estoy enfadado"? La segunda afirmación es más motivadora y da la sensación de que la persona que la hace sabe lo que quiere y cómo conseguirlo.

  A continuación encontrarás algunos ejemplos de modelos de declaraciones que podrías usar.

  o Soy capaz de hacer las cosas que necesito para afrontar el día.

- No sucumbo a la ansiedad: respiro profundamente y la dejo pasar.
- Tengo que darme a mí mismo la misma empatía y el mismo amor que doy a otros.
- Soy digno de amor y soy bueno. Me quiero tal y como soy.
- Tengo la capacidad de superar momentos duros y difíciles.
- Soy lo suficientemente fuerte como para lidiar con mis sentimientos de ansiedad.
- Tengo el control de mí mismo y de mis pensamientos.
- Estoy a salvo y no corro peligro.
- Mantengo mi mente despejada y repito mis pensamientos positivos aunque mi ansiedad crezca.

Cómo utilizar las afirmaciones positivas

Después de haber elegido las afirmaciones, estarás listo para utilizarlas cuando las necesites. La idea es que las tengas a mano y encuentres un momento para recitarlas regularmente durante el día. Con el tiempo, esto se convertirá en algo natural: cuanto más las digas, más te convencerás de su utilidad y cada vez serán más parte tuya.

Intenta repetirlas en varias situaciones de tu vida: mientras conduces al trabajo, en el viaje en tren a casa, durante la pausa para comer o mientras esperas a que se encienda tu ordenador. Intenta recitar al menos dos de ellas unas diez veces por día. Con el tiempo, te darás cuenta de que eres capaz de recitar toda la lista de afirmaciones de memoria. Esto significa que has hecho un esfuerzo por convertir estas frases en pensamientos automáticos y deberías estar orgulloso de ello.

Conciencia plena

Al utilizar tus afirmaciones también estás practicando la conciencia plena. Puedes usarlas cuando llegues al punto en el que sientas que tu ansiedad crece y que vas perdiendo el control sobre tus emociones: recuperarás el sentido del presente, la claridad y la calma.

Al crear afirmaciones asociadas a la idea de control y de pensamientos claros, podrás dejar de guiarte por las emociones que fluyen en tu interior y ver las cosas con una perspectiva más racional. Al abrazar la lógica, eliminarás la confusión desde la raíz:

serás capaz de ponerla en tela de juicio y determinar si merece influir en cómo te sientes. Una vez que hayas logrado una estabilidad en este sentido, asegúrate de examinar y analizar tus respuestas.

Debes observarte a tí mismo y preguntarte por qué tienes esa reacción, para determinar si es razonable. Si no es así, debes detenerte y adoptar una mentalidad positiva.

No es fácil, pero cuanto más lo practiques y más evites que tus emociones te controlen, mejorarás tus hábitos, tu fuerza y tu autocuidado. Si puedes combinar estos dos aspectos de la reestructuración cognitiva, experimentarás un cambio profundo y eficaz. Incorporar las ideas y técnicas a tu vida cotidiana aliviará tu ansiedad y sus síntomas.

La coordinación conjunta de estas técnicas es útil para propiciar una reestructuración cognitiva y una mentalidad más positiva. Utilizarlas a diario, y especialmente cuando se tienen ataques de ansiedad, puede ser realmente beneficioso. Al estar atacando tus síntomas en dos frentes distintos, es de esperar que tu esfuerzo por tomar el control y tu positividad tengan éxito. Muy pronto te darás cuenta de que las manifestaciones de ansiedad disminuyen y te sentirás capaz de manejar pequeñas cosas que antes te habrían agobiado.

Existen ejercicios físicos que te darán una sensación de tranquilidad y te ayudarán a armonizar tus pensamientos calmados con un cuerpo relajado. Considera practicar estos pasos para tener la máxima confianza.

Paso 1: elige una situación desencadenante. Recuerda que estás tomando el control y que no la potenciarás reaccionando ante ella. Conecta con tus pensamientos, no hagas suposiciones y recuerda tus afirmaciones positivas.

Paso 2: mantente en contacto con el presente mientras respiras lenta y profundamente. Concéntrate en los latidos de tu corazón, en tu respiración y en cómo te sientes cuando tu cuerpo está relajado. ¿Sientes que tus pies están firmemente plantados en el suelo?

Paso 3: registra tus emociones, pero no reacciones a ellas. Puedes sentir su existencia pero no les darás ningún poder. Sé consciente de tus creencias centrales y de lo que ya has aprendido sobre las distorsiones cognitivas.

Paso 4: localiza las sensaciones en tu cuerpo: ¿cómo está tu cuerpo reaccionando a estas emociones? ¿Están localizados en algún lugar o están en todas partes? ¿Te sientes tensionado?

Paso 5: acepta tus emociones y confía en que puedes lidiar con ellas. No reacciones ante ellas, más bien enfócate en las emociones que disipan la ansiedad y respira hondo.

Paso 6: identifica lo que te dices a ti mismo que desencadena el dolor. Míralo y permite que se disocie. Aléjate de la idea de tener que sentir dolor inmediatamente, déjalo ir.

Paso 7: conéctate empáticamente de manera que puedas comprender y legitimar tus experiencias. Comprueba la realidad, tus preconceptos y tus pensamientos. ¿Estás seguro de qué es real y qué es sólo una opinión?

Paso 8: permanece en esta posición y respira normalmente hasta que sientas que puedes volver a moverte sin activar ningún impulso motivado por la ansiedad.

Habilidades sociales

Si bien la TCC y otras terapias te ayudarán a desarrollar tu inteligencia emocional, es muy importante tener en cuenta tus habilidades sociales más básicas.
Estarás más conectado cuando seas capaz de reflejarte en los demás, de empatizar, de escuchar activamente y de analizar a otras personas. Piensa en lo fácil que sería la comunicación si pudieras leer sus sentimientos sin problemas.

Mirroring

El mirroring fue la primera técnica derivada de la neurolingüística y se ha hecho muy popular.
Es como mirarse en el espejo: consiste en adoptar el mismo lenguaje corporal que tu interlocutor, ampliando en efecto las vías de comunicación con él.
Esta es una habilidad que se utiliza para ser más reconocibles o persuasivos, y te permitirá relacionarte más fácilmente.
Cuando las personas están cerca unas de otras, están más en sintonía y sus gestos se reflejan mutuamente, aunque no se lo planteen: si uno se rasca la cabeza, el otro también lo hará.

Se puede considerar este tipo de comportamiento como una forma de darle impronta a la comunicación. Te ayudará a demostrar a los demás tu capacidad de liderazgo y que eres digno de confianza.

Para reflejar el lenguaje de otra persona debes llevar a cabo tres pasos sencillos: asegurarte de que tienes conexión con la otra persona, equiparar tu ritmo con el suyo y tener en cuenta los "indicadores".

Para lograr una *conexión* hay que mostrarse de la mejor manera: como un oyente activo. Para ello, tienes que ponerte de frente al otro, establecer contacto visual y asentir con la cabeza mientras escuchas, a fin de sugerir comprensión.

A continuación, tienes que empezar a captar su *ritmo*, a detectar su forma de hablar y su modelo de discurso. ¿Habla muy rápido? Si es así, tú también deberías hacerlo. Si consigues imitarle durante un tiempo, lo más probable es que él también reaccione a tus esfuerzos de comunicación, adoptando a su vez tu ritmo de conversación.

Por último, debes ser capaz de averiguar cuál es la *acentuación* de la otra persona, es decir, qué gestos utiliza cuando intenta enfatizar: obsérvalo, y la próxima vez que vaya a repetirlo, deberás anticiparlo. De este modo, le impones un acto reflejo: ahora es él quien te está reflejando. Ahora, sólo te queda esperar y ver si tuviste éxito: para comprobarlo, notarás que él o ella también reproduce tus gestos.

Si lo haces bien, la estrategia del mirroring puede generar un acuerdo.

Si logras hacer correctamente estas tres acciones, podrás convencer a los demás de que realmente los conoces bien, y se sentirán cómodos en tu presencia. Serás capaz de fortalecer los vínculos.

La empatía no es una habilidad que se aprende fácilmente: para algunas personas es algo natural, pero si no es así, necesitarás mucha práctica.

Es un tema sensible e influye en tu capacidad para relacionarte con los demás. Hay que saber cómo comunicarse, para conocer mejor a los demás y comprender sus estándares.

Para empezar a adquirir empatía, hay que ponerse en el lugar de la otra persona. Este proceso puede parecer forzado, pero es de gran importancia. Si estás tomando conciencia de la perspectiva de los demás, deberías ser más receptivo a sus sentimientos. Y al adquirir esta comprensión, empatizarás con ellos: es un signo de inteligencia emocional en desarrollo.

Contacto visual

Establecer contacto visual con los demás es una habilidad fundamental. Cuando lo haces de forma saludable y relajada, es como si reconocieras la existencia del otro, haciéndole ver lo importante que eres para él.

Hay un porcentaje mínimo de interacciones en las que se debe establecer contacto visual: el 40% cuando se habla y el 70% del tiempo cuando se escucha.

Si te resulta difícil mirar a los ojos a la otra persona, puedes intentar mirar el puente de su nariz.

Escucha activa

Mucha gente no se molesta en escuchar, o lo hace con la simple intención de responder.

Si quieres que te consideren una persona inteligente emocionalmente, debes tener otra importante habilidad social: ser un oyente activo. Esto es asegurarte de que la otra persona se sienta reconocida, porque tu propósito es entenderla.

Lo único que tienes que hacer es establecer contacto visual con el otro y prestarle el 100% de tu atención. Para demostrarlo, también puedes asentir con la cabeza.

Al responder, una buena idea es resumir lo que el otro acaba de decir y luego expresar tu opinión.

Lenguaje corporal

Otra habilidad que no puede ser enseñada es el lenguaje corporal. Cuando eres capaz de leerlo en otras personas, estás abriendo caminos para entenderlas mejor.

No es una ciencia exacta pero se pueden interpretar las señales no verbales e intentar percibir si están cómodos, abiertos o tranquilos. Prueba adaptar tu estado de ánimo al suyo: este tipo de intercambio ayuda a establecer una buena comunicación.

Conclusión

Gracias por tomarte el tiempo en esta lectura - espero que haya sido enriquecedora.

Se describieron los principios de la terapia cognitivo-conductual, un método que puede llegar a ser muy eficaz para resolver diversos trastornos psicológicos, como la depresión, la ansiedad, el estrés, los trastornos de la personalidad, las adicciones y otros.

Es muy importante recordar que este tipo de tratamiento sólo funciona cuando existe un vínculo sano entre el terapeuta y el paciente. El paciente debe ser riguroso con sus responsabilidades y tareas. Si no se hace nada entre una sesión y otra, no se conseguirá ningún resultado.

Las herramientas de esta terapia son capaces de modificar los modelos negativos de pensamiento y el comportamiento disfuncional, y permiten el desarrollo de una mentalidad más evolucionada y mejores resultados.

Si necesitas ponerte en contacto con un profesional cualificado de TCC, no dudes en empezar por leer todo el material que esté a tu alcance sobre este tema. Hay muchos artículos e información disponible en Internet o en las bibliotecas. También puedes probar algunas estrategias por tu cuenta. Si tienes problemas graves y no consigues avanzar, ponte en contacto con un especialista en salud mental.

Psicología Oscura y manipulación

El Arte de la persuasión mental y la PNL Oscura | Técnicas secretas de comunicación persuasiva, lenguaje corporal y control mental | Convencer e influir

"En casi todos los actos de nuestra vida cotidiana, ya sea en la esfera política o de los negocios, en nuestra conducta social o en nuestro pensamiento ético, estamos gobernados por un número relativamente pequeño de personas... que comprenden los procesos mentales y los patrones sociales de las masas.
Ellos son los que mueven los hilos que controlan la mente pública".

- Edward Bernays -
PROPAGANDA

Introducción

Felicidades por haber descargado "Psicología Oscura y manipulación: el arte de la persuasión mental y la PNL Oscura | Técnicas secretas de comunicación persuasiva, lenguaje corporal y control mental | Convencer e influir".

En los capítulos siguientes se hablará de cómo y dónde se encuentra la Psicología Oscura en la vida diaria y del tipo de personas que utilizan estas técnicas en su beneficio. Descubrirás que se pone de manifiesto a través de un espectro, y que todos los seres humanos poseen una dosis de maldad, sólo que algunos están genéticamente inclinados a manifestarla más. También se abordará la importancia y la aplicación de la sempiterna teoría darwiniana de la "supervivencia del más fuerte".

Harás un viaje al pasado para observar el impacto de los principales acontecimientos que contribuyeron en gran medida a la aparición de la Psicología Oscura, realizando un estudio de los patrones de comportamiento humano y su alineación con ella, para que sea más fácil descifrar sus señales.

En el capítulo "La Tríada Oscura", te sumergirás en los rasgos característicos de la trinidad profana del narcisismo, el maquiavelismo y la psicopatía. Aprenderás cuándo y cómo el amor propio se convierte en un desequilibrio. Viajarás virtualmente a la Italia de 1500 para conocer a Nicolás Maquiavelo, cuyos consejos para ser un líder poderoso dieron origen a dictadores como Adolf Hitler y Joseph Stalin, y conocerás el resultado del Test de Psicopatía de uno de los asesinos en serie más conocidos de la historia: Ted Bundy.

Vas a conocer datos sorprendentes sobre la programación neurolingüística y sobre cómo alguien puede programarte para que pienses y actúes de acuerdo con señales específicas. También descubrirás cómo las personas pueden crear "anclajes" en tu mente para influir en tus pensamientos y comportamientos. El poder de la comunicación no verbal y el lenguaje corporal se explicarán en profundidad en el capítulo "PNL".

En la sección "Control Mental" verás cómo los predadores, utilizando la psicología oscura, ejercen su poder sobre los pensamientos y actitudes de los demás. También cómo un gran número de jóvenes susceptibles y vulnerables se convierten en extremistas religiosos gracias al lavado de cerebro, ayudados por la irrupción de la tecnología.

Es posible que cambies tu percepción sobre la persuasión y descubras algunas de las tácticas para utilizarla en tu beneficio personal. Puede resultar chocante darse cuenta de que has sido manipulado para tomar una determinada decisión, incluso en contra de tus propios intereses. La descripción y el análisis de las artes oscuras de la Manipulación te abrirán los ojos ante la oscuridad que impera en el mundo, pero no te preocupes: este libro propone varios consejos para desenmascarar a una persona manipuladora y protegerse de ellas. Además, en estas páginas encontrarás sugerencias y técnicas de autodefensa con algunos ejemplos.

Hay muchos volúmenes sobre este tema, así que gracias de nuevo por elegir éste. Detrás hay un gran esfuerzo para proporcionar información completa y útil. ¡Disfruta la lectura!

Capítulo 1: Los fundamentos de la Psicología Oscura

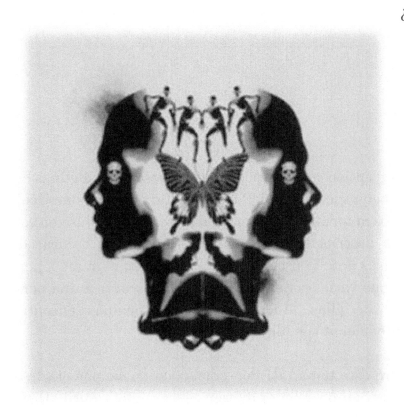

¿Te has visto alguna vez en la situación de que alguien se lleve la mejor parte de un negocio sin que puedas hacer nada al respecto? ¿Alguna vez te han convencido de hacer algo que, visto en retrospectiva, nunca habrías hecho porque no es propio de ti? ¿Has estado alguna vez en una relación con alguien que, a pesar de no ser la persona adecuada, ejercía un poder tan grande sobre ti que te mantenía aferrado como por un imán?

Si has respondido afirmativamente a una o varias de estas preguntas, significa que, al menos una vez en tu vida, has sido testigo directo de la ciencia y las artes de la Psicología Oscura. Sigue leyendo, porque estás a punto de conocer toda una nueva dimensión de la psicología humana con la que te encuentras a diario y ¡debes protegerte!

La mayoría de nosotros tenemos una noción general de la psicología (entendida como el estudio del comportamiento, el modo de pensar, la forma de actuar y de interactuar del ser humano), pero para muchos el concepto de Psicología Oscura podría parecer nuevo. En pocas palabras, se trata de una especie de "magia negra" practicada por personas que ejercen una poderosa influencia sobre nosotros, con el objetivo de inducirnos mediante tácticas de manipulación, coacción y persuasión.

La Psicología Oscura se encarga del estudio de los modelos de conducta propios del ser humano, y lleva a algunos sujetos a acosar a otras personas y a todos los seres vivos en general. Cualquier persona podría ser culpable de cometer crímenes y actos atroces pero, mientras la mayoría consigue reprimir estos impulsos, otros abrazan estas tendencias y se ven involucrados en actos repudiables. En la mayoría de los casos, el comportamiento abusivo está motivado por un fin, aunque otras veces uno es atacado por pura irracionalidad, sin motivo alguno de parte del agresor.

La Psicología Oscura postula que cada uno de nosotros tiene un atisbo de intención malévola hacia los demás: puede ser incluso un pensamiento fugaz, que pierde la animosidad antes de convertirse en un comportamiento violento injustificado. Este concepto se conoce como Continuum Oscuro: se trata de un espectro que abarca todos los comportamientos criminales, perversos y agresivos de la psiquis humana, incluidos los pensamientos, sentimientos y acciones cometidos contra otros y/o experimentados por ciertos individuos. Puede oscilar entre manifestaciones graves y moderadas, tengan o no un propósito. La escala de gravedad se define en función de la victimización, teniendo en cuenta los pensamientos y las acciones cometidas.

Además del Continuum Oscuro podemos encontrar la *Singularidad Oscura*. Puede ser definida como una zona en la que el espacio y el tiempo están distorsionados por las fuerzas gravitatorias, como el centro de un agujero negro tan denso que ni siquiera la luz puede escapar. Del mismo modo, se considera que es el centro absoluto de la Psicología Oscura, compuesto de maldad en estado puro y perversión ilimitada. Sólo lo puede llevar a cabo un individuo con una situación psicológica grave en fase avanzada, que victimiza a los demás con acciones ilógicas. El comportamiento humano siempre está guiado por un sentido consistente, por lo que la Singularidad Oscura es un supuesto teórico fuera de toda humanidad.

Alfred Adler fue un destacado psicólogo, médico y filósofo, contemporáneo de Sigmund Freud y Carl Jung. Postuló que todos los comportamientos humanos tienen un propósito: desde el momento en que nacemos hasta nuestra muerte, todo lo que pensamos, sentimos o hacemos tiene un objetivo. Sin embargo, creía que incluso los comportamientos malévolos tienen un propósito para quien los comete, al igual que los actos de benevolencia sirven para que una persona sea acogida por la sociedad.

El comportamiento humano funcionalmente sano se debe a una fuerte necesidad de ser aceptado por los demás y a un sentimiento de pertenencia a algo. Los seres humanos somos criaturas sociales, pero cuando alguien pierde su sentido de comunidad, tiende a alejarse de su propósito de pertenencia.

Seamos claros: nadie nace siendo un criminal, pero todo el mundo tiene algo de malicia en su interior. Puede aparecer en circunstancias límites en las que hay que recurrir a la supervivencia, como la falta de alimento o refugio, u otras situaciones traumáticas. El problema es que, en algunas ocasiones, ciertas personas sucumben completamente a su lado oscuro y cometen crímenes atroces sin ninguna razón: no actúan motivados por razones económicas, sociales o de poder. No actúan por motivaciones económicas, sociales o de poder. Estos individuos son los seres más perversos de la sociedad, y actúan apoyándose en su propio comportamiento predador e hiriendo sin piedad a los demás.

Dado que el ser humano tiende a aislarse cuando está desanimado, su tendencia a cometer actos violentos contra la comunidad se torna cada vez más fuerte. Un ejemplo de ello sería el narcisista patológico: extremadamente egoísta, se complace en la victimización y está decidido a aprovecharse de su presa sin sentir ningún remordimiento o culpa.

Adler se refirió a la trinidad de la condición humana (que comprende los pensamientos, los sentimientos y el comportamiento) como la "constelación", y añadió la elaboración subjetiva a este sistema para establecer su segundo principio teórico de la Psicología Oscura.

Por ejemplo, piensa en tus ojos como la realidad y en tus gafas de sol como el filtro que distorsiona lo que ves: tus "gafas perceptivas" tienden a alterar la forma en que interpretas los datos de la realidad.

"Cuanto *mayor es el sentimiento de inferioridad que se ha experimentado, más poderosa es la necesidad de conquistar y más violenta se vuelve la alteración emocional.*"
- Alfred Adler -

La Psicología Oscura trata de identificar la responsabilidad de la conciencia humana en la realización de un comportamiento predador. Algunas de las características de estas tendencias de comportamiento son la falta de razón y motivación, la universalidad y la imprevisibilidad. El ser humano ha evolucionado en relación a otros animales, pero no nos hemos deshecho por completo de nuestros instintos más primarios, como nuestra naturaleza predadora. Los tres instintos primarios conocidos en el ser humano son: el instinto sexual, la agresividad y la tendencia a perpetrar la raza humana.

La teoría de la "ley del más fuerte" de Charles Darwin es la norma que rige a todo el planeta, incluso a la procreación y al sustento de la progenie. Todas las formas de vida se dedican a perseguir este objetivo primario. Tanto si se trata de un león que lucha por hacer valer su derecho a aparearse, como de un simple ser humano que quiere ampliar su familia, la supervivencia de la progenie requiere marcar y proteger un territorio. Habrás visto alguna vez documentales en los que una inocente e indefensa gacela es atacada por depredadores más grandes y fuertes, y puede que hayas sentido pena por ella. Este violento episodio obedece armónicamente a nuestro modelo evolutivo: el depredador mata para alimentarse, y a menudo son los machos los que pelean entre sí por el poder y para marcar su territorio. Todos estos son actos violentos explicados y previsibles según el modelo evolutivo, pero no tienen nada que ver con la Psicología Oscura.

Nuestra capacidad para procesar información compleja y adquirir perspectiva nos ha llevado a utilizar las formas de vida y su grado de brutalidad como puntos de referencia. Pero un gran poder conlleva una gran responsabilidad y, en este planeta, las únicas aplicaciones de la Psicología Oscura que se conocen hasta ahora provienen del comportamiento humano: sólo nuestra especie explota a sus semejantes no para procrear, sino por otras razones. Se puede llegar a entender la brutalidad con la que algunos actúan por la necesidad de mantener la especie, sobrevivir y prosperar, pero también se cometen crímenes sin motivo alguno debido a las tendencias psicopáticas del comportamiento predador.

La Psicología Oscura afirma que hay algo en la mente humana que dicta nuestras acciones, a veces en contra del modelo evolutivo: es un fenómeno planetario, porque todo el mundo tiene un lado malo. Es una parte inexplicable de tu ser, y no tiene ninguna justificación. Algunas personas son más propensas que otras a cometer actos horribles, como una violación o un asesinato, sin necesidad de algo que lo desencadene, pero no se puede saber quiénes son. La Psicología Oscura se dedica al análisis de los elementos que llevan a algunos individuos a actuar como predadores sin ninguna motivación.

Todos hemos sido víctimas de individuos predadores alguna vez en la vida, así que no te sientas humillado. Sin embargo, la malicia latente que poseemos aún no se comprende del todo, y la Psicología Oscura espera la posibilidad de alcanzarnos en un momento de debilidad. Pensemos en la caza: hay quienes disfrutan disparando a animales indefensos por deporte a pesar de ser un acto cruel, insensato y psicopático, pero está normalizado por la sociedad. Estudios recientes han descubierto que quienes han maltratado a los animales son más propensos a cometer actos de violencia contra otras personas. Cazar por diversión provoca una euforia en el individuo implicado, que a menudo termina convirtiendo el pasatiempo en una adicción.

Los animales sólo matan para alimentarse o para defenderse, como dicta el modelo evolutivo. Los humanos, en cambio, por su "vestigio" de malicia, están siempre a un paso de dejarse llevar por las fuerzas de la Psicología Oscura y cometer un acto de violencia injustificado.

Lo más moderado del Continuum Oscuro puede verse en el aumento de los niveles de violencia en los videojuegos, que han sustituido al juego tradicional al aire libre. Otro ejemplo es la vandalización deliberada de la propiedad ajena sin un propósito claro. La tendencia de los niños a jugar videojuegos violentos y a destrozar la propiedad ajena está en un nivel medio en comparación con otros actos de violencia, pero sigue siendo un claro ejemplo de la universalidad del lado oscuro.

La humanidad está haciendo enormes esfuerzos para confirmar la presencia de la Psicología Oscura, a pesar de que sus fuerzas operan discretamente.

Algunas religiones lo definen directamente como una manifestación de Satanás. En algunas culturas, la existencia de demonios se considera responsable de acciones violentas y perversas; en otras, esta tendencia oscura viene atribuida a rasgos hereditarios transmitidos de generación en generación.

Nuestra inclinación a rechazar la idea de que hay fuerzas violentas en nuestro interior nace del afán de sobrevivir dentro de los límites de las normas sociales. Sin embargo, en algunas religiones, la violencia contra los demás se considera el cumplimiento del mandato de Dios de identificar y castigar a los pecadores.

La psicología oscura es como la tela de araña que intenta abarcar todas las teorías anteriores sobre la victimización humana y darlas a conocer, para que los demás tomen conciencia. Cuanto mayor sea tu comprensión, estarás mejor preparado para que las posibilidades de ser víctima de los predadores sean mínimas.

A continuación se enumeran sus principales fundamentos.

- Es el estudio de los patrones del comportamiento humano innatos, ya que hace foco en la naturaleza psicológica de los individuos que persiguen a otras personas y seres vivos. La idea es que cuanto más una persona esté en contacto con el mal, más probable será que realice actos injustificados e ilógicos.

- Toda la raza humana, independientemente del género, la religión o la cultura, posee una reserva de intenciones malévolas hacia los demás. Incluso puede ser un pensamiento fugaz que se desvanece antes de convertirse en un comportamiento psicopático. Hasta la persona más benévola tiene este lado oscuro, pero quizás nunca lo ha exteriorizado.

- Esta malicia puede ser subestimada en su forma latente debido a su propensión a ser confundida con un trastorno psicológico. La historia está repleta de ejemplos en los que esta inclinación oculta se convierte en un comportamiento destructivo después de haberse activado. Hay un continuo de intensidad que va desde el simple pensamiento de actuar violentamente, hasta herir gravemente a alguien sin ningún fin o motivación.

- Todos los individuos tienen el potencial de ejercer la violencia. Diversos factores externos e internos propios de la raza humana influyen en la probabilidad de que se manifieste en comportamientos peligrosos e irracionales.

- Conocer los conceptos de la Psicología Oscura te permitirá detectar y disminuir los peligros para la sociedad de las tendencias malignas latentes. Asumir estos conceptos forma parte del modelo evolutivo de la supervivencia del más fuerte.

Gracias a estos conocimientos, ahora estás más capacitado para protegerte a ti mismo y a los que te rodean. Sigue leyendo, porque el asunto se analizará con más detalle y descubrirás valiosas armas contra posibles predadores. Te sentirás más consciente e inspirado para instruir a otros sobre cómo defenderse.

Capítulo 2: Antecedentes históricos de la Psicología Oscura

Desde el comienzo de la historia documentada, las atrocidades que el ser humano ha infligido a otros seres de su misma especie se han repetido constantemente.

Datos históricos de acciones atroces contra la humanidad, que aún hoy se perpetran, han dejado un impacto indeleble sobre nuestra sociedad.

Un ejemplo es el Holocausto, en el que millones de judíos fueron asesinados como víctimas de un genocidio sistemático. Los nazis los consideraban *Untermenshen*, o infrahumanos, y de ese modo los excluyeron del sistema de derechos y obligaciones morales de la sociedad civil.

Más de setenta millones de civiles perdieron la vida en la Segunda Guerra Mundial, y otros millones murieron en combate. Muchos morían quemados vivos por las bombas, antes de que las armas nucleares dañaran irremediablemente el planeta.

Fue la manifestación de la Psicología Oscura de ciertas personas en posiciones de poder lo que hizo posible esta carnicería. El ascenso al poder de Hitler en la Alemania nazi se debe en parte a su capacidad para normalizar la Psicología Oscura a los ojos de la comunidad, demonizando a sus enemigos y haciéndolos aparecer como una raza inferior: es moralmente incorrecto matar a otras personas, pero ¿se puede decir lo mismo cuando las víctimas son consideradas como bestias?

Durante el Holocausto y el Tercer Reich, Hitler ordenó la realización de una serie de experimentos con judíos, rusos, gitanos y otros grupos perseguidos. Estos tuvieron lugar en campos de concentración y provocaron deformaciones, lesiones permanentes y muertes. El programa de eutanasia de Hitler asesinó en cámaras de gas a más de 200.000 personas con discapacidades mentales o físicas, sólo porque se consideraban imposibilitadas para trabajar.

Se llevaron a cabo experimentos perturbadores, como intentos de manipulación genética de gemelos, esterilización, exposición a gases nocivos, trasplantes de nervios, músculos y huesos, y otros crímenes contra la humanidad.

Tras el final de la Segunda Guerra Mundial y la derrota de Alemania, estos horrendos actos fueron juzgados durante los Juicios de Núremberg, celebrados en 1946: veinte médicos fueron condenados. También nació el Código de Nuremberg, destinado a la ética médica. En el proceso salieron a la luz detalles aún más escabrosos del trabajo de los médicos: a algunas de las víctimas se les privó de oxígeno para simular que eran rescatadas desde grandes alturas, otras fueron expuestas a gases que les causaron graves quemaduras internas y externas, otras murieron congeladas. Varios sufrieron picaduras de mosquitos infectados de malaria o apuñalados con trozos de vidrio o madera y luego mal suturados.

La Psicología Oscura detrás de los autores de esta masacre es por lo menos escalofriante: para los nazis, los judíos eran ratas de laboratorio, presas fáciles de capturar y tratar inhumanamente, a menudo comparadas con alimañas.

En 1943, Hitler proclamó: *"Hoy el judaísmo internacional es el fermento de la descomposición de los pueblos y los estados, como lo fue en la antigüedad. Seguirá siendo así hasta que la gente encuentre la fuerza para liberarse de este virus".*

La deshumanización del enemigo permitió a los soldados y oficiales alemanes actuar según una visión inhumana, pero no fueron los únicos en la historia.

En el antiguo Egipto y en la antigua China, los enemigos en los libros eran descriptos a menudo como criaturas inhumanas.

El Ejército Rojo de Stalin describió a los alemanes como "sustitutos humanos", es decir, "animales de dos patas que han aprendido las técnicas de la guerra". El poeta ruso-hebreo Ilya Ehrenburg contribuyó de forma importante a alimentar el clamor de esta propaganda, escribiendo "Si matas a un alemán, mata también a otro: no hay nada más gracioso que un montón de cadáveres alemanes". Tras la derrota de Alemania en la Segunda Guerra Mundial, el Ejército Rojo causó estragos al entrar en territorio alemán desde el este. En una noche fueron asesinadas 72 mujeres, muchas de las cuales habían sido violadas previamente. Algunas de las víctimas fueron crucificadas y un hombre fue dado de comer a los cerdos.

Un ejemplo más reciente de la manifestación de la Psicología Oscura en nuestra sociedad es el Genocidio en Ruanda, que causó 800.000 muertes en poco más de 100 días, a manos de los extremistas hutus. La mayoría de los ruandeses son hutus, pero la minoría tutsi siempre ha controlado el territorio y, en 1994, atacó a sus oponentes políticos. Las milicias recibieron una lista de personas que debían ser asesinadas, y se pidió a la población que añadiera su grupo étnico a sus documentos de identidad para facilitar la masacre. Miles de mujeres tutsis fueron reducidas a esclavas sexuales.

Los hutus despojaron a sus víctimas de todo rasgo humano, comparándolas con cucarachas, y declarando por radio la muerte de personajes importantes. El conflicto traspasó las fronteras de varias regiones africanas, provocando unos cinco millones de muertos hasta 2003.

El Holocausto y el Genocidio de Ruanda proporcionan una visión desgarradora del mundo de la Psicología Oscura, destacando la figura de uno o varios individuos con predilección por el sadismo. Sus acciones fueron de tan vastas proporciones que el mundo entero fue testigo de ellas.

Otro acontecimiento que ocupó los titulares fue el caso del despiadado y notorio asesino en serie Ted Bundy. La cobertura que los medios de comunicación dieron a su persona y a sus crímenes fue casi hipnótica, en gran medida por la disposición de Bundy a conceder entrevistas y proporcionar detalles de sus actos. Se le relacionó con unos 100 asesinatos, pero sólo se le acusó de 30. Pasó mucho tiempo en el corredor de la muerte tras ser condenado.

Se llevó a cabo un detallado análisis psicológico de él para tratar de entender la posible motivación detrás de los horribles actos del asesino en serie más peligroso que jamás haya sido encarcelado.

Un aspecto sorprendente de su larga trayectoria asesina es que evolucionó con el tiempo: Bundy admitió que, al principio, sus crímenes eran oportunistas y los llevaba a cabo con torpeza. Sin embargo, sus métodos evolucionaron, volviéndose más planificados, elaborados y detallistas. De hecho, se le describió como un "camaleón" gracias a su capacidad para alterar su apariencia física con sutiles pero minuciosos trucos. También era capaz de ocultar sus intenciones, engatusando a sus víctimas con sus modales amables y su buena apariencia.

Otro rasgo importante de la Psicología Oscura es el engaño: los análisis exhaustivos sobre los patrones con que Bundy actuaba, proporcionaron una idea muy precisa acerca de los rasgos psicológicos de los asesinos en serie. Se sabe, de hecho, que la mayoría de sus presas lo encontraban muy atractivo: Bundy era muy consciente del poder de la percepción y de la imagen pública, por lo que construyó una fachada de carisma y seducción falsa. Era capaz de hacer que sus víctimas se sintieran a gusto y seducirlas antes de atacarlas y matarlas a sangre fría.

Los psicópatas de este tipo tienden a desvincularse de la realidad y, en consecuencia, también de sus acciones. De hecho, mostró un profundo sadismo y narcisismo en la forma en que torturaba a sus presas, fotografiando sus cadáveres y refiriéndose a menudo a sí mismo en tercera persona.

"Por "asesinatos en serie" se entiende una serie de tres o más asesinatos, de los cuales al menos uno fue cometido dentro de los Estados Unidos, con características comunes tales que sugieren la posibilidad de que los crímenes hayan sido cometidos por el mismo autor o los mismos autores."
Oficina Federal de Investigación de los Estados Unidos (FBI)

Otro narcisista que dejó su huella en la historia fue el autoproclamado curandero de Rusia: Grigorij Rasputin. El famoso "monje loco" se apartó de las creencias de los Chlysty (los Flagelantes), afirmando que el desenfreno prolongado que lleva al agotamiento sexual era la mejor manera de sentirse cerca de Dios. Su reputación indecente le valió el nombre de Rasputín, que se cree que es la palabra rusa para "depravado".

Tras su infructuoso intento de convertirse en monje y haberse casado con Proskovya Fyodorovna Dubrovina a la edad de 19 años, dejó su pueblo y su familia y emprendió una larga peregrinación al Monte Athos y a Jerusalén. Vivía de las donaciones de los campesinos, que le adoraban por sus autoproclamados poderes místicos que le permitían predecir el futuro y curar a los enfermos.

Rasputín viajó posteriormente a San Petersburgo, una ciudad que consideraba al misticismo como una forma de entretenimiento, donde fue recibido con los brazos abiertos. La familia real rusa, en particular Nicolás II y su esposa Aleksandra, acudieron a él para que aplicara sus poderes curativos a su hijo, que sufría numerosas hemorragias. Rasputín pudo aliviar la enfermedad del niño y advirtió a la realeza de que sus destinos estaban inextricablemente unidos al suyo, lo que le convirtió en un fiel aliado de los zares y en una figura muy influyente en los asuntos de Estado.

Fuera del palacio real, mantuvo sus hábitos lascivos, predicando que el contacto físico tenía un efecto purificador y curativo. Su inexplicable capacidad de ser ángel y demonio al mismo tiempo no disminuyó su impresionante influencia: podía inducir a las personas a un estado de trance tal que las volvía sugestionables, la primera experiencia sobre el uso de la hipnosis de la que se tiene constancia. Se cree que, con esta técnica, era capaz de provocar en sus víctimas profundos sentimientos de calma y tranquilidad, convirtiéndose así en el precursor de los curanderos modernos. Rasputín dominaba las artes de la inteligencia emocional, haciendo que sus presas no fueran conscientes del poder y el control que tenía sobre ellas. Parecía tener un aura mística a la que la gente no podía resistirse.

La Psicología Oscura de la influencia carismática está muy presente también en el mundo actual. Estos predadores atraen a las masas para que crean que poseen algún tipo de sabiduría secreta, valiéndose de una espiritualidad falsa.

El Estudio de Obediencia de Milgram de 1960 reveló que personas normales, alentadas por una figura de autoridad, eran capaces de torturar a otros seres humanos mediante un experimento que utilizaba niveles de electricidad potencialmente letales. Los sujetos resultaron ser más obedientes de lo esperado.

Este experimento sirve para recordar la presencia de una reserva de maldad dentro de cada uno de nosotros y la posibilidad de que los rasgos oscuros se apoderen de nuestra personalidad.

Los logros de Milgram también fueron confirmados por el Experimento de la Prisión de Stanford en 1971, uno de los más controvertidos de la historia.

Varios estudiantes universitarios de clase media se ofrecieron como voluntarios para este estudio, y fueron seleccionados en función de su situación familiar, salud y estado mental. A continuación, se agruparon aleatoriamente en guardias y prisioneros, pero a los guardias no se les dio ninguna instrucción sobre cómo proceder, por lo que instintivamente empezaron a humillar y maltratar psicológicamente a los prisioneros en menos de 24 horas desde el inicio del experimento. Los prisioneros al principio se rebelaron, pero luego comenzaron a actuar de forma dócil, incluso pasiva. El comportamiento humano mostrado por ambos grupos fue tan extremo que el experimento terminó tras sólo seis días, en lugar de dos semanas como se había previsto inicialmente. El resultado demostró la facilidad con la que personas normales en un papel de autoridad pueden convertirse en opresores despiadados en cuestión de horas.

Se puede deducir que los seres humanos pueden ser fácilmente influenciados para deshumanizar a los demás, lo cual es una estratagema de la psiquis humana para justificar su comportamiento predador. El asesinato y la tortura son tabúes universales, pero matar "animales" para comer o incluso por deporte está aceptado en muchas culturas.

Los estudios neurocientíficos realizados por la Universidad de Princeton han demostrado que la deshumanización desactiva las regiones cerebrales que corresponden a la empatía y activa las asociadas al rechazo. Cuando una persona pasa de un extremo al otro del Continuum Oscuro y pierde la noción de ser, deja de tener miedo a la muerte y es más probable que cometa crímenes contra la humanidad. El ejemplo más reciente de estas inclinaciones puede verse en la violencia perpetrada contra los inmigrantes musulmanes y mexicanos en los Estados Unidos de América o el uso de la racionalización radical por parte de grupos terroristas como el ISIS.

Las organizaciones terroristas utilizan el lavado de cerebro para reclutar y retener a sus seguidores, a los que se los atrae con una retórica política y religiosa extremista. La disponibilidad y el uso de la tecnología moderna han dado velocidad y difusión a los programas enfermizos de estos terroristas.

Históricamente, el lavado de cerebro necesitaba la proximidad física para llevarse a cabo, o por lo menos de reuniones. Sin embargo, con la llegada de Internet, se puede llegar a un público mucho más amplio con sólo unos clics. A menudo denominados virales, los vídeos de propaganda son difundidos por estos mercaderes del terror como una especie de versión moderna de los métodos de adoctrinamiento ya probados hace siglos.

Estos métodos tecnológicamente innovadores consiguen que los seguidores cometan voluntariamente y enceguecidos actos violentos, arriesgando incluso su propia vida. Cada vez se registran más atentados en lugares públicos concurridos como bares, clubes o supermercados. Sería una tontería subestimar la gravedad de este problema: los jóvenes viven su vida en Internet y son muy susceptibles a estas técnicas de lavado de cerebro. Hay quienes dejan atrás sus hogares, familias y vidas de confort para ir a morir en una guerra que no les pertenece. La propaganda extremista ha incitado a individuos con trastornos mentales a cometer crímenes contra su propia comunidad o incluso su propia nación, lo que ha dado lugar a atentados aislados.

Internet desempeña un papel fundamental y es nuestra responsabilidad velar por su buen uso. Las organizaciones terroristas han conseguido actualizar la manera de aplicar el lavado de cerebro para que funcione con éxito en la red. Los individuos más vulnerables son fácilmente encontrados e "intoxicados" por las opiniones extremistas. Luego son asignados a miembros específicos del grupo para que sean persuadidos a que crean en la propaganda política/religiosa, de forma lenta y metódica. Los actos y pensamientos repudiaables quedan ocultos hasta que la víctima está dispuesta a aceptarlos.

Las metodologías están probadas y consisten en presentar su retórica absurda como una solución utópica al sufrimiento personal de las víctimas, un antídoto para todo lo que está mal en el mundo. Se utilizan vídeos y fotos engañosos para mostrar una imagen distorsionada de injusticia social y una versión muy sesgada de la vida.

El resultado es que el voluntario suele sentirse afortunado y agradecido por haber sido aceptado por la organización terrorista. A menudo se trata de individuos marginados de la sociedad a una edad temprana, con una mentalidad muy susceptible, jóvenes resentidos que atraviesan crisis de identidad: es más fácil estimular su lado oscuro latente y utilizarlo para crear odio y conflicto dentro de su comunidad, usándolos como armas de destrucción masiva.

El antídoto para salvar a la juventud está en manos de nuestros líderes y autoridades en general, por lo que debemos aspirar a preservar los valores de inclusión, respeto y pluralismo. Tenemos que alejarnos del discurso provocador lleno de narrativas belicosas, y luchar contra la segregación.

Capítulo 3: La Psicología Oscura y el comportamiento humano

Las ciencias sociales, como la Psicología, la Sociología, la Antropología y la Economía, estudian el comportamiento humano para determinar los pormenores de la historia y el rumbo de las generaciones futuras.

Una comprensión más exhaustiva de la forma en que los seres humanos actúan, planifican, acumulan y toman decisiones es fundamental para el estudio de la Psicología Oscura.

El cambio es la ley constante de la naturaleza, por lo que el comportamiento y el pensamiento también han evolucionado con el tiempo.

Dicho esto, cada individuo se define a sí mismo a través de sus experiencias y del entorno en el que crece. Este último es el criterio que más influye en cómo nos desarrollamos, no sólo física sino también mentalmente. Incluye la interacción cotidiana, el estilo de vida, el barrio, el país y los valores sociales, políticos, culturales y religiosos con los que crecemos.

Por ejemplo, los padres representan la primera interacción humana desde el nacimiento, y nos influyen sus hábitos y comportamiento. Los individuos que crecen con lazos estrechos con su familia tienen más probabilidades de contribuir al éxito de la comunidad debido a su fuerte sentido de la camaradería. Quienes han vivido una infancia difícil y/o proceden de un entorno familiar tenso son más propensos a ser violentos o a cometer delitos.

Según el estudio de la Psicología Oscura, la maldad que existe dentro de cada uno de nosotros puede ser inducida a actuar violentamente. Nuestro entorno social es el estímulo más influyente: aquellos que pasaron su infancia luchando por satisfacer sus necesidades básicas, como tener cama y comida, suelen crecer sintiendo repulsión por la sociedad. Creen que es la culpable de su falta de oportunidades y de su miseria. La desigualdad económica es un factor determinante, y se agrava cada vez más: los pobres están atrapados en una situación de miseria. En Estados Unidos, la diferencia de renta ha crecido exponencialmente en los últimos años: el 10% de la población tiene unos ingresos medios 9 veces superior o más a la del 90% restante, mientras que el 1% tiene una renta media 39 veces mayor a la del 99% restante. Esta flagrante desproporción desanima a los individuos de la clase trabajadora, que muchas veces tienen que tener dos empleos para pagar el alquiler y poner comida en la mesa. Estas minorías continuamente oprimidas sufren también de un bajo nivel de salud pública y un alto índice de criminalidad.

La salud física y mental están directamente relacionadas entre sí. En las sociedades caracterizadas por la desigualdad económica existe una restricción del desarrollo. Los miembros más desfavorecidos económicamente son más propensos al resentimiento y la hostilidad, y estos sentimientos se traducen en una alta inclinación al comportamiento delictivo. Incluso sabiendo las consecuencias de estos actos, se es consciente de que los sistemas lícitos que están al alcance para cambiar la condición de pobreza son muy limitados en comparación con los ilegales.

La delincuencia aumenta también debido a la reducción de las fuerzas policiales en las zonas más pobres. Los barrios y pueblos desfavorecidos no tienen suficiente dinero para gastar en seguridad, a diferencia de las zonas ricas, y esto se traduce en una policía menos eficaz o en un elevado número de agentes con bajos salarios, lo que termina generando una situación de corrupción generalizada.

Entre los sectores más pobres de la población también se registran altas tasas de incidencia de ciertos tipos de enfermedades, debido al limitado acceso a una alimentación sana y a una atención sanitaria de calidad.

A principios de los años 90, en el contexto de un informe sobre las viviendas públicas en Escocia, nació el término "desierto alimentario". Caracteriza sobre todo a las sociedades donde hay desigualdad económica: escasez de alimentos sanos a precios asequibles. Muchos de los países desarrollados de Occidente, como Canadá, Australia, Nueva Zelanda y el Reino Unido han notificado casos de desiertos alimentarios. En Estados Unidos, el acceso limitado a alimentos frescos se traduce en una obesidad que se dispara y en altos índices de enfermedades relacionadas con la alimentación, como la diabetes: las muertes por estos problemas son el doble entre los estadounidenses pobres que la media nacional.

Además, los elevados costes de la atención sanitaria que conlleva una mano de obra menos eficiente también refuerzan la desigualdad médica.

La Psicología Oscura plantea que el instinto predador que hay en cada uno de nosotros a menudo carece de un propósito.

Un grupo de científicos de alto nivel de la Northeastern University ha descubierto recientemente que la mayor parte del comportamiento humano es predecible. El experimento realizado por el físico Albert-László Barabási y su equipo se centró en el estudio de los movimientos de usuarios anónimos de teléfonos móviles y concluyó que la movilidad humana sigue patrones regulares. De hecho, la posición de un individuo podría predecirse basándose en su recorrido previo. El equipo concluyó un 93% de predictibilidad, tanto para las personas que tienden a quedarse cerca de casa como para las que realizan regularmente largas distancias. La predictibilidad y la metodicidad de los movimientos individuales no se ven alteradas por la diversidad demográfica (edad, sexo, idioma) ni por la densidad de población.

La movilidad humana influye directamente en la planificación urbana y la ingeniería vial de la ciudad. Esta investigación podría ayudar al futuro desarrollo paisajístico y sanitario al predecir científicamente los movimientos de las personas.

Los investigadores, hoy en día, tienen acceso a múltiples métodos de adquisición y análisis de datos para que sus estudios sean más veloces y precisos.

Observar e interpretar sistemáticamente el funcionamiento del cerebro es una tarea difícil. Las estructuras del cerebro humano se han desarrollado para soportar complejos procesos cognitivos destinados a optimizar los resultados de todas nuestras acciones.

Los tres elementos principales del comportamiento humano son:

> - *acción,* la manifestación que tiene lugar en la vida real, puede estudiarse a través de una observación visual o medirse con sensores psicológicos. Lleva a la transición de un estado a otro;
> - *cognición,* es nuestra capacidad de procesar verbalmente y no verbalmente;
> - *emoción*, caracterizada por una intensa actividad mental que no puede ser observada directamente y cuyo resultado es, en consecuencia, un sentimiento basado en el razonamiento o la percepción que produce una experiencia consciente.

Estos tres elementos de la psiquis funcionan como una máquina, que lo hace a uno percibir el mundo y lo guía para que dé la respuesta adecuada de acuerdo al contexto. No es fácil determinar la causa y el efecto de esta transición: una acción puede dar lugar a una emoción específica acompañada de una realización interna (cognición), que puede desencadenar un sentimiento distinto y conducir a una nueva acción.

Las acciones observables están ciertamente impulsadas por las emociones y la cognición. Los seres humanos se mueven activamente para manifestar sus objetivos y deseos cognitivos o para alcanzar un determinado estado mental.

La cognición evoluciona continuamente y la mentalidad adaptada fusiona e integra la nueva información para predecir cómo las acciones pueden afectar al entorno. La cognición ayuda a dirigir las acciones rápidamente y de acuerdo al contexto.

La mente humana puede responder de diferentes maneras a un estímulo en función de nuestras intenciones y aprende a hacer lo mismo en situaciones similares para mantener una relación estímulo-respuesta duradera. Por ejemplo, una vez que nuestra psiquis percibe a otro como un amigo o un enemigo, recurre a la reacción estímulo-respuesta preexistente para determinar cómo interactuar con esa persona.

Es posible que hayas oído hablar de algunas personas que practican para una entrevista mirándose al espejo o repitiendo frases positivas para aumentar su confianza en sí mismas. Estas acciones nos ayudan a comprometer las mismas áreas cerebrales que intervienen en la producción y percepción de un discurso.

Nuestros instintos, reflejos y gestos involuntarios constituyen los elementos fundamentales de nuestro comportamiento. Se denominan "involuntarios" cuando no parecen tener un fin determinado.

Nuestra estructura física predeterminada y nuestras conexiones neuronales dictan y limitan el alcance de nuestros movimientos, como girar la cabeza, mover los brazos y los dedos, hasta llegar a gestos vocales como llorar o gritar. Este tipo de actitudes no son realmente adaptativas, ya que están limitadas por características estructurales y no pueden considerarse completamente involuntarias. El comportamiento fortuito no es intencional y es una particularidad de la primera infancia: cualquier conducta similar observada en niños mayores o adultos se suele estar relacionar con un nerviosismo temporal o una desorganización crónica. Sin embargo, los individuos que se encuentran en el Continuum Oscuro, llevan estas situaciones a conductas violentas y tendencias psicopáticas.

Los seres humanos y los animales que poseen un sistema nervioso están dotados de una unidad conductual exclusiva: los reflejos.

La característica que la hace única es que sus respuestas son comunes a todas las especies vivas. Por ejemplo, cuando nos pinchan con un alfiler nuestra reacción inmediata es retirar la mano, el mismo gesto para hombres y mujeres, niños y adultos, ricos y pobres.

El reflejo nunca es intencional, más bien inconsciente. En un contexto normal, da lugar a una respuesta coherente que transmite estabilidad al comportamiento del organismo. Las personas que no son capaces de responder de forma coherente a un mismo estímulo se ven perturbados. Nuestros reflejos nos proporcionan mecanismos económicos e inconscientes para hacer frente a las tareas cotidianas más sencillas, especialmente las psicológicas.

Ahora te preguntarás cómo se relacionan los reflejos y el comportamiento involuntario: las diferencias no son fáciles de entender pero, en general, los primeros son más concretos e influyen en los segundos.

A diferencia de los reflejos, nuestros instintos son maleables, intencionales y mucho más complejos. Al igual que los primeros, son heredables, están definidos y dan lugar a una respuesta específica a un estímulo concreto.

Los instintos operan independientemente de la conciencia, pero puede haber una correlación entre estos factores si se modifica el esquema conductual básico o si hay una interferencia entre éste y una situación determinada.

La compleja red social de los seres humanos, caracterizada por cambios contextuales repentinos, aumenta la probabilidad de que se produzcan cambios en las sólidas estructuras de los impulsos naturales. Éstos son vistos a menudo como una combinación de reflejos predeterminada por la selección biológica, en relación directa con el proceso de adaptación.

La mayoría de los instintos animales no sobreviven en los humanos: sólo los que responden a necesidades fisiológicas (alimentarse, respirar, aparearse) permanecen intactos. Gracias a ellos, cuando percibimos un peligro inminente, escapamos. Sin embargo, los rasgos psicológicos oscuros pueden reducir este instinto de autoconservación, llevando a cometer crímenes atroces a pesar de ser plenamente consciente de las consecuencias.

La teoría prospectiva

El comportamiento humano se adquiere aprendiéndolo, por lo que nuestra decisión de realizar una acción o evitarla depende de los pros y los contras asociados a esa actividad.

La "Teoría de Prospectiva", publicada en 1979 por Daniel Kahneman y Amos Tversky, se considera la teoría psicológica más influyente sobre la toma de decisiones. Se trata de un modelo conductual que demuestra que los seres humanos están dispuestos a asumir un riesgo adicional para evitar una pérdida, ya que no nos gusta perder más de lo que ganamos. Sin embargo, concluyó que los individuos también toman decisiones basados en la ganancia que podrían obtener, en lugar de la pérdida. Cuando una determinada decisión tiene el mismo resultado que otra pero se plantea de forma diferente, el individuo elegirá sin duda la opción que le ofrezca más ganancias. Por ejemplo, la alegría que sientes cuando alguien te da 50 euros debería ser la misma que la que sientes cuando ganas 100 euros y pierdes 50, ya que ambas situaciones dan lugar al mismo margen de beneficio. Muchos, sin embargo, prefieren el primer escenario, ya que en el segundo sólo ven la pérdida. Esto se debe a que el heho de perder causa un impacto emocional mucho mayor que el de ganar.

En 1995 se llevó a cabo otro estudio: los atletas que habían ganado el bronce en los Juegos Olímpicos parecían más contentos que los medallistas de plata. Los primeros se enfocaron en que su resultado era mejor que no tener ninguna medalla, mientras que los segundos vieron su participación como una derrota en relación con el oro.

La teoría prospectiva, también llamada "aversión a la pérdida", reveló así que los seres humanos procesan la información de forma ilógica, valorando de forma diferente la ganancia y la pérdida.

Sentó las bases de otros estudios de Daniel Kahneman, publicados en su libro "Slow and Fast Thinking". Aquí el autor propuso que las personas siguen dos procesos para tomar decisiones: el primero es rápido pero bastante inexacto, mientras que el segundo es lento pero mucho más preciso. Decisiones como qué alimentos comprar o qué carrera elegir podrían confiarse respectivamente a cada uno de estos dos sistemas.

El psicoanálisis de Sigmund Freud

El famoso neurólogo austriaco Sigmund Freud (1856-1939) fue el fundador del psicoanálisis, que se centra en la explicación del comportamiento humano y se utiliza como método para tratar los trastornos mentales. En general se lo considera la teoría fundamental de la psiquis humana, un instrumento para la interpretación social y cultural.

Freud se licenció en la facultad de medicina de la Universidad de Viena y posteriormente trabajó en el hospital de esta ciudad. Colaboró con el físico Josef Breuer, que estudiaba los síntomas histéricos de una paciente llamada Bertha Pappenheim -o "Anna O.". Breuer la llevó a un estado parecido a la autohipnosis para que le contara las primeras manifestaciones de sus síntomas. El acto de verbalización, conocido como "cura de diálogo" o "deshollinador", fue extremadamente catártico para Anna, que pudo descargar sus emociones reprimidas que servían de raíz para el comportamiento patológico.

En 1885, Freud se casó con Martha Bernays, fue padre de seis hijos y se convirtió en alumno del neurólogo Jean Charcot en París. El trabajo de Charcot sobre la histeria permitió a Freud descubrir que los trastornos psicológicos podrían originarse en el pensamiento, no en el cerebro. No comprendió del todo los efectos del experimento de Breuer hasta pasados 10 años, pero estaba agradecido a Charcot por sus métodos hipnóticos.

Una década más tarde, Freud desarrolló la técnica de la "asociación libre" animando a los pacientes a expresar sus pensamientos y emociones en voz alta sin autocensurarse, y a exponer el material contenido en esa zona de la psiquis llamada "inconsciente". El neurólogo observó que la resistencia o reticencia de las personas a la manifestación de pensamientos o conflictos conscientes e inconscientes constituía un obstáculo para la asociación libre debido a los silencios repentinos, el tartamudeo y otros síntomas de histeria. Basándose en su experiencia clínica, Freud llegó a la conclusión de que muchos de los síntomas de la histeria femenina y los pensamientos reprimidos podían dar al trastorno un carácter sexual. Relacionó la etiología de los síntomas neuróticos con la lucha entre las pulsiones sexuales y la respuesta psíquica en defensa de ellas, lo que a menudo conduce a un pacto inconsciente entre el deseo y la defensa.

La interpretación de los sueños

En sus intentos por establecer el psicoanálisis como una teoría universal, Freud debería haber examinado también el psiquismo masculino en condiciones normales, pero se limitó a basarse en su propia experiencia.

Un punto de inflexión fue la muerte de su padre, que le obligó a liberar sus emociones respecto a familia, reprimidas durante mucho tiempo.

En 1897 utilizó la técnica de la decodificación de los sueños para revelar el significado de su descarga emocional. Según Freud, los sueños son "el camino verdadero hacia el conocimiento del inconsciente", y su análisis proporcionó una profunda comprensión de cómo se crean y funcionan. En 1899, presentó sus conclusiones en el novedoso libro "Die Traumdeutung" (La Interpretación de los Sueños). Según su teoría, los sueños desempeñan un papel crucial en la psiquis humana. Llamó a la *libido* la energía mental, asociándola con la pulsión sexual humana, con un poder excesivo y casi perturbador: afirmó que actúa para obtener placer y evitar el dolor, procurando cualquier opción posible, y la falta de gratificación física le permite liberarse por canales mentales. Los sueños son el efecto de los acuerdos psicológicos entre los deseos y los conflictos que impiden su realización.

Los componentes de la mente

De los párrafos anteriores se desprende que las emociones reprimidas derivadas de traumas o eventos perturbadores de una persona pueden manifestarse fácilmente en una conducta predatoria aparentemente injustificado.

A diferencia de lo que ocurre en los sueños, los errores aparentemente insignificantes, como olvidar un nombre, leer mal una palabra o el lapsus (también llamado lapsus freudiano), pueden obedecer a causas hostiles o egoístas y tener una importancia sintomática e interpretable.

Los factores oscuros que se esconden en nuestra psiquis a menudo conducen a sueños violentos o pesadillas, e incluso pueden manifestarse en forma de lapsus en la dark web. A principios del siglo XX, Freud elaboró un diagrama topográfico de la mente y lo describió utilizando un iceberg como punto de comparación. Afirmó que la mente tiene tres capas:

- *conciencia,* representada por la punta o superficie visible del iceberg. Es el área compuesta por los pensamientos, el centro de nuestra atención;
- *preconsciente,* corresponde a la capa de hielo que se vislumbra justo debajo del agua. Consiste en todos los pensamientos que se pueden rescatar en la memoria;
- *inconsciente*, es la última capa, la más crítica y profunda. No somos conscientes de su existencia.

  Es el inconsciente el que guarda esa dosis de maldad en cada uno de nosotros, y es responsable de la mayoría de los comportamientos humanos.

Se trata de un "caldero" de impulsos primitivos potencialmente violentos, que pueden convertirse en acciones imprevisibles si son motivados por determinados factores externos o internos.

Las estructuras del pensamiento

El objetivo principal del psicoanálisis es traer los pensamientos y sentimientos del inconsciente al consciente, y proporcionar a los seres humanos el apoyo psicológico necesario para evitar la manifestación de aspectos oscuros.

En 1923, Freud clasificó las estructuras del pensamiento en:

- *Ello*, es decir, la parte de la psiquis que contiene todas las necesidades más primitivas o instintos relacionados con la realización instantánea (incluidas los impulsos sexuales);
- *Yo*, la parte racional y pragmática de la mente, la que se esfuerza por la autoconservación retrasando la satisfacción. Resuelve los conflictos entre los deseos primitivos del ello y el superyo;
- *Super-Yo*, se ocupa de las reglas y normas socioculturales y es similar a lo que llamamos "normas morales".

Freud creía que el comportamiento humano y la personalidad eran el resultado de los constantes conflictos entre el Ello, el Yo y el Superyo que se producen durante nuestra infancia. Los individuos con una pronunciada Psicología Oscura suelen luchar con un ego débil, lo que provoca desequilibrios en su estado mental y puede conducir a la neurosis y a una conducta poco saludable. Cuando el Ello o Superyo domina al Yo, a menudo nos sentimos ansiosos o culpables, y nuestro bienestar se pone en riesgo.

La mente humana se apoya en el ego para desarrollar mecanismos de defensa contra las luchas internas y para intentar resolver estas batallas mediante el acuerdo. Los mecanismos de defensa del Yo son completamente naturales y operan inconscientemente para favorecer los sentimientos buenos y alejar los desagradables. Pero, cuando este engranaje se magnifica, se produce una inestabilidad mental que puede manifestarse en obsesiones, histeria, ansiedad y fobias.

Los mecanismos de defensa de la mente

Existe todo un repertorio de mecanismos de defensa, algunos de los cuales se enumeran a continuación.

La eliminación se produce cuando el Yo intenta evitar que las ideas perturbadoras se vuelvan conscientes empujándolas a la parte inconsciente de la mente.

Estos pensamientos se reprimen para evitar la culpa del Superyo, pero a largo plazo pueden crear ansiedad. Los lapsus freudianos suelen ser manifestaciones de estos recuerdos reprimidos, en forma de sueños o lapsus verbales.

Por ejemplo, las víctimas de amnesia histérica que han cometido o presenciado un acto violento pueden desterrarlo de su mente. Estos individuos han pasado de un extremo a otro del Continuum Oscuro y han perdido todo contacto con la realidad.

En la *proyección* los pensamientos y sentimientos no deseados se atribuyen a otro y se ven como una amenaza del mundo exterior.

Este mecanismo puede observarse en una persona que, sintiéndose intimidada por sus propios pensamientos y sentimientos hostiles, cree que son alimentados por otra persona.

El Superyo ve el odio como una emoción negativa e inaceptable, por lo que convence al individuo de que la aversión que sentimos por una persona es en realidad una respuesta a lo que la otra persona siente por nosotros.

En la *racionalización*, el Yo proporciona una explicación racional para hacer que un estímulo o acontecimiento sea menos amenazante. Implica una distorsión cognitiva de los hechos en un intento de autopreservación.

Por ejemplo, las organizaciones terroristas suelen proponer ideas extremistas como medio para defender sus opiniones religiosas, políticas y sociales, y como justificación de su comportamiento psicológicamente oscuro y sus actos atroces.

A menudo se observa que, cuando las cosas se vuelven difíciles, nuestra mente responde negando la existencia de esa situación. Esto se hace utilizando el mecanismo de defensa del Yo llamado *negación*. Es primitivo y potencialmente peligroso y puede provocar repulsión por la realidad de forma prolongada, haciendo que nuestra mente subestime o incluso ignore las terribles consecuencias de un comportamiento indebido.

La negación podría ser:

- simple, como cuando un estudiante se niega a admitir la falta de preparación ante el fracaso en un examen;
- compleja, como en el caso de una persona que no quiere admitir la infidelidad de su pareja aunque ésta sea evidente.

Si uno se comporta de forma totalmente opuesta a como piensa o siente, se habla de *formación reactiva*. Se trata de la adopción de una conducta consciente para compensar un impulso inconsciente que es socialmente inaceptable.

Suele manifestarse en actitudes exageradas, como la impulsividad y la ostentación, para frenar la ansiedad generada por pensamientos o emociones inconscientes que suponen una amenaza para el sujeto. Oculta los verdaderos motivos de la psiquis humana al Yo, mientras el Ello queda satisfecho.

Por ejemplo, una mujer que espera un hijo no deseado podría ocultar su sentimiento de culpa volviéndose extremadamente protectora y cariñosa para convencerse de que es una buena madre. Freud sostenía que los hombres que tienen prejuicios con respecto a la homosexualidad muestran un fuerte rechazo por esta orientación para reafirmar su heterosexualidad y defenderse de sus propios instintos homosexuales.

Los predadores humanos suelen utilizar la *sublimación* para dirigir sus impulsos oscuros hacia una presa. Este último actúa como sustituto simbólico de su verdadero objetivo, que puede ser una cosa o una persona. En las situaciones en las que el Super-Yo no permite que el Ello cumpla sus deseos, el Yo entra en juego con una forma alternativa de emplear la energía del Ello. Puede transferir la energía de un objeto reprimido a otro más aceptable socialmente, pero en los individuos con un lado oscuro activo, la concreción de los anhelos peligrosos supera la aceptabilidad social de sus conductas violentas.

Por ejemplo, los individuos con fantasías sexuales que son tabú pueden sentirse incómodos expresándolos, sustituyéndolas por parafilias.

Si una persona recién casada quiere volver a la seguridad de la casa de sus padres tras la primera discusión con su pareja, se trata de un posible episodio de *regresión*. Se produce cuando un sujeto retrocede psicológicamente en el tiempo, en particular a una época o lugar en el que se sentía más seguro. La característica principal de este mecanismo es el retorno del Yo a una etapa primaria de desarrollo cuando se enfrenta a una situación estresante: por ejemplo, un niño que está ingresado en el hospital puede retomar el hábito de chuparse el dedo o mojar la cama.

En 1936, la psicoanalista Anna Freud, hija de Sigmund, publicó "El Yo y los Mecanismos de Defensa", en el que esbozaba la diferencia entre la defensa dirigida a proteger el Yo que proviene de la demanda instintiva del Ello, y la defensa contra los efectos que tienen estas pulsiones. Al principio lo describió como una *identificación con el agresor*, es decir, un mecanismo de defensa contra los efectos dolorosos de la amenaza externa, como la desaprobación o la crítica de una figura de autoridad. Así, la víctima comienza a identificarse como fuente de intimidación, adoptando un comportamiento predatorio o atribuyéndose el mérito de la agresión. Al adoptar los atributos de la figura amenazante, la presa espera establecer una conexión emocional con el agresor utilizando la empatía para escapar del abuso.

Su comportamiento puede dar lugar incluso a la admiración y la gratitud hacia su torturador. Por ejemplo, algunos prisioneros de los campos de concentración nazis adoptaron el comportamiento de los guardias y comenzaron a abusar de sus compañeros.

Otro ejemplo extremo es el síndrome de Estocolmo, en el que los rehenes desarrollan sentimientos y comportamientos positivos hacia sus captores y establecen un vínculo emocional.

El terror y la ansiedad de las presas desencadena en ellas una regresión casi infantil, que se manifiesta en forma de gratitud hacia el agresor, visto como alguien que se ocupa de sus necesidades básicas. La víctima siente gratitud hacia su captor sólo porque le ha permitido seguir con vida, olvidando que él es la causa de su sufrimiento. Desarrolla inconscientemente un vínculo emocional como estrategia de supervivencia, creando un espacio vacío en su psiquis que se va llenando gradualmentecon las características del agresor.

Este trauma, a su vez, desencadena un círculo vicioso de violencia en el que la víctima que no busca ayuda, o que no puede superar el trauma, puede reproducirlo con otras personas. Un ejemplo clásico sería el de Patty Hearst, que fue secuestrada, violada y abusada por un grupo terrorista estadounidense de ideología cercana a la izquierda radical, llamado Ejército Simbiótico de Liberación. En 1976, fue juzgada por unirse al mismo grupo por voluntad propia y condenada a 35 años de prisión acusada de robar un banco. En 2001 fue indultada por el presidente Bill Clinton en su último día de mandato.

Capítulo 4: La "Tríada Oscura"

El concepto de la Tríada Oscura es relativamente nuevo y es fundamental para entender la Psicología Oscura.

El término fue acuñado en 2002 por los psicólogos Paulhus y Williams, en referencia a tres variables de la personalidad ofensiva pero no patológica: narcisismo, psicopatía y maquiavelismo. Estas tienen notables similitudes entre sí y conllevan a conductas claramente negativas como la manipulación, la frialdad afectiva y los delirios de grandeza.

La clasificación más extendida para los rasgos de la personalidad se denomina "Big Five", y se basa en descriptores lingüísticos comunes, que sugieren cinco grandes factores para describir la psiquis y la personalidad humanas.

Los rasgos de la personalidad de los Big Five son la concienciación, la apertura mental, la extroversión, la amabilidad y la neuroticismo.

El estudio realizado por Paulhus y Williams concluyó que la "antipatía" es el único rasgo de los Big Five común a las tres personalidades oscuras.

La escala "Dirty Dozen"

Una amplia gama de comportamientos humanos lamentables, como la agresividad, el oportunismo sexual y la impulsividad, indican una personalidad oculta perteneciente a la Tríada Oscura.

En 2010, los psicólogos Peter Jonason y Gregory Webster desarrollaron la escala "Dirty Dozen" (La Docena Sucia) para identificar los rasgos de la personalidad potencialmente problemáticos en 12 puntos.

Definieron la Tríada Oscura como una "estrategia social de aprovechamiento y explotación a corto plazo" que pone de manifiesto las bases de la Psicología Oscura, según la cual un individuo que despierta su lado oscuro lo manifiesta en un comportamiento violento destinado únicamente a satisfacer sus propios deseos.

Ahora, tómate un momento para leer los 12 puntos que se enumeran a continuación y califícalos en una escala del 1 al 7 para conocer tu nivel en la "Dirty Dozen":

1. Tengo tendencia a manipular a los demás para sacar ventaja.

2. Me inclino a no tener remordimiento.
3. Tiendo a buscar que los demás me admiren.
4. Tengo tendencia a no preocuparme por la moralidad de mis actos.
5. Engañé o mentí para lograr mi objetivo.
6. Tiendo a ser cruel o insensible.
7. Utilicé la adulación para lograr mi objetivo.
8. Me inclino por buscar prestigio o un cierto status.
9. Tengo una predisposición al cinismo.
10. Tengo la tendencia de aprovecharme de los demás para mis propios fines.
11. Tiendo a esperar favores de los demás.
12. Quiero que los demás me presten atención.

La puntuación total puede oscilar entre 12 y 84, y cada rasgo característico corresponde a un punto específico de la lista:

-   narcisismo (3, 8, 11, 12);
-   psicopatía (2, 4, 6, 9);
-   maquiavelismo (1, 5, 7, 10).

Según el estudio realizado por Webster y Jonason, una puntuación de 45 o más representa una tendencia clara a los rasgos de la personalidad de la Tríada Oscura.

No te preocupes si obtienes una puntuación más alta de lo que esperabas, porque esta escala no tiene todas las sutilezas y matices de un diagnóstico (como su nombre indica, es un poco "sucia" en ese sentido). Su objetivo es proporcionar una prueba rápida y sencilla que sirva de alerta en caso de que sospeches que alguien cercano tenga los rasgos de la tríada.

A continuación se examinarán estas características con más detalle.

Narcisismo

El término narcisismo proviene del mito griego y romano de Narciso, un bello cazador que vagaba por el mundo en busca de alguien a quien amar. Tras rechazar a una ninfa llamada Eco, vislumbró su reflejo en un río, se enamoró de él y cayó al agua, ahogándose.

Esta historia resume la idea básica del narcisismo: una condición mental caracterizada por una alta y dañina implicación en sí mismo, una profunda necesidad de excesiva atención y admiración y la falta de empatía. Los narcisistas creen que son más bellos e importantes que todos los que les rodean, y que merecen un trato especial.

Tipos de narcisismo

Al igual que las numerosas características de los rasgos psicológicos humanos, el narcisismo puede observarse como un espectro. Las dos formas más conocidas son el *Narcisismo Grandioso* y el *Narcisismo Vulnerable*. Mientras que todos los narcisistas muestran un sentido exagerado de sí mismos, los narcisistas grandiosos tienen una autoestima indescriptible, un sentido prepotente del derecho y una tendencia a abandonar todas las situaciones en las que no creen recibir el respeto y la admiración que merecen. Los niños que siempre son complacidos por sus padres, independientemente de sus caprichos, crecen con un sentido de pertenencia exagerado.

¿Conoces a alguien que tiene una relación pero parece estar siempre merodeando y no se esfuerza por ocultar sus deseos a su pareja o a los que lo rodean? Estos hombres, afectivamente fríos, se llaman "playboys" y representan un caso clásico de Narcisismo Grandioso. Son expertos en ocultar sus emociones y se vuelven rápidamente dominantes y agresivos cuando alguien intenta interferir en sus conquistas. Ignoran los pensamientos y sentimientos de los demás y son implacables cuando se trata de satisfacer sus propios deseos.

Según algunas investigaciones, los narcisistas grandiosos muestran una conexión notablemente positiva con los constructos relacionados con el funcionamiento emocional, como la empatía y la Inteligencia Emocional, pero los resultados de estos estudios son muy imprevisibles y requieren más análisis. No es de extrañar que muchos políticos y famosos entren en esta categoría.

Los narcisistas vulnerables, por otro lado, tienen una autoestima muy baja y una tendencia a desarrollar una visión negativa de sí mismos. Crecen recibiendo poca atención de sus padres y lo compensan desarrollando un ego extremadamente frágil y utilizando el ensimismamiento como mecanismo de defensa. Tienen un profundo miedo a sentirse rechazados, así como una enorme inseguridad y un deseo abrumador de atención y reconocimiento, en un intento de llenar el vacío que llevan dentro. Si no reciben la admiración que creen merecer, se muestran emocionalmente inestables pero no se vuelven agresivos o violentos.

Para ellos, la forma en que son percibidos por su pareja es muy importante, aunque sigan teniendo otras aventuras en secreto, debido a su introversión. Incluso, llegan a acusar a su pareja de infidelidad y exigen que se les reafirme constantemente.

Su necesidad de aprobación, el miedo al rechazo y la hipersensibilidad a las críticas les hacen a menudo estar ansiosos y paranoicos. Suelen recurrir a comportamientos infantiles como protestar y llorar para satisfacer sus demandas.

Trastorno Narcisista de la Personalidad: síntomas, causas y efectos

Saber a qué tipo de narcisista perteneces es el primer paso para afrontarlo con éxito. Como se ha mencionado anteriormente, las personas que sufren de narcisismo tienen una condición psicológica caracterizada por un alto sentido del yo, una profunda necesidad de atención y admiración, y falta de empatía. Esto último sólo sirve para enmascarar una frágil autoestima que puede verse sacudida por la más mínima crítica. El *Trastorno Narcisista de la Personalidad* afecta al 1-2% de la población, principalmente a los hombres. Sin embargo, es un problema rodeado de gran confusión diagnóstica debido a la amplia gama de síntomas, que van desde la grandiosidad hasta el autodesprecio, desde la extroversión hasta la introversión, desde ser un ciudadano modelo hasta convertirse en un delincuente.

Esta heterogeneidad en los síntomas supone un reto a la hora de determinar los rasgos comunes que justifiquen un diagnóstico común.

La causa del trastorno narcisista de la personalidad es muy compleja y aún se desconoce: podría estar relacionada con la genética (rasgos hereditarios), la neurobiología (conexión entre el cerebro y el comportamiento humano) o el entorno (excesiva adulación de parte de los padres o falta de ella en la primera infancia).

Si alguien se hace demasiadas selfies no significa que sea narcisista, y no hay pruebas de que las redes sociales causen este trastorno. Del mismo modo, en los niños y adolescentes, centrarse en uno mismo puede ser sólo una fase de crecimiento.

Cuando los rasgos negativos del trastorno narcisista de la personalidad toman el control de la vida de una persona, causan grandes problemas: relaciones tóxicas, depresión, ansiedad, problemas en el trabajo e incluso pensamientos o acciones suicidas.

Es como una enfermedad que, aunque el paciente en apariencia está bien, los que le rodean se sienten mal. Estos individuos tienden a actuar de forma egoísta, deshonesta y a ser infieles en las relaciones.

El narcisismo está muy extendido en las culturas y sociedades que ven con buenos ojos la individualidad y la autorealización.

Los narcisistas suelen fantasear con alcanzar un poder y status altísimos para ser adorados y endiosados; sienten que es su derecho ser respetados y admirados. La imagen que tienen de sí mismos no se ve afectada por sus logros y las circunstancias de su vida. Tienen una necesidad incesante de atención y adulación, independientemente de su comportamiento social.

Un individuo con trastorno narcisista de la personalidad que pertenece a una familia con cierto poder y status le permite expresar su trastorno de forma más completa y extrema.

Un ejemplo es Saparmurat Niyazov, líder de Turkmenistán, que se hizo con el poder absoluto de la nación llenando el vacío dejado por la Unión Soviética. Ordenó cambiar los nombres de los meses del año y de algunos objetos comunes para reflejar su autoridad, se declaró presidente vitalicio de Turkmenistán y creó un texto religioso que debía ser venerado por toda la nación al igual que el Sagrado Corán.

Una situación similar se da en la Alemania nazi: el "Mein Kampf" de Hitler se consideraba un texto religioso.

Un ejemplo más actual de un líder con trastorno narcisista de la personalidad podría ser el dictador de Corea del Norte, Kim Jong Un, que se adjudicó el status de deidad sagrada e hizo asesinar a su tío simplemente porque bostezó durante una de sus reuniones.

Maquiavelismo

Un famoso filósofo y autor político italiano del siglo XVI, Nicolás Maquiavelo, expuso su opinión sobre cómo debe comportarse un líder prominente, justificando la pérdida de todas las virtudes morales en favor de la manipulación y la violencia para conservar y obtener el poder.

En su obra más famosa, "El Príncipe", escribió que "un gobernante sabio nunca debe mantener la fe cuando va en contra de sus intereses" y que "a un príncipe nunca le faltan buenas razones para romper su promesa".

A finales del siglo XVI, las artes oscuras del engaño y la mentira, así como la idea de que "el fin justifica los medios", se hicieron populares en la diplomacia bajo el nombre de "maquiavelismo". No se introdujo en la psicología moderna hasta 1970, gracias a los psicólogos sociales Richard Christie y Florence L. Geis, que desarrollaron la "Escala de Maquiavelismo" o el "Test Mach-IV".

En Psicología, el maquiavelismo se refiere a la predisposición a los rasgos ladinos y engañosos de aquellos individuos que son maestros de la manipulación.

Son sujetos muy estratégicos cuando se trata de conseguir un objetivo: utilizan el engaño y la mentira con sangre fría y prestan muy poca atención al daño emocional que provoca su comportamiento, utilizando a los demás como peones para conseguir su objetivo. Esta mentalidad contribuye a su opinión conflictiva y adversa acerca de los demás. Tienen el foco constantemente puesto en el interés propio, una fuerte noción de la importancia de la imagen y una tendencia a ejercer su poder de forma despiadada, sin compasión ni conmiseración.

Líderes maquiavélicos

A lo largo de la historia, muchos líderes políticos han utilizado las tácticas, ideas y principios de El Príncipe como modelo para su gobierno.

Adolf Hilter es un ejemplo perfecto de líder maquiavélico. Creía que la paz era sólo un breve momento de calma en una guerra interminable. Se le recuerda como un implacable comandante de guerra, que buscaba el control absoluto de todo el mundo para construir su "Tercer Reich" totalitario.

Estaba decidido a conquistar y manipular la realidad para sus propias victorias políticas. Su falsa operación "Bandera del Reichstag" fue planeada para encontrar y perseguir a los judíos.

Se pueden establecer muchos paralelismos entre la ideología de Maquiavelo de "el fin justifica los medios" y el liderazgo de Hitler. Siendo un maestro de la manipulación, fue capaz de conseguir dominar el sistema político alemán, así como las mentes y los corazones del pueblo.

Se cree que tenía un ejemplar de El Príncipe en su mesilla de noche, y era experto en inspirar amor y temor en el pueblo alemán, sentimientos que se traducían en pura devoción e incluso adoración. Por otra parte, Maquiavelo escribió que "es mejor inspirar miedo que ser amado, si no se puede elegir".

También añadió que "un príncipe debe parecer siempre ético, incluso cuando no lo es", sugiriendo que los líderes deben mantener una apariencia moral, pero no cumplir sus promesas, si sus palabras no están alineadas con sus intereses. Hitler hacía a menudo promesas exageradas y difíciles de cumplir, creando la imagen de un líder ético gracias a la idea de que se esforzaba en cumplirlas.

Maquiavelo afirmó que era "mejor tener a unos pocos en contra, más que ser compasivo y permitir que la comunidad se convierta en un caos". Hitler, en cambio, eliminó físicamente todas las amenazas políticas y sociales en su camino para convertirse en el líder de Alemania.

Un brutal y astuto príncipe del Estado Papal, César Borgia, sirvió de modelo a Maquiavelo cuando escribió su libro "El Príncipe".

El autor, de hecho, conocía bien las tácticas y los principios utilizados por Borgia durante su reinado, porque lo visitó. Fue testigo de la astucia y deshonestidad del soberano, que atrajo a los enemigos a la ciudad de Senigallia con la promesa de un acuerdo, y luego los mandó matar.

Borgia murió de causas naturales a la edad de 32 años, pero Maquiavelo se apresuró a declarar que Florencia necesitaba un líder igualmente fuerte para unir al pueblo y devolver a la ciudad su antigua gloria.

Otro ejemplo de líder maquiavélico podría ser Joseph Stalin, el despiadado dictador totalitario de la Unión Soviética, conocido por leer y estudiar "El Príncipe".

Ordenó a sus militares que recogieran todo el grano posible del pueblo para exportarlo y prepararse para la guerra. La instauración de la "Gran Purga" en 1936 tenía como objetivo la eliminación sistemática de su oposición y la aplicación de tácticas maquiavélicas. Su política provocó la muerte de más de 20 millones de ciudadanos soviéticos y la ejecución de destacados ex dirigentes políticos bajo falsos cargos, como los políticos de izquierdas Grigori Zinóviev y Lev Kámenev.

Incluso los empresarios han aplicado tácticas e ideas maquiavélicas como un enfoque moderno y despiadado para lograr el éxito.

Un ejemplo de ello es John Gotti, líder de uno de los clanes mafiosos más poderosos de Estados Unidos. Recurrió al uso de la violencia extrema para conseguir sus objetivos, planeando un asesinato para hacerse con el control de la familia criminal de los Gambino y asesinando a su predecesor, Paul Castellano.

Cómo se mide el maquiavelismo

El maquiavelismo es más frecuente en los hombres que en las mujeres, pero ellas no están excluidas.

El sistema para medir el maquiavelismo es el Test Mach-IV, con 20 afirmaciones diferentes con las que se puede estar de acuerdo o no:

- "El que confía completamente en los demás se está buscando problemas."

- "Es más seguro asumir que todos tenemos un vicio, y que saldrá a la luz en cuanto aparezca la oportunidad."

- "Muchos hombres olvidan más fácilmente la muerte de su padre que la pérdida de sus bienes."

- "La mayor diferencia entre los delincuentes y el resto de la gente es que los primeros son lo suficientemente estúpidos como para ser atrapados."

Cada frase puede recibir hasta 5 puntos y la puntuación máxima total es de 100.

- Una puntuación de 60 o más se considera alta y los individuos que la consiguen se denominan "High Machs". Son egocéntricos, muy centrados en su propio bienestar, y se sienten atraídos por escenarios con reglas y límites ambiguos. Su visión cínica y su naturaleza oportunista les lleva a creer que el uso del engaño y la mentira está justificado para salir adelante en la vida. Son emocionalmente distantes, pero amistosos y encantadores en situaciones competitivas. No ven el bien en la humanidad y enmascaran sus verdaderas intenciones.

- Una puntuación inferior a 60 indica "Low Machs ". Son más confiables y empáticos con los demás: prefieren seguir las reglas y la guía moral, creyendo y esperando que el resto de la gente haga lo mismo. Evitan utilizar la manipulación como medio para conseguir sus objetivos y son más honestos.
- Los individuos que puntúan demasiado bajo en la escala Mach-IV tienden a ser sumisos, pasivos y muy condescendientes.

A continuación se muestra una representación gráfica de las puntuaciones del test Mach-IV.

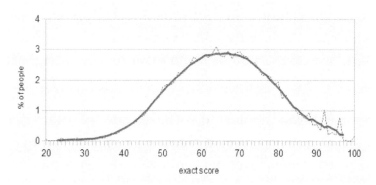

Maquiavelismo en el trabajo

En los últimos tiempos, el maquiavelismo se ha estudiado, adaptado y aplicado a los negocios: en el trabajo, se dirige a los líderes que se comportan de forma fría e injusta. Oliver James lo describió en el ámbito laboral en su libro: "Office Politics: How to Thrive in a World of Lying, Backstabbing and Dirty Tricks". Propuso un nuevo modelo de maquiavelismo, que consta de tres factores: "conservación del poder", "técnicas estrictas de gestión" y "conducta manipuladora".

Sugirió que el éxito de los empleados de cuello blanco está alimentado por las políticas de oficina. Un estudio de empresas alemanas reveló que el maquiavelismo en una organización puede estar relacionado con el nivel de liderazgo y la satisfacción laboral.

Otra investigación llevada a cabo sobre las personas durante las entrevistas de trabajo llegó a la conclusión de que los individuos maquiavélicos utilizan diferentes tácticas para influir en el entrevistador. Los hombres High Mach son más propensos a conducir la entrevista y mentir sobre su experiencia laboral, dando poca respetabilidad al entrevistador. Las mujeres High Mach, en cambio, parecían dar más credibilidad.

El maquiavelismo se ha asociado a una supervisión abusiva, un concepto relacionado con el acoso laboral.

Psicopatía

El último concepto de la trinidad profana de la Tríada Oscura es la psicopatía. Cuando uno escucha la palabra "psicópata", se imagina a un hombre con problemas mentales que puede haber cometido actos de violencia, tal vez un asesinato. En realidad, los verdaderos psicópatas suelen ser encantadores y guapos, rodeados de un aura que las presas encuentran irresistible.

Algunos de los famosos personajes de Hollywood que han quedado grabados en nuestra memoria, como Patrick Bateman de *American Psycho*, o Frank Abagnale Jr. de *Atrápame si puedes,* fueron retratados como atractivos e intrigantes, de ninguna manera terroríficos.

La psicopatía es un trastorno mental que hace que el individuo muestre un comportamiento antisocial, que no muestre signos de remordimiento o empatía y que exprese un egocentrismo extremo. También conlleva una incapacidad para establecer relaciones personales profundas, porque el individuo se oculta bajo un encanto superficial y una atractiva impulsividad. Existe una disposición natural a comportarse de forma antisocial, sin preocuparse por el impacto de su conducta en los demás.

La psicopatía se considera un trastorno de la personalidad, pero las investigaciones en curso demuestran que se trata más bien de un conjunto de rasgos de la Psicología Oscura: es un trastorno complejo compuesto por múltiples factores. Consiste en una reducción de la respuesta psicológica a determinados estímulos perceptivos, incluso cuando los individuos se encuentran en situaciones peligrosas, lo que sugiere anormalidades estructurales en su cerebro.

Se suele pensar que la psicopatía es innata, pero numerosos estudios sugieren que está condicionada por varias causas: la composición genética, la anatomía del cerebro y el contexto, entre otras.

El término psicopatología se refiere a una combinación de los genes del sujeto y del contexto que provoca un funcionamiento alterado de los procesos psicológicos y neurológicos y la expresión de rasgos de psicopatía.

Otro estudio indica que los rasgos característicos de la psicopatología, en el caso de ciertos individuos con ciertas características genéticas, son seleccionados por sus componentes en el éxito reproductivo. Esto puede observarse en el hecho de que muchos individuos psicópatas tienen relaciones sexuales de corta duración y comportamientos violentos como el abuso, la infidelidad y la violencia. Pueden manipular fácilmente a sus presas u obligarlas a satisfacer sus deseos carnales.

Los psicópatas parecen seguros de sí mismos debido a sus motivaciones ocultas bajo el engaño y las mentiras persuasivas. Tan despiadados como los maquiavélicos, suelen ser más impulsivos y temerarios.

Ted Bundy, por ejemplo, era un asesino psicópata de manual: era un genio engañando a la gente, no sólo física sino también psicológicamente. Todas sus víctimas sentían una atracción por él antes de ser asesinadas a sangre fría. Sin embargo, Bundy también era un narcisista. A menudo se refería a sí mismo en tercera persona y estaba completamente desvinculado emocionalmente de las consecuencias que su conducta antisocial tenía en los demás.

En 1944, el psicólogo John Bowlby realizó un estudio sobre la delincuencia juvenil en una clínica de rehabilitación para jóvenes. Sostenía que la salud mental de una persona perturbada y sus problemas de conducta pueden remontarse a una infancia problemática. Creía que los primeros cinco años de la relación madre-hijo contribuían de forma significativa a las habilidades sociales del niño, y que cualquier sensación de malestar en la relación podía conducir a actitudes antisociales o incluso a la psicopatía.

Bowlby seleccionó a 88 niños de la clínica para llevar a cabo la investigación: de ellos, 44 eran ladrones y los otros 44 tenían problemas afectivos pero no habían cometido ningún delito. Se realizaron varias pruebas y entrevistas tanto a los niños como a sus padres. Los resultados indicaron que más del 50% de los delincuentes habían sido separados de sus madres durante más de seis meses en la infancia, y sólo se encontraron dos casos de este tipo en el otro grupo estudiado. El psicólogo, además, descubrió que 14 de los ladrones no experimentaban afecto o preocupación por los demás, mostrando lo que denominó "psicopatía anafectiva". Ninguno de los otros niños mostró signos similares, por lo que concluyó que la separación o privación de la figura materna durante los primeros cinco años de desarrollo provoca un daño emocional permanente, caracterizado por la incapacidad de formar vínculos significativos a largo plazo.

Bowlby postuló que los seres humanos nacen con comportamientos innatos denominados "desencadenantes sociales", como llorar y sonreír para reforzar el vínculo con la madre. La relación entre una madre y su hijo actúa como modelo en el que se basan todas las relaciones futuras. Según la hipótesis del desapego materno de Bowlby, cualquier malestar a largo plazo en la relación madre-hijo puede dar lugar a comportamientos antisociales, delincuencia, depresión, aumento de la agresividad, dificultades cognitivas y psicopatía anafectiva.

Un ejemplo interesante de este último trastorno podría ser Andy McNab, que fue abandonado de niño y pasó su infancia cometiendo pequeños delitos, antes de alistarse en la infantería del Ejército Británico. Más tarde se unió a la unidad de élite de Special Air Services (SAS) británicos y, tras retirarse del ejército, se convirtió en un autor y guionista de éxito.

El profesor Kevin Dutton de la Universidad de Oxford colaboró con McNab escribiendo un libro titulado "The Good Psychopath's Guide to Success" (La Guía del buen psicópata para alcanzar el éxito), en el que sugiere que los rasgos de la psicopatía podrían resultar útiles en determinadas circunstancias. Dutton es uno de los más destacados investigadores psicológicos de la Facultad de Psicología Experimental y miembro del grupo de investigación del "Centro de Neurociencia Emocional y Afectiva de Oxford" (OCEAN). Afirmó que McNab era capaz de controlar su psicopatía, haciéndose cargo de la situación siempre que fuera posible. Lograba administrar la valentía, la franqueza y la empatía para sacar lo mejor de sí y de los demás. Por ello se ganó el título de "psicópata bueno". Dutton dijo: "He investigado miembros de las fuerzas especiales, cirujanos, gestores de fondos de inversión y abogados. Casi todos ellos tenían rasgos psicopáticos, pero los utilizaron para ser mejores en lo que hacían".

A diferencia de muchas personas, los psicópatas son a veces los mejores en situaciones de estrés (como ataques terroristas o secuestros) debido a su intrepidez y a su capacidad para concentrarse sólo en la tarea que tienen entre manos, aislándose del caos circundante. La obra de Dutton se considera innovadora porque explora los usos positivos que pueden hacerse de la Psicología Oscura, generalmente mal vista.

En 2011, el investigador realizó el "Gran Censo Británico de Psicopatía" e identificó las profesiones con mayor probabilidad de tener un líder psicópata: abogados, policías, periodistas y cirujanos, entre otras profesiones que requieren mucho desapego profesional. Por ejemplo, los directores generales de los fondos de inversión suelen tener que tomar decisiones de alto riesgo sin dudar, un rasgo de la psicopatía que pueden manejar sin problemas los "buenos psicópatas".

A menudo se utilizan indistintamente los términos "sociópata" y "psicópata", pero hay una diferencia: el primero no es un término clínico y se refiere únicamente a personas con un comportamiento antisocial impulsado principalmente por factores del entorno, mientras que el segundo es una predisposición genética, exacerbada por rasgos circustanciales.

Los sociópatas suelen padecer el *Trastorno Antisocial de la Personalidad (TPA), que se* caracteriza por la falta de empatía y de control moral. A diferencia de la psicopatía, el *Manual diagnóstico y estadístico de los trastornos mentales (quinta edición)* lo excluye de los trastornos de la personalidad. Los individuos diagnosticados con TPA ya han tenido otra condición mental llamada *trastorno de conducta* a una edad temprana, que se caracteriza por la incapacidad de seguir las reglas y obedecer la ley, acercándose así a la conducta delictiva. La TPA es independiente y se centra en el comportamiento social del sujeto, mientras que la psicopatía se diagnostica e implica varios rasgos de personalidad psicopática.

La psicopatía, al igual que los otros dos trastornos de la personalidad de la Tríada Oscura, tiene su propio espectro y puede diagnosticarse mediante el uso de una escala de puntuación de 20 síntomas desarrollada por el psicólogo canadiense Robert Hare en la década de 1970.

La " Hare Psychopathy Checklist ", ahora llamada " Psychopathy Checklist- revised (PCL-R)", es una herramienta de diagnóstico para comprobar la psicopatía y las tendencias antisociales en las personas, con fines clínicos, de investigación o jurídicos. Se utiliza ampliamente en los tribunales de justicia como indicador del riesgo potencial que representa el acusado, para determinar la duración y el tipo de las penas, además de las pruebas forenses.

El test consta de dos elementos diferentes: una revisión del historial del sujeto y una entrevista semiestructurada. Sólo puede realizarla un psicólogo o profesional de la salud mental, que evaluará las puntuaciones de los 20 "ítems" de la lista, que incluye rasgos como: "atractivo superficial", "sentido grandioso de sí mismo", "necesidad de estimulación", "mentira patológica", "impostor y manipulador", "ausencia de remordimiento o de culpa", "afectividad superficial", "falta de empatía", "estilo de vida parasitario", "escaso control del comportamiento", "promiscuidad sexual", "problemas de conducta precoces", "falta de objetivos realistas a largo plazo". La otra parte del diagnóstico consiste en una entrevista que abarca el contexto y la historia detallada del individuo.

Cada ítem puede puntuarse de 0 a 2 en función de las respuestas, con un total máximo de 40 puntos. Las personas que obtienen 30 o más puntos son diagnosticadas como psicópatas clínicos. Los que no tienen antecedentes penales suelen obtener alrededor de 5 puntos, mientras que muchos delincuentes no psicópatas han reportado una puntuación media de 22. Para poner esta escala en perspectiva, los conocidos asesinos en serie, Ted Bundy y Peter Lundin, obtuvieron una puntuación de 39/40.

Sadismo

Una comprensión integral de la Tríada Oscura requiere un rápido repaso del concepto de sadismo.

El *Trastorno de Personalidad Sádica* ha sido propuesto por un número cada vez mayor de psicólogos modernos como el cuarto pilar de la Tríada Oscura o, como debería llamarse, el Tetraedro Oscuro.

A diferencia del narcisismo, el maquiavelismo y la psicopatía, las personas suelen dejar de lado el sadismo al no reconocer los signos y las manifestaciones de este trastorno, y al intentar verlo como un rasgo de la personalidad.

En términos sencillos, se trata de una condición mental por la que el sujeto experimenta alegría y placer sólo cuando ve sufrir a los demás.

Su adición a cualquiera de los tres trastornos de la personalidad de la Tríada conduce a manifestaciones alucinatorias de la conducta delictiva. Por ejemplo, un líder maquiavélico puede infligir dolor a su imperio sólo para obtener placer del sufrimiento del pueblo y no para ganar nada con ello.

El sadismo no puede vincularse a la falta de autocontrol, porque es un acto voluntario con intención criminal. Incluso llega a concebir a las personas como un medio de entretenimiento o deporte.

Una amplia gama de fantasías sexuales, demandas y comportamientos inusuales podrían acabar causando lesiones y dolor a la pareja, especialmente en los casos en que no hay consentimiento. El "sadismo sexual" es uno de los muchos trastornos sexuales psiquiátricos etiquetados como "parafílicos". Los que padecen este trastorno causan dolor físico y humillación a sus parejas para experimentar satisfacción sexual. Estos actos pueden incluir nalgadas, mordidas, azotes o bondage. Sin embargo, recuerda: si estas prácticas se llevan a cabo entre adultos que consienten, y no hay sufrimiento físico ni mental, entonces no es un trastorno. En cambio, un sadismo sexual extremo que conduce a un peligro grave o a la muerte es un acto criminal: los rasgos psicóticos de la Psicología Oscura, como la falta de empatía o de remordimiento, la impulsividad, la crueldad y la mentira, pueden hacer que el sadismo sea especialmente dañino.

Capítulo 5: Programación Neurolingüística (PNL)

En la década de 1970, el investigador en psicología John Grinder acuñó el término Programación Neurolingüística (PNL) para referirse a un método de control mental que cambia nuestros pensamientos y comportamientos conscientes de la forma deseada. Programación (aprendizaje/control) Neuro (mente/información) Lingüística (lenguaje/palabras) es el arte de aprender el lenguaje de la mente para generar los resultados buscados. Es como un manual de instrucciones del cerebro, porque ayuda a comunicar los resultados y deseos de la mente inconsciente a la parte consciente.

Imagina que estás en otro país y te apetecen alitas de pollo. Vas a un restaurante a pedirlo, pero cuando llega la comida recibes otro plato debido a una comunicación fallida con el camarero.

Del mismo modo, no solemos reconocer ni tomar conciencia de nuestros pensamientos inconscientes porque muchos de ellos no se comunican bien a la parte consciente. Los entusiastas de la PNL afirman que "la mente consciente es la que fija el objetivo, la inconsciente lo consigue". La idea es que tu subconsciente te lleve a conseguir lo que quieres, pero si el mensaje no llega a la mente consciente, nunca sabrás cuál es el objetivo establecido.

La PNL fue desarrollada por expertos terapeutas y comunicadores que ya eran grandes referentes en la materia. Consiste en un conjunto de técnicas diseñadas para ayudar a dominar la comunicación, tanto con uno mismo como con los demás. Es el estudio de la mente humana, que combina pensamientos y acciones para llevar a cabo sus deseos más profundos.

La mente utiliza complejas redes neuronales para procesar la información y utilizar señales lingüísticas o auditivas para darles un significado, almacenándolas en paquetes para generar nuevos recuerdos. Se puede usufructuar y aplicar voluntariamente ciertas estrategias de PNL para alterar los pensamientos propios y acciones con el fin de lograr ciertos objetivos. Estas metodologías pueden ser perceptivas, conductuales y comunicativas, y pueden utilizarse para controlar la propia psiquis y la de los demás.

Una de las ideas centrales que subyacen a la Programación Neurolingüística es que la mente consciente tiene un sesgo hacia un sistema sensorial específico, llamado Sistema de Representación Perceptual (SRP). Frases como "te oigo" o "suena bien" indican una SRP auditiva, mientras que "te veo" designa una SRP visual.
Un terapeuta certificado puede identificar el SRP de una persona y configurar el tratamiento terapéutico adecuado. Este marco terapéutico, entre otras actividades, implica establecer una relación con el paciente, la identificación de un objetivo y la recopilación de información.

La PNL es una herramienta cada vez más utilizada para estimular el bienestar personal. Esto puede adoptar la forma de intervenciones lingüísticas o sensoriales, utilizando técnicas adaptadas de modificación de conductas para mejorar la comunicación social, la confianza y el autoconocimiento.
Los terapeutas o instructores procuran que el paciente comprenda que su visión y percepción del mundo está directamente asociada a la forma en que éstas operan: el primer paso hacia un futuro mejor es una naturalización de nuestra parte consciente y hacer que esta entre en contacto con la parte inconsciente. Es esencial hacer un análisis al principio, para luego cambiar todos esos pensamientos y comportamientos contraproducentes que bloquean el éxito de la terapia.
La PNL se ha utilizado con resultados positivos en el tratamiento de diversos trastornos mentales como la ansiedad, las fobias, el estrés y el trastorno de estrés postraumático. Cada vez son más los expertos que la aplican en las empresas para mejorar la productividad y la consecución de resultados, lo que lleva a la evolución del trabajo en sí mismo.

Pero, ¿cómo funciona la PNL?
John Grinder y su alumno Richard Bandler examinaron las técnicas utilizadas por Fritz Perls (fundador de la terapia Gestalt), Virginia Satir (consejera familiar) y Milton Erickson (reconocido hipnoterapeuta). Analizaron y optimizaron estas

metodologías terapéuticas para crear un modelo conductual de aplicación masiva, con el objetivo de alcanzar la excelencia en todos los campos.

Bandler, licenciado en ciencias de la información, ayudó a desarrollar un "lenguaje de programación psicológica" para los seres humanos. La forma en que la mente procesa la información o percibe el mundo exterior genera un "mapa PNL" interno de lo que ocurre en el exterior. Se crea en función de las emociones que percibimos, a través de imágenes, sonidos, sabores, olores, etc. Sin embargo, el cerebro borra selectivamente y generaliza mucha de la información que recibe: esta selección es única para cada persona y está determinada por lo que nuestra psiquis considera relevante. Como resultado, a menudo olvidamos muchos detalles que pueden ser percibidos por otra persona, terminando con una visión limitada de lo que realmente está sucediendo. Por ejemplo, tómate un momento para procesar esta frase: "A mató a B". Ahora, según nuestras circunstancias y experiencias personales, tendremos nuestra propia versión de la historia: algunos podrían pensar que "un hombre mató a una mujer", o "un león mató a una persona" o "Cayo mató a Kennedy", etc.

Existe un método para llegar a esa historia imaginaria, y fue conducido por tu experiencia. Nuestra mente crea un mapa interno de la situación en cuestión y luego lo compara con los otros que tenemos almacenados en nuestra memoria. Todos tenemos una "biblioteca" interior personal basada en nuestras experiencias y en lo que consideramos importante. Una vez que la psiquis está satisfecha con un mapa mental preexistente comparable al nuevo, empieza a añadir significado a lo que está sucediendo y decide cómo sentirse y cómo reaccionar ante ello.

Tu estado físico y psicológico tiene un gran impacto en el significado que tu mente atribuye a las cosas. Por ejemplo, las sensaciones físicas producidas por el miedo y la excitación son las mismas, es decir, taquicardia, aumento de la presión arterial e incluso palpitaciones, por lo que es el significado que nuestra mente le atribuye el que decide si debemos sentirnos excitados o atemorizados. Todo está en la historia que escribas en tu mente.

"Las leyes que se aplican a los sistemas mecánicos no vivos no son las mismas que se aplican a la interacción de los sistemas biológicos vivos".
- John Grinder

¿Has sentido alguna vez que tu mente consciente te ha hecho saber lo que quieres hacer o conseguir y de repente el universo parece enviarte señales para ayudarte a encontrar el camino hacia tu objetivo? Por ejemplo, un día te levantas pensando que deberías llevar a tu familia de vacaciones. Sigues tu día como siempre, pero de repente ves un cartel de camino al trabajo que anuncia un viaje a Florida y, al hablar con un compañero, te enteras de que lleva ahí todo un mes. Te das cuenta de que, junto al bar al que siempre vas, hay una agencia de viajes a la que nunca has prestado atención. Navegando en Internet, no ves más que anuncios de viajes en las redes sociales o promociones de Airbnb durante los anuncios en YouTube. Podría ser una coincidencia, pero esas cosas estuvieron ahí todo el tiempo, salvo que tu mente borró esa información porque no le parecía relevante. Ahora, a medida que tu mente consciente empieza a conectar los puntos entre tus deseos y la realidad, empiezas a recopilar información que puede haber estado a mano antes pero de la que sólo te das cuenta ahora.

Tu personalidad también desempeña un papel importante en los detalles que tu mente decide excluir o procesar. Las personas más centradas en la seguridad van a evaluar su situación personal para asegurarse de no hay ningún peligro, mientras que las personas más enfocadas en la libertad tienden a pensar en las opciones y los límites que tiene cada una. Tu carácter determina con qué y cómo actualizas tu biblioteca mental y el significado que das a estos mapas internos. Por ejemplo, un niño ante una montaña rusa seguramente pensará en lo bien que se lo pasaría y, si tuviera la oportunidad, acudiría a ella sin miedo. Por el contrario, un adulto que se centra no sólo en la diversión, sino también en la seguridad, se lo pensará dos veces antes de tomar la misma decisión.

El quid de la cuestión es que reaccionamos a nuestra visión personal de la realidad (mapa mental), y no a lo que ocurre objetivamente. E incluso el significado de esta frase es interpretado de forma única por cada uno de nosotros. La luz al final del túnel es que, con la PNL, puedes controlar tu realidad. Así que, si hay algo que no te gusta o que no te hace sentir del todo bien, ¡PUEDES CAMBIARLO!

"La única justificación para el uso de los patrones de PNL es la de crear posibilidades en un contexto donde no existen". - John Grinder

Técnicas de PNL

Anclaje

Un científico ruso, Ivan Pavlov, realizó un experimento en el que hizo sonar repetidamente una campana mientras los perros comían y llegó a la conclusión de que podía hacerlos salivar repitiendo ese sonido, aunque no hubiera comida. Esta conexión neurobiológica se denomina "respuesta condicionada" o "anclaje".

Pruébalo tú mismo. Piensa en un gesto o una sensación de tu cuerpo (tirar del lóbulo de la oreja, crujir los nudillos, tocarte la frente) y asócialo con la respuesta emocional positiva que desees (felicidad, seguridad, calma, etc.) recreando y reviviendo el momento en que sentiste esas emociones. La próxima vez que te sientas estresado o deprimido, podrás activar este anclaje voluntariamente y notarás que tus sensaciones cambian automáticamente. Para reforzar la respuesta, puedes rememorar y evocar uno o más recuerdos relacionados con esa emoción.

Reformulación del contenido

Esta técnica es la más adecuada para combatir los pensamientos y sentimientos negativos: puedes manipular tu mente induciéndola a ver de forma diferente situaciones en las que te sientes amenazado o impotente. Todo lo que tienes que hacer es visualizar esta circunstancia negativa y reformular su significado en algo positivo. Por ejemplo, imaginemos que acabas de romper con tu pareja después de largo tiempo: por supuesto que estarás dolido y te sentirás mal, pero puedes decidir replantear tu ruptura con pensamientos optimistas sobre la soltería y las posibles nuevas relaciones. Puedes pensar en lo que has aprendido de tus relaciones anteriores, de modo que puedas utilizarlo para tener una mejor en el futuro. Así, podrás sentirte mejor e incluso con más fuerza.

Esta técnica se utiliza principalmente en el tratamiento del trastorno de estrés postraumático y para aquellas personas que sufrieron abusos en la infancia o que padecen enfermedades crónicas.

Construcción del vínculo

El rapport es el arte de generar empatía en el otro estimulando y reflejando su comportamiento, verbal y no verbal: la gente aprecia a quien cree que es similar a ella. Cuando consigues imitar sutilmente a otra persona, su cerebro dispara "neuronas espejo" o "sensores de placer" y le hace pensar que quizá le atraes. Puedes simplemente emular la forma en que se levantan o se sientan, inclinar la cabeza en la misma dirección o sonreír al mismo tiempo. Todas estas señales te ayudarán a establecer un vínculo con tu interlocutor.

No hay que subestimar la importancia de establecer vínculos: las conexiones interpersonales y profesionales sólidas conducen a una vida más feliz y larga.

Disociación

La técnica de disociación se usa para disolver la conexión entre las emociones negativas y el estímulo asociado.

Por ejemplo, ciertas frases o palabras a menudo están asociadas a recuerdos desagradables y hacen que te sientas estresado o triste. Si consigues identificar estos estímulos y logras desprenderte de las emociones negativas, estarás más cerca de curarte y salir fortalecido. Una gran cantidad de trastornos mentales como la ansiedad, la depresión e incluso las fobias pueden tratarse con éxito con esta técnica. También puede utilizarse para afrontar con optimismo situaciones difíciles tanto en casa como en el trabajo.

Future pacing

Es un tipo de visualización mental, que se utiliza para transportar mentalmente al individuo al futuro, haciéndole experimentar todos los resultados posibles: hacerlo así, conseguirá que se sienta motivado a alcanzar el objetivo establecido como algo automático.

Un manipulador hábil puede llevar a su víctima a un viaje mental e influir en las respuestas que tendrá en el futuro, y así conseguir lo que quiere.

Influencia y persuasión

Esta es definitivamente una técnica de carácter ambivalente ya que ocupa una zona gris entre la Psicología Oscura y la Psicoterapia.

La PNL se centra principalmente en erradicar las emociones negativas, disminuir los malos hábitos y resolver los conflictos, pero también se ocupa de influir en la ética y persuadir a los demás. Ahora, presta atención a la palabra "ética".

Una de las figuras principales que participaron en la investigación original de Grinder sobre la PNL fue Milton Erickson, un famoso hipnoterapeuta y fundador de la American Society for Clinical Hypnosis. Era tan hábil que podía literalmente hipnotizar a cualquier persona en cualquier lugar y comunicarse con su subconsciente. Ayudó a construir el "Modelo Milton", diseñado para inducir a las personas al trance utilizando patrones de lenguaje abstracto. Según el Modelo, el uso de frases ambiguas y deliberadamente poco claras induce a la persona a buscar el significado de lo que escucha a partir de sus experiencias vitales y a darles sentido inconscientemente. Esta poderosa herramienta puede utilizarse no sólo para persuadir éticamente a alguien, sino también para ayudarle a lidiar con algunas emociones negativas profundas, superar los miedos y aumentar su autoconciencia.

Hipnosis

Es la síntesis perfecta del uso de la PNL en la Psicología Oscura.

Cuando la gente piensa en la palabra "hipnotismo", se imagina a un anciano con bigote y sombrero de copa, agitando su reloj de bolsillo delante de la cara de alguien y diciéndole que está a punto de dormirse. Esto es más bien una versión cinematográfica: los verdaderos hipnotizadores están ahí fuera y pueden aprovechar fácilmente los rasgos psicológicos más oscuros para influir y persuadir a la gente en su beneficio propio. Victimizan a las personas en su estado de vulnerabilidad, dando consejos profundos y de alto impacto, desarrollando así un alto nivel de influencia sobre ellas. Las indicaciones están hechas con sutileza y son casi imposibles de detectar por las presas.

Por definición, la hipnosis da acceso a la parte más profunda e inconsciente de la mente, por lo que un hipnotizador experimentado puede incluso sustituir los pensamientos y sentimientos por otros, sin ser detectado ni darle la oportunidad a uno de defenderse.

La hipnosis puede realizarse con señales verbales y no verbales, según la víctima y el contexto. La sugestión verbal puede ser difíciles de detectar, ya que se pueden utilizar palabras que suenan familiares. Por ejemplo, si alguien intenta infundir pensamientos y sentimientos suicidas en una persona, puede decir "quieres seducir" para ocultar la orden subyacente "quieres morir". También podría proponer un plan, con la frase "Ten en mente aquel restaurante en la colina, si quieres morir en un lugar concurrido y pintoresco": la mente subconsciente de la presa absorberá la idea de la muerte sin ningún tipo de lógica consciente. La psiquis humana elige siempre la opción psicológicamente más fácil y, por lo tanto, acepta la orden engañosa sin ningún cuestionamiento.

Otra táctica empleada por los hipnotizadores oscuros consiste en alterar el tono de voz y elegir cuidadosamente las frases, imitando la velocidad y el estilo del discurso utilizado por la víctima al expresarse. Aquí es donde resulta útil establecer una relación con la víctima. Imitar el tono de voz, con una cuidadosa modulación, transmitirá el mensaje deseado en el subconsciente de la persona hipnotizada, penetrando todas sus defensas, mientras que la vuelta al tono habitual permitirá al manipulador no ser detectado. Lo mismo ocurre con el vocabulario: cada uno de nosotros tiene una lista de palabras que solemos utilizar para expresar inquietudes o pensamientos.

El hipnotizador oscuro también puede recurrir a señales no verbales y a un lenguaje corporal manipulador para obtener el control. Por muy poderosas que sean nuestras mentes, son susceptibles a los más pequeños estímulos físicos: incluso los líderes políticos cambian su peinado para alterar su intención mientras pronuncian discursos de alto nivel. Toda la idea gira en torno a la asociación de estímulos externos con fuertes respuestas emocionales. Por ejemplo, un hipnotizador oscuro puede desencadenar la ansiedad en su presa imitando el movimiento de los ojos que ésta realiza cuando siente pánico.

El estímulo contextual también es importante. De niño, si te portabas mal en la escuela te enviaban al despacho del director, por lo que aprendiste a asociar inconscientemente el despacho del director con algo estresante, creando una conexión entre el lugar físico y la sensación que tenías allí. Del mismo modo, los hipnotizadores planifican una conversación específica en un lugar concreto. Por ejemplo, si tienen una relación romántica con el sujeto hipnotizado, lo llevarán al mismo bar cada vez que intenten obtener su consentimiento. Con el tiempo, empezará a asociar el bar como el lugar donde cede a las exigencias de su "amante".

El estudio del caso del co-creador de la PNL, Richard Bandler, proporciona una visión integral de la Psicología Oscura de la PNL. Es un ejemplo perfecto de cómo los usuarios de la Psicología Oscura pueden crear con éxito una falsa imagen pública, mientras ocultan estratégicamente la realidad. Viven contradiciendo sus propias afirmaciones sobre el poder que tiene la PNL para tratar el estado de salud mental. Analicemos esta paradoja: Bandler presume de una larga lista de éxitos terapéuticos, como la superación de su discapacidad en silla de ruedas y el tratamiento de pacientes esquizofrénicos con métodos no convencionales, rechazados, con razón, por la psicología convencional. Estos logros le han ayudado a construir y, en parte, a mantener la imagen pública de un hombre de modales amables y positivos. En realidad, es un consumidor habitual de drogas (cocaína) y ha sido acusado de asesinar a una mujer. Durante el juicio por asesinato, los fiscales aportaron pruebas concretas de que el crimen se cometió con el arma de Bandler, pero éste afirmó que fue utilizada por su *dealer*. Al ser interrogado sobre su consumo de drogas, dijo que tenía una adicción a los alimentos poco saludables, como los dulces y los cacahuetes, e insistió en que eran peores para su salud que la cocaína. Piénsalo: Bandler utilizó la técnica de la PNL para convertir una situación grave en una más relajada, influyendo en muchas personas. Ha sido capaz de hablar de las golosinas ante la muerte de un individuo. Esto demuestra cómo los hipnotizadores y los usuarios de PNL hábiles son capaces de controlar y usufructuar la atención selectiva de sus víctimas.

La próxima vez que te sientas amenazado o creas que alguien está intentando controlarte o manipularte, utiliza estos consejos para reconocer y combatir a los especialistas en PNL:

- desconfía de las personas que imitan tu lenguaje corporal. Si alguien copia tus gestos, hazle saber que lo notas;

- mueve los ojos de forma casual, para que tu actitud no pueda ser imitada y utilizada para fingir interés en lo que estás diciendo;

- evita posibles "anclajes", evitando que el interlocutor sospechoso te toque durante tu estado emocional vulnerable;

- no creas en un lenguaje poco claro y ambiguo: puede ser un intento de inducirte a un estado de trance;

- presta atención a las declaraciones del sospechoso e intenta averiguar si las palabras que elige se parecen a otras con significados peligrosos o violentos;

- estate atento y ¡confía en tu instinto!

Capítulo 6: Control mental

De forma innata, el ser humano busca tener el control absoluto sobre sí mismo y disponer de un espacio a salvo en su cabeza para guardar los pensamientos íntimos inaccesibles para el mundo exterior. ¡La mente es como un santuario!

Piensa que cuando estás soñando no puedes controlar lo que sucede a continuación. Cuando intentas aprobar un examen, ¿puedes evitar que tu mente se distraiga? La psiquis es extremadamente poderosa y puede procesar pensamientos completamente distintos al mismo tiempo, a una velocidad inigualable.

Pero al mismo tiempo se ve fácilmente influenciada por factores externos. Por ejemplo, cuando ves una película, tus emociones están guiadas por lo que ocurre en la pantalla, desde la música incidental hasta el movimiento de cámara. El cerebro responde a los estímulos que recibe, incluso si es consciente de que lo que está viendo es una ficción. Así que si te influyen los estímulos a los que te has sometido conscientemente, imagina las consecuencias psicológicas que puede provocar una persona manipuladora.

Estos individuos no sólo son lógicos, sino también pacientes y muy hábiles, por lo que es probable que intervengan una vez evaluada cuidadosamente la situación y el estado de su víctima. El control mental es una tarea difícil, pero más difícil es pasar desapercibido, y este tipo de personajes oscuros suelen ser personas temerosas.

En el caso de un control mental no detectado, la víctima no es consciente de que sus pensamientos y sentimientos están siendo influenciados. Este desconocimiento les hace vulnerables y les impide defenderse verbal, física y mentalmente, al no ser capaces de controlar la situación ni de activar su reflejo de "lucha o huida". Para defenderse, primero hay que identificar el peligro.

Las técnicas de control mental encubierto pueden dividirse en dos categorías: las interacciones interpersonales y el uso de los medios de comunicación masiva. Varios estudios sugieren que algunas instituciones ejercen su poder para intentar influir en nuestra forma de pensar, actuar o sentir, sin que seamos conscientes de ello. Hace unos años, las tácticas convencionales de control de los medios de comunicación estaban reservadas a las grandes empresas, pero con la llegada de Internet esas estrategias son utilizadas cada vez más por los manipuladores oscuros.

En la serie "Mad Men" se muestra maravillosamente el mundo de la publicidad de los años 60 en Madison Avenue y el brillante trabajo del gran publicista Don Draper. La cuestión es que realmente existió un hombre así. A principios del siglo XIX, Edward Bernays, nieto de Sigmund Freud, era considerado "el padre de las relaciones públicas". Aplicó con éxito los conocimientos que recibió de su tío sobre la mente humana subconsciente, desarrollando sus propios métodos de control psicológico y creando el consumidor americano moderno. Bernays pronto se dio cuenta de que la opinión pública, los pensamientos, las actitudes y los comportamientos eran muy maleables. Por ejemplo, durante la revolución industrial, los cigarros se fabricaban con máquinas, pero muchos fumadores se enorgullecían de seguir fumando cigarros auténticos liados a mano. Así, para promocionar los cigarros industriales, Bernays creó una campaña publicitaria masiva denunciando los problemas de salud que causaban los cigarros artesanales. Cambió el enfoque de los clientes potenciales, pasando de la autenticidad al daño físico, creando un contexto en el que su producto se convirtió en la elección obvia.

Otro ejemplo de su genialidad se produjo en la década de 1920, cuando el descenso masivo de la venta de maletas grandes en favor de las pequeñas se estaba convirtiendo en un problema económico para la industria del sector. Para invertir la tendencia, Bernays envió artículos a las revistas femeninas más populares, insistiendo en la necesidad de que las mujeres viajaran con un vestuario versátil y con ropa adecuada para diversas exigencias. Animó a los propietarios de las tiendas a exponer grandes maletas en sus escaparates para establecer un vínculo con la capacidad de llevar una gran cantidad de ropa. Incluso creó el "Servicio de Información de Equipajes" y presionó para que se aumentara el peso permitido en los aviones. Se parece mucho a la astucia de Don Draper, ¿no?

En 1934, el verde se convirtió en el color de la moda chic. ¿Cómo? Gracias a la campaña publicitaria de Bernays para la compañía de cigarrillos "The Lucky Strikes".

El propietario George Washington Hill se había negado a cambiar el color del envase de un "gran círculo rojo sobre fondo verde" a tonos más neutros, como había sugerido Bernays. La intención del publicista era hacer que el producto estuviera más combinado con la ropa de la gente, así que... ¡decidió poner de moda el color verde! Algunas de las tácticas empleadas en su campaña fueron: animar a artistas y psicólogos a hablar acerca del color verde, organizar una "Oficina de la Moda del Color", enviar 1.500 cartas a decoradores de interiores y compradores de muebles con membrete verde, y convencer al presidente de la "Onondaga Silk Company" de que los menús de su almuerzo para los editores de revistas fueran verdes.

"El énfasis de la repetición hace que uno acepte una idea, especialmente si la repetición proviene de diferentes fuentes" - Edward Bernays

El uso de los medios de comunicación masiva para promover deseos y símbolos de estatus desempeña un papel fundamental en el ecosistema capitalista. La mente humana ha evolucionado para procesar las señales visuales con mucha más fuerza que las señales recibidas por cualquiera de los otros cuatro sentidos. Cuando recordamos a alguien, visualizamos rápidamente su imagen en lugar de asociarla con cualquier otro estímulo sensorial. Como se dice: "Una imagen vale más que mil palabras".

Tradicionalmente, el uso de los medios de comunicación masiva se confiaba a instituciones o empresas para influir éticamente en la opinión pública. Sin embargo, lo que ha cambiado es el uso de la tecnología: la nueva generación de manipuladores controla a las personas a través de Internet, incluso más exhaustivamente de lo que nuestros antepasados podrían haber creído posible. La actual rutina diaria de las masas está marcada por el sonido de las notificaciones, los emoji y el número de "me gusta" en las publicaciones que te indican lo popular que eres. Inconscientemente, la mente desencadena bucles de comportamiento en presencia de estos estímulos externos, conocidos como "estímulos calientes". Estas fuentes de gratificación instantánea son adictivas.

Piensa en lo siguiente: creado en un departamento, "Facebook" se ha convertido en una empresa multimillonaria con más de 1.500 millones de usuarios activos en todo el mundo. De forma alarmante, Facebook se ha visto envuelto en numerosas polémicas desde las elecciones presidenciales de 2016 en EEUU. por permitir la difusión de una retórica partidista falsa que está socavando la democracia estadounidense.

La red social realizó una investigación sobre su influencia en el pueblo estadounidense, enviando una notificación de " Go Out & Vote" a más de 60 millones de usuarios el día de las elecciones presidenciales de 2010. El resultado fue positivo para más de 340.000 personas que probablemente no habrían acudido a las urnas sin el recordatorio. Ahora bien, si las notificaciones se enviaran selectivamente sólo a los votantes de un determinado partido, los resultados de las elecciones podrían condicionarse sin que sea notorio. Otro controvertido experimento realizado por Facebook consistió en manipular el estado emocional de más de 600 mil usuarios enviándoles palabras efusivamente positivas o negativas en sus nuevos muros.

Cada vez hay más conciencia de que en Internet existe una "Dark Web", donde individuos con rasgos psicológicos oscuros vigilan el mundo en busca de su próxima presa.

Sin embargo, el control mental encubierto no se limita a las redes sociales. La mayoría de la gente asume que cuando utiliza motores de búsqueda como Google, Yahoo o Bing está buscando en profundidad sobre un tema, pero en realidad más del 90% de las veces accedemos a los sitios de la primera página de resultados. Claro que Google encuentra miles de páginas web que contienen nuestra frase de búsqueda pero su algoritmo da prioridad a ciertos sitios y esto influye en la información que la mayoría de nosotros encontrará sobre un tema. El psicólogo Robert Epstein llamó a este fenómeno "efecto de manipulación de los motores de búsqueda". Luego realizó un experimento para evaluar si esto tenía un impacto en las preferencias de voto de la gente. Pidió a tres grupos de estadounidenses que buscaran candidatos para unas elecciones australianas utilizando su falso motor de búsqueda que proporcionaba los mismos resultados de búsqueda a las personas implicadas pero cambiando el orden en que se presentaban: al hacerlo, hacía que cada grupo se decantara por un candidato distinto. Los resultados mostraron un aumento del 48% para el político "favorecido" por el motor de búsqueda. Los hackers poco éticos con rasgos psicológicos oscuros podrían utilizar fácilmente estas tecnologías web para ejercer el control mental sobre sus presas sin ser descubiertos.

Otra táctica utilizada para el control mental no detectado es la interacción interpersonal. Está científicamente demostrado que un individuo con una necesidad o un deseo apremiante tiende a ser más susceptible y vulnerable. La necesidad puede ser tan simple como beber cuando se tiene sed, o tan compleja como buscar amor y afecto. Por ejemplo, cuando buscas a una persona concreta entre la multitud, como tu nuevo amante, tu mente puede filtrar a los demás, centrándose sólo en el que te interesa. Esto sucede porque una vez que tu cerebro reconoce lo que quieres es capaz de dirigirte hacia ello sin que te des cuenta. Este fenómeno también se denomina "influencia subliminal" y el término puede utilizarse indistintamente como el de control mental no detectado. El manipulador mental es capaz de entender discretamente cuáles son los objetivos de la víctima y explotarlos para engañarla.

En un experimento realizado sobre la influencia subliminal se formaron dos grupos: uno con sed y otro sin ella. A ambos se les mostró una película con una imagen oculta de té helado y luego se les permitió comprar una bebida de una amplia selección. Las personas sedientas compraron el té helado en mayor número de lo que se esperaba estadísticamente. Esto demuestra que cuando la mente de una persona está desesperada por algo está más abierta a las sugerencias. Si un manipulador encuentra a una víctima con ganas de algo, entonces le será más fácil controlar su mente. Por ejemplo, si un individuo ha sufrido recientemente una ruptura y se encuentra con un manipulador mental, tenderá a creer que éste puede satisfacer su necesidad de compañía y lo considerará una aparición salvadora.

Algunas vulnerabilidades concretas que los manipuladores buscan en sus presas potenciales son la necesidad de estabilidad financiera, la necesidad de pertenencia y el deseo de amor. A veces también pueden buscar abusar sexual o económicamente de su víctima, ganar su lealtad a alguna forma de culto o simplemente jugar con ella para su propio placer sádico.

"El control mental es un proceso mediante el cual la libertad de elección y acción individual o colectiva se ve comprometida por agentes o entidades que modifican o distorsionan la percepción, la motivación, la influencia, la cognición y/o los efectos de la conducta" - Philip Zimbardo

Si preguntas en general a la gente si están familiarizados con el control mental probablemente lo relacionen con el "lavado de cerebro". En la década de 1950 el periodista estadounidense Edward Hunter utilizó por primera vez el término en un informe sobre el tratamiento de las tropas estadounidenses en los campos de prisioneros chinos durante la "Guerra de Corea". Aunque se conoce esta práctica, no se tiene una comprensión profunda de ella.

El psicólogo Steve Hassan ha hecho una distinción fundamental entre control mental y lavado de cerebro afirmando que en este último "la víctima sabe que el agresor es un enemigo". Por ejemplo, los prisioneros de guerra a menudo optan por cambiar su sistema de creencias para no arriesgar su vida, aunque sean conscientes de que son víctimas a nivel psicológico. Sin embargo, una vez que logran escapar del enemigo los efectos del lavado de cerebro desaparecen.

El control mental, por otro lado, es más sutil ya que el manipulador es considerado un amigo, por lo que la persona subyugada ni siquiera intenta defenderse y actúa como un participante "voluntario".

La mayoría de las técnicas de la Psicología Oscura son como balas de francotirador dirigidas a una persona concreta cada vez, mientras que el lavado de cerebro es como una bomba atómica capaz de causar una destrucción masiva en un segundo. Puede convertir a personas inocentes en terroristas kamikazes.

Se trata de un lento proceso de sustitución gradual de ideas, creencias e identidad mental del individuo por las del manipulador. Esta técnica puede utilizarse para controlar a un individuo o a todo un país. Se ha probado y demostrado que funciona eficazmente en cualquier situación imaginable.

Por ejemplo, los miembros de una secta son considerados víctimas de lavado de cerebro, pero la gente en general no es consciente de lo que está ocurriendo. Una secta es un "grupo marginal de personas que muestran una intensa devoción por una causa, persona u obra determinada". Su líder es capaz de ejercer una gran influencia sobre sus seguidores, que siguen ciegamente su predicación. El principal atractivo es la presentación de una realidad sencilla y alcanzable para quienes estén dispuestos a abrazar ciertas enseñanzas. El ritmo frenético del mundo moderno puede ser abrumador y bastante confuso, y las sectas se las arreglan para sobreponerse a esta confusión y aprovecharse de nuestra necesidad de pertenecer y ser aceptados. El lavado de cerebro ideológico de las sectas se ve reforzado por el persistente respaldo social de las propias enseñanzas del grupo. Las sectas se parecen mucho a los vendedores de droga: se lanzan a la búsqueda voluntaria de la víctima.

Cuando el lavado de cerebro se basa en una ideología y no en un individuo, lo que está en juego es aún mayor. Un ejemplo perfecto es el de las organizaciones terroristas con ideologías religiosas extremistas. Osama Bin Laden era el líder del grupo terrorista extremista islámico más importante pero, en contra de lo que se esperaba, su muerte no debilitó la existencia de esas actividades. Por el contrario, el hecho fue considerado por sus seguidores como un sacrificio que lo ubicó en el lugar de mártir.

"La mayoría de la gente no quiere realmente la libertad, porque implica responsabilidad, y hay muchos que tienen miedo a la responsabilidad".
- Sigmund Freud

Cuando uno escucha la palabra "grupo terrorista", piensa inmediatamente en ISIS y Al Qaeda, por el horror que estas organizaciones han causado a nivel mundial.

Sus tácticas para reclutar y retener adeptos son similares: el uso extensivo de un lavado de cerebro deliberado les ha permitido reclutar a jóvenes de todo Occidente hacia el volátil Oriente Medio. Los vídeos de propaganda en línea han desempeñado un papel importante a la hora de penetrar profundamente en la psiquis de los jóvenes impresionables y susceptibles, lo que ha provocado una terrible devastación en la sociedad.

El primer paso en el proceso de lavado de cerebro es identificar y analizar el estado mental y las circunstancias sociales de la presa, que debe ser susceptible y vulnerable. Por ejemplo, las personas que han sufrido un duelo familiar son más propensas a sentirse atraídas por grupos extremistas como ISIS, porque han sufrido un trauma mental y su vida ha perdido el sentido. Los extremistas pueden entonces intervenir fácilmente y llenar ese vacío con sus visiones perversas y su ideología asesina.

El segundo paso es ponerse en contacto con la víctima, en línea o en persona, de forma apacible y amistosa. El manipulador necesita dar la impresión de que puede resolver sus problemas, y comenzará a establecer una relación de confianza con la presa, compartiendo historias reales o inventadas sobre sí mismo para lograr una conexión emocional más profunda. Ofrecerá favores y regalos para hacerle creer a la persona que puede contar con él para cualquier cosa que necesite. La víctima comenzará entonces a desarrollar un sentimiento de deuda y gratitud, dejando de lado cualquier resistencia inicial. Por ejemplo, los soldados estadounidenses cautivos a menudo informaron de que se les ofrecían cigarrillos y otros productos estadounidenses para generar un sentimiento de simpatía hacia sus captores.

La tercera fase consiste en presentar a la presa un mundo utópico, con las soluciones a todos sus problemas. Las sugerencias se formulan en un tono informal, para evitar cualquier sensación de presión. La víctima se sentirá ansiosa y curiosa por todas las posibilidades que se le presenten y deseará más información ávidamente. En este punto, se le proporcionarán las ideologías básicas, que probablemente serán bien recibidas: de hecho, las ideas controversiales siempre se guardan para el último paso y se comunican sólo cuando el manipulador cree que la persona manipulada está preparada. Una vez que éste desarrolla un fuerte vínculo con la ideología, se ve empujado a actuar para proteger la existencia de la propia ideología: en el caso del ISIS, tiene que matar a los infieles y a todos aquellos que los líderes del grupo terrorista señalen como una amenaza. Así es exactamente como se convierten en terroristas suicidas.

Las peligrosas consecuencias del lavado de cerebro son evidentes y muy duraderas. De todas ellas, la pérdida de identidad es la más irreversible. Muchas sectas incluso dan a sus seguidores un nuevo nombre cuando son adoctrinados con éxito: esto abre un camino para que el individuo se desconecte completamente de su identidad pasada, convirtiéndose en un zombie capaz de adoptar un comportamiento antisocial y de cometer crímenes atroces como asesinatos, violaciones e incluso llevar al suicidio. No sólo adopta este nuevo estilo de vida, sino que a menudo incluso se siente afortunado por haber sido introducido y acogido en el grupo.

Las pocas víctimas que han sido rescatadas o han conseguido escapar del lavado de cerebro suelen desarrollar un TEPT (Trastorno de Estrés Postraumático) y muestran signos físicos y psicológicos de los daños, como los veteranos de guerra que presenciaron la muerte de sus compañeros durante el combate. La magnitud de estos efectos se hace evidente cuando la víctima rescatada vuelve voluntariamente al manipulador.

Así que surge la pregunta: ¿se puede recuperar un lavado de cerebro? La respuesta es sí.

Para facilitar la comprensión, clasificamos el camino hacia la recuperación y protección del lavado de cerebro en tres etapas:

1. Reconocer las técnicas de lavado de cerebro
2. Identificar quién ha sufrido un lavado de cerebro
3. Desprogramación y curación

Reconocer las técnicas de lavado de cerebro

Un manipulador es capaz de identificar al posible candidato sobre el que actuar con sus tácticas oscuras: suelen ser personas vulnerables porque están pasando por momentos particulares como la pérdida del trabajo, el divorcio, la muerte de un ser querido.

El primer paso en cualquier tipo de curación es siempre reconocer el problema. Si te das cuenta de que has sido objeto de un ataque, debes actuar para protegerte:

- registrar a las personas que tratan de aislarte del resto. Las sectas, por ejemplo, suelen impedir que sus seguidores se pongan en contacto con sus amigos y familiares;

- identificar los ataques a tu autoestima. Los expertos en lavado de cerebro aprovechan la fragilidad mental y emocional de las personas para "reconstruirlas" con sus propias ideologías;

- desconfiar de los que intentan presentarte un mundo utópico creado a partir de sus propias creencias. Te presentarán una realidad alternativa, más atractiva, como solución única a todos tus problemas;

- reconocer la mentalidad de "nosotros contra ellos". Esta táctica es un sello distintivo del líder carismático de la secta;

- ser consciente de que a las víctimas se les suelen ofrecer regalos y recompensas como gesto de inclusión y para crear un sentimiento de deuda con el verdugo;

- estar atentos a cualquier patrón de comportamiento inusual. Por ejemplo, si un individuo muy sociable expresa poco interés en participar en eventos sociales durante un largo periodo, puede haber un posible lavado de cerebro detrás.
Lo mismo ocurre con las diferencias en la forma habitual de razonar de un sujeto.

Identificar si alguien ha sufrido un lavado de cerebro

- Busca signos de dependencia y fanatismo: cuando las víctimas pierden su identidad, se aferran en gran medida a estos valores para resolver sus problemas.

- Identifica las reacciones extremas de una persona ante un incidente o un acontecimiento normal. Actúa de forma cada vez más hostil ante acontecimientos que desafían o socavan sus nuevas creencias.

- Observa la falta de percepción de las consecuencias de sus conductas y acciones: tiene una lealtad ciega hacia las nuevas ideas que se le han inculcado.

- Busca signos de retraimiento social. Quienes están sometidos a un lavado de cerebro se sienten naturalmente atraídos por quienes comparten sus mismas opiniones y se aíslan de los demás.

Desprogramación y curación

En el pasado, la desprogramación se llevaba a cabo manteniendo a la víctima encerrada en un lugar para anular el control mental. Se les revelaban hechos e informaciones sobre la ideología del grupo y su líder, que hasta entonces habían sido ocultados por los manipuladores. Este proceso resultó definitivamente traumático y no muy exitoso.

Hoy en día, se utiliza muy a menudo el "asesoramiento de salida": se invita a la persona a hablar con un especialista en un entorno cerrado, que la guiará para que salga del engaño del predador.

Las intervenciones planificadas son conducidas por los amigos y la familia de la víctima, que intentan ayudarla a recuperar la razón y el pensamiento crítico. Se le da el control sobre el flujo de la intervención y a quién elegir para discutir sus pensamientos y sentimientos. El objetivo es proporcionar a la persona manipulada información suficiente para que comprenda cómo funciona el control mental y de qué manera ha sido víctima. Al final de la reunión, debería conocer las verdaderas intenciones de su torturador y elegir no volver al grupo.

El último paso es buscar un tratamiento terapéutico para eliminar los restos del lavado de cerebro. Las víctimas a menudo no son conscientes del alcance de los efectos de lo que han sufrido, por lo que el terapeuta debe realizar una evaluación.

El conocimiento y la instrucción son esenciales para anular el control mental. Reconocer su existencia es el primer paso. Además, una amplia comprensión de su funcionamiento es la mejor manera de evitar que se repita.

"De tus vulnerabilidades saldrá tu fuerza". -Sigmund Freud

Capítulo 7: Persuasión vs. manipulación

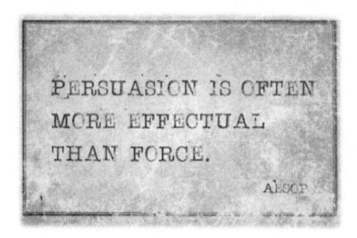

Persuasión

Cuando oyes la palabra "persuasión", ¿a qué te remite? Tal vez a los jingles publicitarios que te instan a comprar un producto, o a los eslóganes de las campañas políticas que intentan convencerte de que votes a un determinado candidato, o a un vendedor insistente que quiere venderte un coche. De hecho, la política, las noticias, los medios de comunicación, los procedimientos judiciales y la publicidad pueden influir en tu proceso de decisión. A la mayoría de la gente le gusta pensar que es inmune a todo esto, pero al final todos tenemos zapatillas Nike, gafas de sol Ray Ban o el nuevo iPhone. Pareciera que los anuncios deben haber funcionado.

La persuasión es intrínseca a la comunicación humana y a la interacción social. En la comunicación, consciente o inconscientemente, las personas siempre apoyan y/o promueven ciertas ideas y comportamientos sobre otras.

El estudio de los comportamientos y de cómo cambiarlos también puede denominarse persuasión. Es a través de ella que se pueden hacer cambios positivos en la sociedad: convencer a los conductores de que no beban cuando están al volante y se pongan el cinturón de seguridad, respetar el medio ambiente o fomentar la paz entre las naciones.

Richard Perloff, profesor de comunicación de la Cleveland State University, ha definido la persuasión como "un proceso simbólico en el que los comunicadores intentan convencer a otras personas de que cambien sus opiniones acerca de un tema, transmitiendo un mensaje en un ambiente de libre elección".

Los principales componentes de la persuasión son:

- la incorporación de símbolos, tanto verbales como no verbales. Por ejemplo, imágenes como la pipa de Nike o las tres rayas de Adidas, palabras como "libertad" y "justicia", signos no verbales como la Cruz o la Estrella de David;

- la conciencia de la intención de tratar de influir en otra persona;

- la voluntariedad del acto de cambiar nuestro comportamiento;

- la orientación a través de la ciencia de la comunicación y la transmisión de mensajes verbales o no verbales a la persona a la que se quiere persuadir;

- la libertad de las personas para decidir si quieren transformar su comportamiento y cómo hacerlo;

En 1980, Gerald Miller sugirió que la comunicación puede ejercer varios efectos persuasivos, a saber:

- *definición* - la campaña publicitaria de Nike con Micheal Jordan vinculó la marca a la idea del atletismo sobrehumano.

- *fortalecimiento*: los expertos en salud hacen declaraciones públicas para animar a la gente a abstenerse de beber en exceso.

- *cambio:* las campañas por los derechos civiles han mejorado el diálogo entre blancos y negros, provocando cambios radicales en la sociedad.

La primera regla de la buena persuasión es hacer sugerencias utilizando cierta terminología. Por ejemplo, cuando no sepa qué pedir en un restaurante, probablemente acabará eligiendo uno de los platos de las secciones "Sugerencias" o "Especialidades" del menú.

Al filósofo griego Aristóteles se le atribuyen las bases del arte de la persuasión. Sostuvo que "*de los modos de persuasión que proporciona la palabra hablada hay tres tipos. La primera depende de la personalidad del orador [ethos]; la segunda, de poner al público en un determinado estado de ánimo [pathos]; la tercera, de las palabras del propio discurso [logos]. El resultado se consigue gracias al carácter personal del orador, cuando el discurso se pronuncia de tal manera que nos parece creíble*".

Ethos (personalidad)

La palabra "ética" viene de "ethos", el apelativo ético que se refiere al carácter y la credibilidad del autor tal y como lo percibe el público.

Aristóteles propuso tres factores principales que contribuyen al Ethos: el buen carácter moral (arête), la buena voluntad (eunoìa) y el sentido común (phrònesis). Por lo tanto, el persuasor debe ser capaz de crear credibilidad y construir una relación con el público.

Por ejemplo, si estás enfermo y tu médico te ha recetado el tratamiento A mientras que tu amigo, que no tiene formación médica, te ha recomendado el tratamiento B, está claro que elegirás el primero. Estás aceptando el consejo de alguien que consideras creíble como experto en la materia. Sin embargo, es más probable que sigas las recomendaciones sobre nuevas películas de tu amigo que de tu médico.

Pàthos (emoción/empatía)

En griego, *pathos* significa sufrimiento y experiencia, y da lugar a muchos términos coloquiales, como apatía, simpatía, patético y empatía.

Puede definirse como el acto de utilizar historias y experiencias comunes para despertar emociones en el público. Es una estrategia utilizada para provocar compasión o incitar ira en el público, con el fin de inducirlo a la acción.

Aristóteles sugirió que las emociones positivas y negativas, mutuamente excluyentes, pueden ser utilizadas por el persuasor para crear empatía en sus oyentes: "*La ira y la calma; la envidia y la empatía; la enemistad y la amistad; el miedo y la confianza; la amabilidad y la falta de amabilidad; la piedad y la indignación; la vergüenza y el descaro*".

La poderosa herramienta del pathos permite evocar los sentimientos deseados en el público, creando una conexión mental. El poder de la empatía no debe ser subestimado, porque las emociones humanas siempre prevalecen sobre el razonamiento. La historia lo atestigua: los líderes políticos más influyentes han sido capaces de ganar debates persuadiendo emocional y empáticamente a su audiencia. Por ejemplo, el discurso "I have a dream" de Martin Luther King Jr. despertó la solidaridad con la comunidad negra en la comunidad blanca y tuvo un efecto revolucionario en la configuración de los Estados Unidos contemporánea.

El arte de crear empatía

Al crear empatía, el público es más receptivo al mensaje de su persuasor.

Para convencer a los demás, es necesario comprender sus emociones, sus causas y a quién van dirigidos esos sentimientos. La capacidad de construir una conexión emocional con los demás, permitirá crear el *ethos* (carácter y credibilidad) con ellos. Aquí tienes algunos consejos para generar empatía:

- Todos somos humanos. - Mimetízate con la gente y muéstrate como parte de su "comunidad";

- Sé auténtico - Nadie quiere ser manipulado. Si los demás sospechan de tus segundas intenciones y de que en realidad no eres "uno de ellos", perderás al instante toda credibilidad.

- Elabora tus discursos para tocar la fibra sensible de tus oyentes - Todo tema tiene múltiples aristas y perspectivas subyacentes: la clave es encontrar aquello que funciona en las personas en cuestión. Por ejemplo, puede haber dos ponentes que hablen de la conservación de la fauna. Uno de los dos eslóganes dice: "Tú puedes marcar la diferencia, los animales necesitan nuestra ayuda" y el otro "Simposio de Conservación de la Vida Silvestre". Es evidente cuál de ellos tiene más posibilidades de éxito.

- Cuenta una historia - La psiquis humana está configurada para reaccionar a las historias, porque suelen ser más fáciles de recordar e inspiran a la acción. Cuanto más personales sean, mayor será el impacto en la creación de empatía, aunque puedes compartir episodios de algún conocido, o incluso fábulas.

- Discurso metafórico - Las metáforas también tienden a generar empatía y hacer que el discurso sea más intrigante. Según Aristóteles, dan encanto, claridad y distinción a tu discurso. Por ejemplo, el uso que hizo Martin Luther King de la metáfora bancaria en su famoso discurso "I have a dream" fue recibido con un atronador aplauso. Dijo: "*En lugar de honrar esta sagrada obligación, Estados Unidos ha dado a los negros un cheque sin fondos, un cheque que ha sido devuelto con el sello de 'fondos insuficientes'. Pero nos rehusamos a creer que el Banco de la Justicia haya quebrado. Rehusamos creer que no haya fondos suficientes en las grandes bóvedas de la oportunidad de este país. Por eso hemos venido a cobrar este cheque; el cheque que nos colmará de las riquezas de la libertad y de la seguridad de justicia*".

- Utilizar ayudas visuales - Recuerda: "Una imagen vale más que mil palabras". Los planos e ilustraciones impactantes provocarán emociones y ayudarán a generar empatía en el público. Por ejemplo, una foto de un niño sirio herido e indefenso se hizo viral recientemente porque creó una ola de compasión con los supervivientes de la guerra en curso.

- Hablar - No hace falta decir que el tono y el volumen de la voz deben ser adecuados para que te oigan.

- El poder de las palabras - El idioma español tiene una gran cantidad de sinónimos, lo que proporciona un amplio espectro de intensidad para la misma emoción. Por ejemplo: dolor y agonía, hambrientos y voraces, tristes y desolados. Utiliza los términos adecuados.

Logos (lógica/razonamiento)

La palabra "lógica" deriva de *logos,* que significa literalmente "palabra" en griego. El logos se refiere al acto de apelar a la mente del público utilizando la lógica o la razón. Un persuasor eficaz reconoce que el uso del logos por sí solo, sin el pathos y el ethos, le expone al riesgo de no llegar a su público. Con este tipo de persuasión, sólo se pueden utilizar los hechos y las estadísticas para cambiar la actitud y el comportamiento del público: no hay lugar para las mentiras y los engaños.

La teoría de la lógica puede dividirse en dos categorías: el razonamiento deductivo y el inductivo.

- Razonamiento deductivo: se basa en la suposición de que si la premisa es verdadera, la conclusión también debe serlo. Por ejemplo, si la suposición es que a los niños les gustan los helados y José es un niño, entonces es seguro asumir que a José le gustan los helados.

- Razonamiento inductivo: es el mecanismo inverso al anterior. Por lo tanto, aunque la premisa sea verdadera, la conclusión puede ser falsa. Si partimos del concepto de que al 25% de los atletas les gusta leer, la conclusión de que al 25% de la población le gusta leer puede ser cierta o no.

Manipulación

La manipulación psicológica puede definirse como una forma de influir en las emociones, actitudes o comportamientos de las personas. No es ni persuasión racional ni coerción. El término es intrínsecamente negativo y conlleva un componente de desaprobación moral.

Los seres humanos son gregarios por naturaleza y se ven afectados por las emociones de los demás: piensa en lo importante que fue tu hermano mayor para ti. Este es un ejemplo clásico de "influencia social sana", y no debe confundirse con el oscuro acto del manipulador. De hecho, el objetivo del manipulador es explotar a la víctima para satisfacer sus propios deseos.

La "manipulación" se diferencia de la "influencia" en la intención de la persona que la ejerce: un influenciador suele buscar tu interés y se acerca a ti para aconsejarte cómo tomar la mejor decisión, el manipulador piensa en cómo puede controlar tus pensamientos para utilizarte en su beneficio.

Manipulación Emocional Invisible

La Manipulación Emocional Invisible (CEM) es la manifestación más extendida de la Psicología Oscura en el mundo actual.

Lo llevan a cabo individuos que intentan influir en tu proceso de pensamiento y sentimientos, utilizando tácticas solapadas que pasan desapercibidas para la víctima. Esta última se convierte en un peón en manos del manipulador, y no es capaz de entender si está siendo controlado y cómo, ni la motivación del manipulador.

Piensa en la Manipulación Emocional Invisible como un bombardero con un sigilo impecable: podrá llegar a lo más profundo de tu subconsciente sin ser detectado, dejándote indefenso. Nuestras emociones son responsables de todos los aspectos de nuestra personalidad y, por tanto, también crean nuestra realidad. Si alguien quiere tomar las riendas, es como si quisiera cortarte la vena yugular, haciéndote perder el control sobre ti mismo y tu realidad.

La Manipulación Emocional, por otro lado, es diferente porque ocurre dentro del campo de tu conciencia, por lo que puedes percibir que alguien está tratando de apelar a tu lado más generoso para conseguir lo que quiere. Un ejemplo podría ser el de tus padres cuando quieren convencerte de que los visites aunque tengas otros planes: cuando te justificas en tu vida ajetreada y ocupada, ellos pueden responder con afirmaciones como "somos mayores y no vamos a estar vivos mucho tiempo, tendríamos que ser tu prioridad" o "hace años que no te vemos y te echamos de menos". Durante esta conversación eres plenamente consciente de que están intentando hacerte cambiar de opinión a su favor. Este es un caso clásico e inofensivo de manipulación emocional.

En este libro han sido tratados en detalle otros tipos de Manipulación Oscura (maquiavelismo y lavado de cerebro) pero en los próximos párrafos encontrarás algunos más.

Gaslighting

Esta táctica es utilizada por los manipuladores para hacer dudar a la víctima de sus propios pensamientos y sentimientos, alegando que están fuera de sí y no se ajustan al contexto actual.

Comportamiento pasivo-agresivo

Se trata de un doble comportamiento utilizado por los manipuladores para criticar, cambiar o intervenir en la actitud de su presa sin hacer peticiones directas ni gestos agresivos. Algunas de las manifestaciones son: el enfurruñamiento, el uso de la táctica del silencio, la victimización o la formulación de discursos intencionadamente crípticos.

Retención de información

Los manipuladores suelen proporcionar información selectiva a las víctimas para llevarlas a su propia red de engaños.

Aislamiento

Es una forma de conseguir el control y la autoridad sobre la presa. Les impedirá ponerse en contacto con amigos y familiares y creará un entorno cada vez más aislado.

Las diferencias entre persuasión y manipulación

1. Motivo

   Las personas con rasgos psicológicos oscuros y activos tienen como objetivo establecer el control y la autoridad sobre sus presas y explotarlas para atender sus propios intereses. Sin embargo, a diferencia de los manipuladores, los persuasores se preocupan por el bienestar de las personas con las que se relacionan e intentan convencerlas de que cambien de actitud en un entorno libre.

2. Método de transmisión

   Los manipuladores crean un entorno atractivo para sus víctimas, que suelen ser reticentes, y las empujan psicológicamente a actuar de forma que sólo les beneficie a ellos.

   Por el contrario, los persuasores sólo esperan que su público responda a su influencia y sus sugerencias. Una vez logrado su objetivo, dejan al individuo la libertad de decidir si acepta o no los consejos y finalmente modifica sus pensamientos, sentimientos y/o comportamientos.

3. Impacto en la interacción social

   Los manipuladores oscuros siempre intentan aislar a sus presas del resto del mundo e impedir cualquier contacto con sus seres queridos. La víctima, en consecuencia, desarrolla opiniones extremas y puede cometer actos extremos y conductas antisociales.

   Los actos de persuasión, en cambio, nunca son letales para la persona implicada ni para la sociedad. Puede ser un sentimiento inofensivo, como la admiración de tu hermano por las zapatillas Nike, que te lleva a comprar un par, o los anuncios de McDonalds, que te invitan a disfrutar de una comida rápida allí con tu familia.

4. Resultado final

   La persuasión suele dar lugar a uno de estos tres posibles escenarios:
   - beneficio tanto para el persuasor como para el persuadido, lo que se conoce comúnmente como una situación "win-win";
   - beneficio sólo para el persuadido;
   - beneficio para el persuadido y para un tercero.

En en la manipulación oscura, sin embargo, siempre hay un único ganador: el manipulador.

"El uso sistemático de tácticas de influencia engañosas se convierte, en última instancia, en un proceso autodestructivo desde el punto de vista psicológico y financiero".
- Robert Cialdini

Para entender esta diferencia, considere este ejemplo: Marcos tiene un presupuesto limitado y quiere comprar un nuevo televisor. Es recibido por Lucas, que procede a mostrarle todos los televisores disponibles en la tienda. Explica las características de los diferentes modelos y dice: "El modelo de Samsung está un poco por encima de tu presupuesto, pero es el producto más popular del mercado con la mejor calidad de audio y vídeo, así que vale la pena el dinero". Si Lucas cree realmente en el producto que recomienda y tiene en cuenta los intereses de sus clientes, se trata sin duda de un acto de persuasión. Por otro lado, si ese modelo no vale su elevado precio, pero la venta hace ganar al vendedor una comisión extra, Lucas ha manipulado a Marco para que compre un producto deficiente a un alto coste.

Ahora que ya conoces la Psicología Oscura de la Manipulación, aquí tienes una lista de algunos escenarios en los que podrías encontrarla: así estarás preparado para detectarla y protegerte.

- Dí que no. Si alguien intenta ganarse tu simpatía y luego te pide un gran favor, declina amablemente y sigue con la conversación.

- No dudes de ti mismo. Los manipuladores tratarán de convencerte de que tus pensamientos y conductas son inapropiados. Tómate un momento y considera si lo que te están pidiendo que hagas te beneficia a ti también.

- Habla. Si has identificado la manipulación, no tengas miedo de abordar la situación racional y respetuosamente. Utilizar un tono acusador con tu amigo sólo arruinará vuestra amistad, así que elige tus palabras en función de lo que ha pasado.

- Sé decidido. No dejes que la persona divague cuando sepas que te está manipulando. Intentarán desconcertarte para minimizar los daños.

- Sé confidencial. Si te piden información personal, no le sigas el juego. El predador está estudiando tu proceso de pensamiento y tu comportamiento para evaluar tus puntos fuertes y débiles.

- Pide más información. Los manipuladores ocultan información para poder crear su propia versión de la realidad. Si crees que te están presentando una visión parcial de la situación, pregúntales para obtener más información y tomar decisiones premeditadas.

- Cuídate de las exageraciones. Algunos predadores pueden adoptar el enfoque opuesto al anterior y bombardearte con detalles vagos de la situación, para confundirte o agotarte mentalmente para que cedas.

- Comprueba los hechos. La mentira y el engaño son algo natural para quienes manipulan: a menudo desinforman acerca de los acontecimientos o dan noticias falsas para empujarte a tomar una decisión precipitada. ¡No cedas a sus mentiras!

- Examina la burocracia. Algunas personas pueden tratar de intimidarte con papeleo, procedimientos y leyes para ejercer su poder y autoridad. No te dejes intimidar: documéntate para poder defenderte.

- No te asustes por un comportamiento agresivo. Algunos manipuladores levantan la voz y utilizan un lenguaje corporal exacerbado para que te sometas a su coacción. Debes mantenerte firme en tus posiciones.

- Tómate tu tiempo. Si alguien te mete prisa en una decisión, crea plazos imposibles o te transmite una sensación de urgencia, asegúrate de tomar el control de la situación, evaluar los pormenores y optar por una resolución razonada.

- Mira más allá de los comentarios negativos y las críticas. Los manipuladores utilizan el humor o el sarcasmo para hacerte sentir inferior e inseguro. Van a intentar establecer una superioridad sobre ti marginándote y ridiculizándote constantemente. No dejes que se burlen de ti y refuerza tus capacidades.

- No asumas la responsabilidad. Quienes buscan controlarte pueden utilizar la clásica táctica del "juego del silencio" para que asumas su carga de trabajo. Por ejemplo, si un compañero finge no entender lo que se espera de él, sabiendo perfectamente que se acerca el *deadline* del proyecto, no asumas su trabajo, más bien exponlo y no dejes que se salga con la suya.

- No permitas que nadie te apalanque. Si el manipulador está haciendo el "juego del silencio" contigo, no te alteres y espera. Está intentando hacerte dudar y ejercer su poder sobre ti.

- Controla tu lado piadoso: la persona que quiere controlarte podría usar eso para vencer tu resistencia, utilizando tus vulnerabilidades emocionales como herramientas contra ti.

- La paciencia es una virtud. Si puedes controlar tu ansiedad y tu impaciencia, estarás en mejor posición para tomar decisiones racionales.

- Sé consciente de ti mismo. Reconocer tus puntos fuertes y débiles te ayudará a pensar tus defensas con eso en mente. Utiliza tu energía mental para resistir cuando alguien intente tocarte una fibra sensible: su intención es conseguir una reacción extrema en ti para hacerte sentir culpable y que tomes decisiones precipitadas.

- Desarrolla mecanismos de defensa saludables. Todo el mundo tiene altibajos en la vida, pero muchas personas acaban ahogando sus frustraciones y pesares en el alcohol y la comida. Recuerda que no hay respuestas en el fondo de la botella y que el abuso de los carbohidratos te traerá problemas de salud.

- Sé amable contigo. Eres tu mejor amigo y siempre hay un amanecer después de la puesta del sol. No puedes ser bueno en todo lo que haces: aprende una lección y date un respiro. Practica la meditación para silenciar tu mente y encontrar la paz interior.

- Intenta tener autonomía. Es perfectamente aceptable buscar ayuda, pero si desarrollas una dependencia crónica de los demás para resolver tus problemas, empezarás a minar tu autoestima, que es necesaria para protegerte de los ataques al control mental.

- Date una charla de ánimo de vez en cuando. La positividad es la base de una buena salud mental.

Capítulo 8: Preguntas frecuentes

1.   ¿Cuál es la diferencia entre la Psicología Oscura y los rasgos psicológicos oscuros?

La Psicología Oscura es el estudio de los patrones de comportamiento humanos innatos en relación con la tendencia de algunos individuos a victimizar a otros seres humanos y animales. La comprensión de los pensamientos, sentimientos y percepciones inherentes que conducen a un comportamiento predador es el núcleo de dicha investigación.

Los rasgos psicológicos oscuros se refieren a las características de personalidad que muestran las personas que son intrínsecamente inmorales, antisociales y perjudiciales para la sociedad. Los ejemplos que se muestran en este libro son el narcisismo, el maquiavelismo y la psicopatía.

2.   ¿Qué es el Continuum Oscuro y cómo se manifiesta en el mundo?

El Continuum Oscuro es un espectro que abarca todos los comportamientos criminales, sádicos y violentos de la psiquis humana, incluyendo los pensamientos, sentimientos y acciones cometidos contra y/o experimentados por los individuos. Pueden ser manifestaciones de diversa gravedad, causadas con fines intencionales o no intencionales.

En vez de responder a una escala de gravedad, que va de mal a peor, el Continuum Oscuro ofrece una clasificación de la victimización teniendo en cuenta los pensamientos y las acciones perpetradas.

3.   ¿Cómo definimos la Tríada Oscura y sus oscuros rasgos de personalidad?

El concepto de "Tríada Oscura" es fundamental para la comprensión de la Psicología Oscura, aunque es relativamente reciente. Se puede definir como una trinidad profana que incluye las tres variables de personalidad más controversiales pero no patológicas: el narcisismo, la psicopatía y el maquiavelismo.

El narcisismo es una condición de la salud mental caracterizada por una alta y autodestructiva identificación con uno mismo, una constante y profunda necesidad de atención y admiración, y falta de empatía.

El maquiavelismo es la predisposición a la confabulación y al engaño en individuos que además son intrínsecamente maestros de la manipulación.

La psicopatía es un trastorno mental. Se manifiesta a través de un comportamiento antisocial, falta de empatía y remordimiento, egocentrismo extremo, incapacidad para establecer relaciones intrapersonales profundas, impulsividad y tendencia a esconderse detrás de un encanto frívolo.

4. ¿Se puede utilizar la Programación Neurolingüística (PNL) con cualquier persona? ¿Cómo puedo saber si alguien lo está practicando conmigo?

La PNL puede utilizarse en cualquier persona, de forma natural o voluntaria, a través de intervenciones lingüísticas y sensoriales. Usa técnicas específicas de modificación de la conducta para mejorar la comunicación social, la confianza en uno mismo y el autoconocimiento.

Si en algún momento sientes que actúas involuntariamente de una forma que no puedes explicar ni controlar, es posible que hayas sido "programado". Estate atento a las personas que suelen tocarte la espalda o el brazo durante las conversaciones o que imitan tu lenguaje corporal al punto de adoptar una forma antinatural.

5. ¿Cómo puedo aprender a utilizar la PNL para utilizarla éticamente con amigos y familiares?

Hoy en día hay muchos instructores y talleres de PNL. Sólo tienes que hacer una búsqueda en Google y encontrar uno con buena credibilidad que se ajuste a tus necesidades, pero ten cuidado con las estafas.

Si tu intención de utilizar la PNL con amigos y familiares es pura, y no pretendes causar ningún daño psicológico o físico a nadie, entonces la utilizarás de forma ética. ¡Cuídate de no te dejarte llevar por tu nuevo poder!

6. Alguien que conozco muestra pensamientos y sentimientos extraños en una situación normal. ¿Qué puedo hacer para ayudarle?

Al principio, tanto las víctimas de control mental encubierto como las de lavado de cerebro experimentan una perturbación de los pensamientos y sentimientos. Mientras que los primeros no pueden reconocer el ataque mental debido a su naturaleza encubierta, los segundos saben que su enemigo les está lavando el cerebro, pero son incapaces de deshacerse de él. En ambos casos se puede ayudar a la persona hablándole abiertamente de sus pensamientos y comportamientos extraños y, luego, permitiéndole reconocer a su atacante para protegerse de daños mayores.

7.   ¿Dónde se pueden encontrar los distintos test mencionados en este libro para la autoevaluación? ¿Qué fiabilidad tienen?

La mayoría de los test que se mencionan en este libro, como la *escala Dirty Dozens*, el test *Mach-IV* y el *Hare PCL-R*, están disponibles en Internet. Sin embargo, sus resultados sólo pueden arrojar la potencialidad de cualquier rasgo psicológico oscuro que podría formar parte de tu personalidad: un diagnóstico verdadero y válido sólo puede realizarlo un terapeuta psicológico certificado y habilitado.

8.   ¿Cuál es la diferencia entre asesoramiento y psicoterapia?

Estos dos términos se utilizan a menudo indistintamente, pero hay una sutil y distintiva diferencia.

La psicoterapia es un tratamiento basado en la respuesta a un problema de salud mental diagnosticable, como depresión, bipolaridad, el trastorno por déficit de atención e hiperactividad, etc. Suele ser intensivo y a veces se combina con psicofármacos.

El asesoramiento, en cambio, está orientado al bienestar, proporcionando una comprensión integral y dando las herramientas para superar eficazmente los problemas.

9.   ¿Cuándo debo acudir a un profesional de la salud mental? ¿Qué debo esperar en mi primera visita?

Encontrar el profesional de la salud mental adecuado y el enfoque correcto de la terapia es tan importante como encontrar un buen médico.

Deberías empezar con una llamada telefónica al terapeuta. Conoce el enfoque que usa para tratar los problemas de salud mental y cómo suele trabajar con los pacientes. Pregúntale cómo se gestionan los pagos y si pueden cubrirse con la seguridad social. Puedes describirle el motivo por el que quieres concertar una cita y preguntarle si tiene experiencia en el tratamiento de estos temas.

Si te sientes cómodo hablando con él o ella, el siguiente paso es concertar una cita.

En tu primera visita a la consulta, el terapeuta querrá hablar contigo sobre por qué crees que necesitas tratamiento, cuáles son tus síntomas, desde cuándo los tienes y qué has hecho en el pasado para solucionarlos, si es que has hecho algo. Probablemente te preguntará por tu familia, tu trabajo y tus pasatiempos. Esta conversación inicial es importante para desarrollar el enfoque adecuado y, a continuación, te dará una descripción del programa terapéutico para que puedas formular todas las preguntas que tengas.

Es probable que pasen varias semanas antes de que puedas ver resultados, pero si después de dos o tres visitas esta sensación no mejora, dile al terapeuta y explícale por qué te sientes así. El trabajo en equipo es la única manera de obtener el mejor resultado.

Conclusión

Gracias por llegar al final de "*Secretos de la Psicología Oscura: La Guía Definitiva para Mejorar la Influencia Social, Analizar a las Personas con Técnicas de PNL y Lenguaje Corporal, incluyendo consejos para el Control Mental, la Persuasión y la Manipulación*". Fue un recorrido instructivo que pretende proporcionarte todas las herramientas que necesitas para alcanzar tus objetivos, sean cuales sean.

El siguiente paso es hacer el mejor uso posible de tu nueva sabiduría sobre la Psicología Oscura, para protegerte a tí mismo y a tus seres queridos de los predadores que la utilizan en su beneficio. Da un paso hacia atrás y reevalúa las influencias negativas que hay en tu vida: ahora estás armado para combatirlas con tus conocimientos.

También aprendiste cómo la PNL puede ayudar a convertir tus debilidades e inseguridades en afirmaciones positivas y una mayor confianza.

Dominar el arte de la persuasión te permitirá ayudar a tus seres queridos a tomar mejores decisiones en la vida y, con la comprensión de las diferencias entre persuasión y manipulación oscura, podrás identificar fácilmente a tus amigos de tus enemigos.

Recuerda que un gran poder conlleva una gran responsabilidad, así que sé prudente al utilizar tus nuevos poderes psicológicos.

MUCHAS GRACIAS

Copyright © 2021

- Ryan J.D. Goleman-